慈善组织公益项目和捐赠者决策：

理论与实证研究

Commonweal Project of Charity and Donors' Decision-making : Theoretical and Empirical Studies

姜广省 卢建词 著

中国财经出版传媒集团
经济科学出版社
Economic Science Press

图书在版编目（CIP）数据

慈善组织公益项目和捐赠者决策：理论与实证研究/
姜广省，卢建词著 . —北京：经济科学出版社，2020. 1
ISBN 978 -7 -5218 -1233 -6

Ⅰ. ①慈… Ⅱ. ①姜…②卢… Ⅲ. ①慈善事业 -
研究 - 中国 Ⅳ. ①D632. 1

中国版本图书馆 CIP 数据核字（2020）第 021620 号

责任编辑：李一心
责任校对：靳玉环
责任印制：李 鹏

慈善组织公益项目和捐赠者决策：理论与实证研究
姜广省 卢建词 著
经济科学出版社出版、发行 新华书店经销
社址：北京市海淀区阜成路甲 28 号 邮编：100142
总编部电话：010 -88191217 发行部电话：010 -88191522
网址：www. esp. com. cn
电子邮件：esp@ esp. com. cn
天猫网店：经济科学出版社旗舰店
网址：http：//jjkxcbs. tmall. com
北京季蜂印刷有限公司印装
710 ×1000 16 开 13. 75 印张 230000 字
2020 年 4 月第 1 版 2020 年 4 月第 1 次印刷
ISBN 978 -7 -5218 -1233 -6 定价：48. 00 元
（图书出现印装问题，本社负责调换。电话：010 -88191510）

前　言

随着我国慈善事业的不断发展和完善，慈善捐赠在慈善市场中发挥着关键性的作用。它不仅以“第三次分配”的形式优化资源配置、缩小贫富差距，从而促进社会良性运行与和谐发展，而且以“组织资源”的形式保证慈善组织的长期生存与发展。尽管在政府的扶持和大力推动下，我国慈善组织在数量和获取的社会捐赠方面有了较大的发展，但是受筹集资金能力等方面的限制，慈善组织的相对发展比较缓慢，再加上“郭美美”“提成门”“善款发霉”等一系列丑闻事件的负面影响，捐赠者开始对慈善组织配置慈善资源方面产生了怀疑。如何获得捐赠者信任和得到更多的捐赠资源成为慈善组织尤为关注的问题。在慈善市场上，由于公益项目作为慈善组织使用慈善资源的最终表现形式，它代表着组织的慈善宗旨和目标，所以根据慈善组织的公益项目特征来研究影响捐赠者捐赠决策的因素并予以关注，对增加慈善组织公信力、防范慈善组织违规、保证慈善资源的供需平衡至关重要。

在慈善市场上，捐赠者的“理性人”本质意味着他们的捐赠行为是一种具有利他倾向的亲社会行为，主要通过增加他人福祉的直接方式或提升自身社会价值的间接方式来实现利他主义，而不同的公益项目及自身社会价值代表不同的行为主客体组成的社会状态，使得不同捐赠行为策略和结果有不同的偏好排序。因此，为了实现个人效用和社会福利最大化，根据不同的公益项目特征，捐赠者在制定捐赠决策时会因不同的捐赠偏好表现出不同的捐赠行为。

基于此，本书从慈善组织公益项目视角出发，根据理性选择理论，考察公益项目特征和捐赠者决策的关系，以 2011 ~ 2014 年基金会中心网公布的基金会数据为考察样本，将公益项目特征分为公益项目自身特征、高管关联公益项目特征和治理机制情景下公益项目特征三个层面，进行实证检验。本书主要包括四个部分：第一部分为第 1 章绪论，在描述了本书的选题背景和研究意义之后，交代了本书的大体思路和框架，以及所使用的研究方法和主要创新点。第二部分是基础理论部分，包括第2章和第3章，在对非营利组织等相关概念进行描述的基础上，综述了政府、理事会和管理者在慈善组织治理中的作用，并在描述了捐赠者行为动机的基础上，从社会性效应、慈善组织服务质量、信息披露特征、理事会特征四个方面描述了捐赠者决策的主要影响因素；在阐述了相关制度文件和慈善组织的治理机制之后，重点描述了理性选择理论，本书结合“经济人”假设、“理性人”假设和利他主义，提出理性选择理论。第三部分为理论分析和实证研究部分，包括第4章到第6章，不仅描述了捐赠者如何根据各个项目特征制定捐赠决策的理论假设，还通过慈善组织样本数据来验证本书的研究假设。第四部分为文章讨论部分，即第7章，主要总结了研究结论，提出了研究启示和政策建议，探讨了研究过程中的局限性和未来研究方向。

本著作属于国家自然科学基金重点项目“现代社会治理的组织与模式研究”（71533002）系列研究成果，同时也得到了国家自然科学基金项目（71762029；71802072）、天津财经大学高层次人才引进项目（602119/0103）的资助。

本研究得到了李维安教授的全面指导和帮助，也得到了陈仕华教授耐心的指导。南开大学中国公司治理研究院武立东教授、李建标教授、林润辉教授、吴德胜副教授、张耀伟副教授、东北财经大学高良谋教授、林忠教授、郑文全教授、韵江教授、高静美教授为本研究提出了很多有益的建议。我也向这些学者们表示感谢，当然，由于作者能力有限，书中难免还存在一些错误与遗漏，也恳请读者批评指正。

姜广省
2019年5月

目　　录

第1章

绪　论

1.1 研究背景

自从1994年成立第一家全国性慈善机构（中华慈善总会）以来，我国的慈善组织发展非常迅速，并在促进“第三次分配”与社会和谐中承担着日益重要的角色（庞树奇和王波，2004；徐麟，2005）。2015年6月12日，中国社会科学院社会政策研究中心及社会科学文献出版社联合发布了《慈善蓝皮书：中国慈善发展报告（2015）》，根据该报告，截止到2014年底，我国社会捐赠总量突破1046亿元。其中，基金会获得捐赠总额占总量的40.15%，慈善会获得的捐赠款物占总量的40.73%（与2013年相比，慈善会获得的捐赠有较大提高），民政部门接受的社会捐赠款物占总量的7.86%，红十字会以及其他组织机构获得社会捐赠量比例为11.26%。2004年，党的十六届四中全会提出需要健全社会保险、社会福利救助与慈善事业相衔接的社会保障体系，十六届五中全会明确提出了“支持社会慈善、社会捐赠、群众互助等社会扶助活动”的要求。2013年，党的十八届三中全会指出：“完善慈善捐助减免税制度，支持慈善事业发挥扶贫济困积极作用。”再加上当前中国正处于经济体制改革的深化阶段，在政府部门职能缩减、企业发展空间扩大的同时，非营利组织也在以逐年增长的趋势发展（见表1-1）。

表 1－1　　　　2007～2015 年非营利组织统计情况

组织	2007 年	2008 年	2009 年	2010 年	2011 年	2012 年	2013 年	2014 年	2015 年
社会团体（万个）	21.2	23	23.9	24.5	25.5	27.1	28.9	31	32.6
民办非企业单位（万个）	17.4	18.2	19	19.8	20.4	22.5	25.5	29.2	32.7
基金会（个）	1340	1597	1843	2200	2614	3029	3549	4116	4719

资料来源：《社会服务发展统计公报》（2008～2016 年）。

根据《慈善蓝皮书：中国慈善发展报告（2016）》我们可知，截止到 2015 年 12 月，我国社会捐赠总量达 992 亿元，占国内生产总值的 0.15%，但 2015 年美国接受社会捐赠总量约为 3732.5 亿美元，[①] 占美国 GDP 的 2.30%，可以看出，中国的社会捐赠占 GDP 的比例仅为美国的社会捐赠占 GDP 的比例的 6.52%，并且与 2014 年相比，中国的社会捐赠总量降低了 5.16%，可见中国的慈善捐赠相对较少且处于下降的趋势。根据清华大学非政府组织研究所 2001 年对全国社团组织的抽样调查报告可知，41.4%的中国慈善组织将资金问题视为组织发展的突出问题，位于所面临困难之首位。其面临的诸多“资财困境”包括组织发展规模小、结构不规范、信息披露不透明，以及缺少必要的监督和评估机制。这些困境在一定程度上制约了慈善组织的筹资能力，导致资金缺乏，从而降低了实施公益项目的质量和数量，降低了社会公信力，使其更不可能从外界获取足够的资源来改变现状，最终限制自身的发展。另外，再加上受到“郭美美”“提成门”“善款发霉”等一系列丑闻事件的负面影响，慈善组织的公信力大大降低，捐赠者担心自己的慈善捐赠无法得到有效使用。

因此，合理经营和管理丰富的慈善资源是以“取之于民、用之于民”为服务宗旨的慈善组织的首要任务。一方面，“取之于民”体现的是作为资源供给方的捐赠者为从事各种公益活动的慈善组织提供慈善资源的过程；另一方面，“用之于民”体现的是慈善组织将慈善资源用于满足社会弱势群体等资源需求方的过程。无论是作为第三方的慈善组织，还是作为资源源头的捐赠者对慈善资源的合理配置方面均

① Giving USA 2016：the annual report on philanthropy for the year 2015，61st annual issue.（2016）. Chicago，IL：Giving USA Foundation.

发挥着至关重要的作用，而且相关法律也明确了捐赠使用标准，例如《基金会管理条例》（2004）、《关于规范基金会行为的若干规定（试行）》（2012）、《中华人民共和国慈善法》（2016）明确指出慈善组织需根据捐赠协议的约定使用慈善资源，如果改变捐赠使用用途需要征求捐赠者的意见；对于无捐赠协议的捐赠财产，慈善组织应该根据组织宗旨用于与原慈善目的相近似的慈善活动，另外在捐赠使用标准方面，慈善组织应该积极、主动开展公益活动，充分、高效使用获取的捐赠资源，并遵照管理费用最必要原则，厉行节约，减少不必要的开支，并且在公益事业支出方面，制度规定指出公募基金会的公益支出不得低于上一年总收入的70%，非公募基金会不得低于上一年余额的8%，而且日常支出（包括管理费用等）不得超过当年总支出的10%。在慈善市场上，公益项目是组织使用慈善资源的最终表现形式，它代表着组织的慈善宗旨和目标。那么捐赠者是否会根据慈善组织的公益项目来实施捐赠行为呢？

慈善捐赠作为捐赠者的一种利他的亲社会行为，首先是具有一定目的性的社会行为，从而必然面临着“为己利他”等行为选择的指向问题，而学术界对社会选择行为的研究构成了研究目的行为的基础（Goodc，1997）。科尔曼（Coleman，1990）的研究主要基于理性人假设，表明人的不同选择会导致不同结果，并且在主观上对这些结果做出不同的偏好排序，从而体现了理性人的效用最大化。然而理性选择理论进一步扩展了为寻求社会福利最大化所做出的社会决策，在尊重个人偏好的基础上通过对不同的社会状态进行公正的排序或以其他方式加以评价来调和个人利益和社会利益的冲突。在慈善市场上，捐赠者作为市场上的行为主体主要通过增加他人福祉的直接方式或提升自身社会价值的间接方式来实现利他主义，而不同的公益项目及自身社会价值代表不同的行为主客体组成的社会状态。因此，为了实现社会福利最大化，根据不同的公益项目特征，捐赠者在制定捐赠决策时会表现不同的捐赠偏好从而表现出不同的捐赠行为。

1.2 研究意义

1.2.1 理论意义

（1）尽管已有较多国内学者开始探讨理性选择理论，但是仅局限于经济学领域（何大安，2004，2009；陈叶烽等，2012）和社会学领域（周长城，1997；何大安，2008，2013，2014）。虽然郑筱婷、钱艳萍（2014）开始探讨捐赠者作为理性人的慈善捐赠，但是仅处于理论层面的探讨。本书将理性选择理论运用于管理学，从慈善组织公益项目视角出发，探讨捐赠者在慈善捐赠过程中针对公益项目的理性选择行为，丰富了有关理性选择理论的相关研究。

（2）研究证实，捐赠者在慈善组织公益项目自身特征上存在理性选择行为，比较偏重于公益项目的济贫程度、社会福利程度以及自身社会价值，意味着捐赠者在实施慈善捐赠行为的过程中不仅存在纯粹利他主义还存在自我利他主义，这进一步扩充了捐赠者行为理论研究。

（3）研究表明，捐赠者比较偏好于与高管祖籍异地的慈善组织公益项目，因为这些公益项目能够有效降低代理成本和增加捐赠者社会价值，更好地保障捐赠资源得到有效配置，这为慈善组织降低代理成本提供了新的途径。

（4）研究证实，捐赠者比较倾向于治理机制比较有效的基金会中的项目，说明在慈善组织中治理机制开始发挥作用，这为研究慈善组织治理奠定了实证基础。

1.2.2 实践意义

（1）慈善组织公益项目自身特征、高管关联特征和治理机制情景下的公益项目特征能够有效影响捐赠者的决策行为，这为慈善组织获得更多的慈善捐赠提供了有益启示。

（2）慈善组织公益项目能够起到降低代理成本的作用，抑制高管在公益项目决策过程中出现的机会主义行为，这为慈善组织缓解代理问题、抑制高管的私利行为提供了新的思路。

（3）慈善组织公益项目能够为捐赠者提供有效的决策依据，这为未来捐赠者制定相应捐赠决策提供了依据。

1.3 研究内容、技术路线图以及研究框架

1.3.1 研究内容

本书主要是基于理性选择理论，从慈善组织公益项目角度考察捐赠者如何根据项目特征制定有效的捐赠决策，为此本书按照以下路径探讨这一问题，具体章节安排如下：

第1章为绪论，主要是对本书内容进行简要概述。首先描述了本书的研究背景和研究意义，然后介绍了本书的研究内容、技术路线图和研究框架，最后归纳了研究方法和主要创新点。

第2章为概念界定与文献综述，首先是对非营利组织、慈善组织进行概念说明，接着不仅综述了政府、理事会和管理层在慈善组织中发挥的治理作用，而且在描述捐赠者行为动机的基础上，从社会性效应、慈善组织服务质量、信息披露特征、理事会特征四个方面描述了捐赠者决策的主要影响因素；最后是对所有文献的述评。

第3章是本书的制度背景、治理机制和理性选择理论。制度背景概括介绍了中国慈善组织发展的制度背景、慈善捐赠的制度背景以及理事会的制度背景，治理机制分别描述了信息披露机制、监督与激励机制和声誉机制，最后在从根本上描述了本书采用的理论——理性选择理论。

第4章到第6章为本书的核心部分。从慈善组织公益项目自身特征、公益项目高管关联、治理机制三个方面进行实证检验捐赠者决策的影响效应，不仅描述了捐赠者如何根据各个项目特征方面制定捐赠决策的理论分析和研究假设，还通过慈善组织样本数据来验证本书的假设，进一步证实了在慈善捐赠过程中，捐赠者的理性选择行为。

第7章为本书的研究结论与讨论部分，主要包括研究结论、启示、政策建议、局限性和未来研究方向。

1.3.2 技术路线图

本书研究路线主要包括三个方面：其一，基础理论研究，包括模块一，这一部分主要是从慈善组织公益项目入手，使用理性选择理论分析捐赠者决策的影响效应，试图提出一个一般性的理论分析框架；其二，对上述理论框架作进一步实证检验，本书从自身特征（模块二）、高管关联（模块三）和治理机制（模块四）三个层面检验公益项目特征的影响，这部分主要是基于中国慈善组织相关数据对上述理论进行实证检验；其三，包括模块五，依据本书的理论分析和实证研究结论，并结合我国慈善组织发展现状，提出相应的政策建议。具体的研究技术路线图如图 1－1 所示。

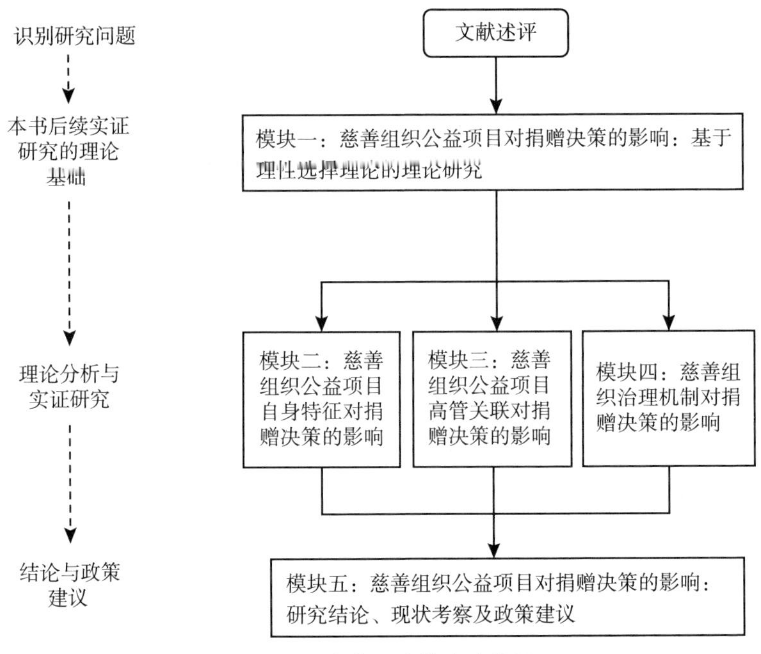

图 1－1 本书研究技术路线图

1.3.3 研究框架

为了让读者清晰地了解本书的研究思路，绘制如下研究框架，如图 1－2 所示。

第1章
绪论
研究背景
研究内容、技术路线图以及研究框架
研究意义
研究方法与主要创新点
第2章 概念界定与文献综述
主要概念
非营利组织
慈善组织
慈善组织治理的相关性研究
政府
管理者
理事会
捐赠者决策的相关性研究
捐赠者行为动机
捐赠者行为影响因素
第3章 制度背景、治理机制和理性选择理论
制度背景
慈善组织发展
慈善捐赠
理事会
治理机制
信息披露
监督和激励
声誉
理性选择理论
第4章
第5章
第6章
慈善组织公益项目
自身特征
济贫程度
社会福利程度
捐赠者社会价值
组织性质
高管关联项目特征
项目所在地与高管祖籍异地
代理成本
捐赠者社会价值
治理机制
信息披露
监督激励
声誉
捐赠者决策
第7章 研究结论与讨论

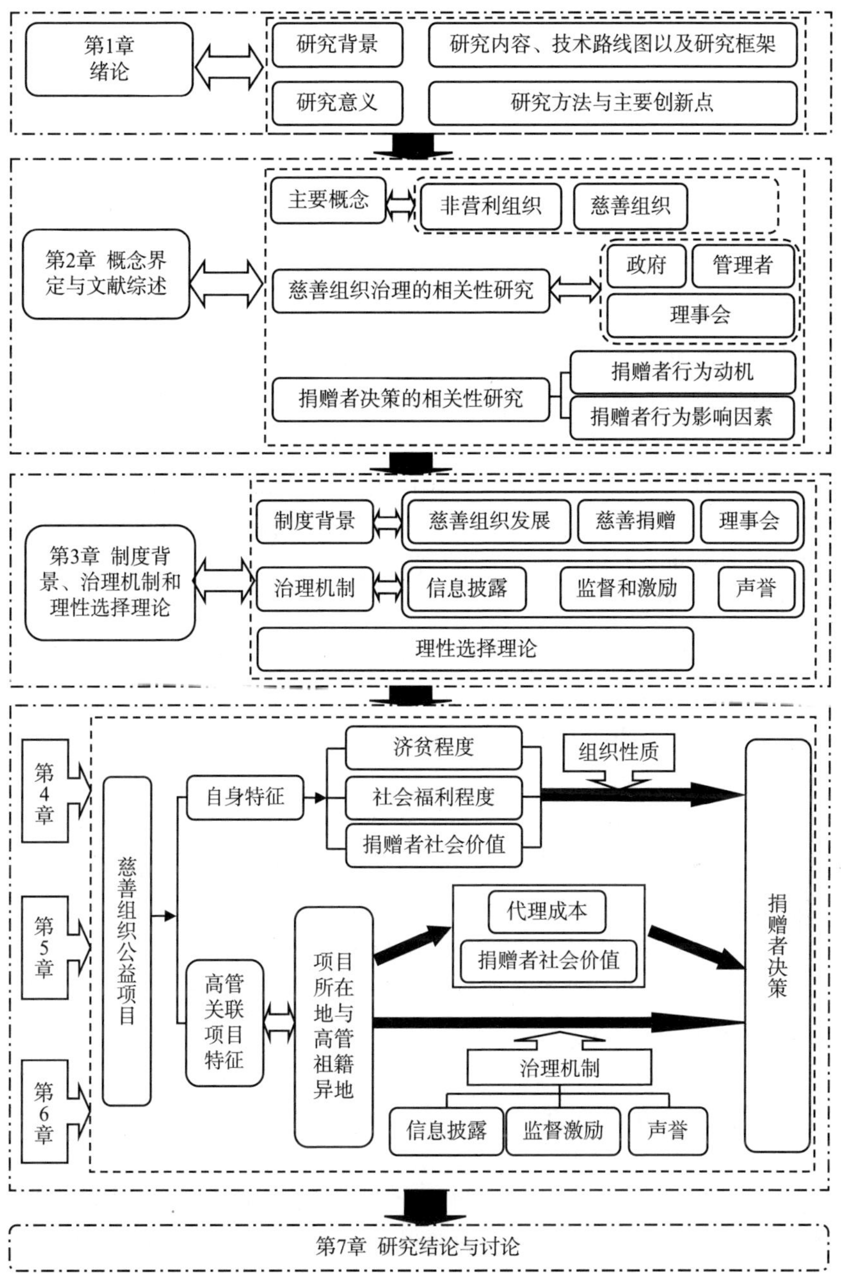

图1－2　本书研究框架

1.4 研究方法与主要创新点

1.4.1 研究方法

本书从公益项目视角出发，基于理性选择理论，考察慈善组织公益项目特征对捐赠决策的影响效应，以2011～2014年基金会为样本，综合运用了文献研究法、规范分析法、实证分析法等方法，对捐赠者如何根据慈善组织公益项目特征制定有效的捐赠决策进行了理论分析和实证检验。

（1）文献研究法。在大量阅读国内关于慈善组织以及国内外关于慈善组织治理等方面的相关文献的基础上，梳理出学术界目前在以上各领域的研究脉络，借此为分析捐赠者制定捐赠决策的内在机理以及慈善组织治理机制的影响奠定理论基础。

（2）规范分析法。规范分析法是使用哲学的分析方法，基于一般的抽象概念以及相关原理，借助逻辑分析方法得出结论。本书从理性选择理论出发，采用逻辑推演的方法，分析在中国独特的制度背景下，捐赠者如何根据公益项目特征制定理性决策。

（3）实证研究法。本书基于相关文献和理论研究，提出研究假设，并构建相关模型，进行实证检验。对于本书所提出的问题，通过回顾相关文献，依据相关理论形成理论假设，便于进行实证检验。通过手工收集中国慈善信息平台和基金会中心网有关中国慈善组织的数据，对本书研究假设进行实证检验，给出相应的检验结果，并对检验结果进行评价，对所提出的问题进行解答。

1.4.2 主要创新点

本书以中国慈善组织的特殊制度背景为研究切入点，针对慈善组织获得慈善捐赠少且难的现象，考察慈善组织公益项目特征是否能够提高慈善捐赠。本书的创新点主要包括：

（1）扩展了慈善市场中对捐赠者捐赠行为的理论视角研究。本书基于理性选择理论，探讨了捐赠者可能具有的理性选择行为而做出的捐赠决策，拓展了以往理论文献仅仅强调信息不对称理论或委托代理理论对组织信息、治理结构和捐赠行为之间关系的分析视角。在慈善市场中，捐赠行为并非盲目的，而是具有“理性人”的本质，本书的研究表明捐赠者不仅具有纯粹的利他主义还具有自我利他主义的特征，并且能够以理性思维和利他偏好对行为策略与结果进行排序从而制定更有效的决策过程，这不仅符合理性选择理论的内在逻辑基础（Goode，1997），而且深化了对捐赠行为的认识。

（2）丰富了捐赠者捐赠决策动因研究。现有文献对捐赠决策动因的实证研究主要集中于社会性效应、慈善组织服务、信息披露和理事会特征等方面，而对慈善捐赠资源自身的使用情况——公益项目特征如何影响捐赠决策的研究还是一个空缺，本书弥补了这一空缺。由于公益项目能够很直观地反映捐赠资源的分配使用情况以及是否严格按照捐赠者意愿或者组织宗旨来实施公益活动，从而可能成为捐赠者关注的焦点。因此，本书探讨慈善组织公益项目特征与捐赠者决策之间的关系，有助于慈善组织更清楚地了解捐赠者的关注方向，为获取更多的慈善捐赠制定相应的项目决策。

（3）拓展了慈善组织公益项目特征的研究领域。虽然目前已有不少研究从信息披露质量层面探讨公益项目，但将“公益项目”的概念特征和原理引入研究慈善组织捐赠者决策等问题，本书尚属首次；本书通过引入慈善组织公益项目的自身特征（主要包括济贫程度、社会福利程度以及捐赠者自身社会价值）、内部关联性（与高管特征的关联）以及外部关联性（治理机制下的公益项目），并基于中国特有的制度背景，使用大样本基金会数据进行考察，这不仅为慈善组织公益项目的研究提供了一个新思路，而且为我国公益项目的具体实施情况提供有益借鉴。

（4）扩展了慈善市场中捐赠者和高管行为动机的研究。对于捐赠者行为动机的研究，或单独研究捐赠者具有增加他人福祉的纯粹利他动机，或单独研究其具有提高捐赠者社会声誉价值的自我利他动机，而很少将两者结合起来研究，本书将纯利他主义和自我利他动机的双重利他本性来考察捐赠者在慈善捐赠过程中的捐赠行为动机；对于慈善市场中高管行为动机的研究，大多数是基于高管“自利人”的假设，较少考虑高管的自我利他动机，本书研究表明，慈善组织的非营利性和公益性促使热衷于从事慈善活动的高管萌发提高自身社会价值的“报效桑梓”行为动机，也就是更倾向于具有为己谋利的自我利他动机。这有助于更全面地把握捐赠者与高管在慈善市场中的行为内涵。

第 2 章

概念定义与文献综述

2.1 概念定义

2.1.1 非营利组织

非营利组织（non-profit organization，NPO）是不以营利为组织目的，而以服务社会公众为最终宗旨，满足社会需求的公益性组织，是处于政府组织与市场组织之外的第三类组织，也称“第三部门”。在整个社会目标体系中，非营利组织实现的目标是其中的一个部分，也即政府部门和营利组织不能够也不愿意完成的目标，该活动目标并非是追求利益，而是着眼于提高少数特殊社会群体的福利，例如救济贫民、扶持弱小等特殊的社会使命。与营利性组织相比，非营利组织具有组织性、民间性、非营利性、自治性、志愿性和公共性等基本特征（Salamon and Abramson，1982），另外戚艳霞等（2009）也指出非营利组织具有独特性，主要包括：大多数非营利组织的目标是每年在其自身能力（主要是财务方面）范围内无偿地为社会提供尽可能多的产品或服务；非营利组织更多地在意慈善资源的获取以及使用方面，即在意资源的获取途径、使用情况等，而非净利润或每股收益情况；非营利组织财务资源主要来自外界慈善捐赠或者政府拨款等，具体形式因组织而异；许多非营利组织提供的产品或服务没有公开的市价指标来测定消费者的满意度，所以，非营利组织通常不存在盈利测试的规范机制。

随着社会经济的发展，非营利组织在人类社会中发挥着越来越重要的作用，其活动范围也由社会服务、慈善救助扩展到教育事业、科学研究、医疗卫生、文化娱乐等行业，非营利组织以其独特的公益性弥补了政府部门和营利市场的“不足”，满足了人们在不同层次和方面的需求。对于非营利组织功能的研究，汉斯曼（Hansmann，1980）基于营利性组织的局限性考察非营利组织的功能，他指出只有在特定的情况下，营利性企业才会根据最大化社会效益的价格和产量来提供商品和服务，特别是慈善公益活动、提供复杂的个人服务、服务的购买者与消费者不一致等情况下，消费者与生产者之间在有关产品和服务的质量上存在严重的信息不对称，消费者不可能准确判断厂商承诺提供的商品或服务，这使得他们往往在最初的时候就无法达成最优的契约，即使达成契约，受信息不对称的影响，仅仅借助契约也无法避免生产者坑害消费者的机会主义行为，从而产生“契约失灵”现象。而若是由非营利组织提供这类商品或服务，就可能减少生产者的欺诈行为，这是因为非营利组织会受到“非分配约束”，也就是说受公益性的制约，非营利组织不能够将获得捐赠资源分配给组织的决策控制者，无论是组织的管理者还是理事会成员，“非分配约束”是非营利组织不同于营利性组织最明显的特征之一。伯克霍夫和伯克霍夫（Brinkerhoff and Brinkerhoff，2002）指出非营利组织可以视为对政府失灵做出应对的一种组织形式，作为一种媒介，非营利组织能够帮助弱势群体和边缘人群从政府部门争取更多的公益权力。另外，非营利组织还能够起到动员政府或企业无法调动的诸如慈善捐赠和志愿服务等社会资源的作用（王名，2002）。周正等（2010）研究指出非营利组织具有“三次分配”的社会福利效应，有助于提高社会的整体福利水平，弥补了政府二次分配的不足。

2.1.2 慈善组织

慈善组织是指涉及社会公众利益领域的基于慈善目的而设立的从事各种慈善活动的一种非营利组织，慈善组织主要服务于社会弱势群体，着力于满足服务对象的基本需求，服务直接面对最需要的群体。所有的活动都是无偿的、志愿的，其本身具备公益性，具体表现是进行慈善活动。其目标可以概括为慈善捐赠和项目支出最大化，非慈善活动支出最小化（Rose - Ackerman，1980，1996）。

根据慈善组织形式，可以将其分为社会团体、民办非企业单位和基金会三种形式。社会团体是公民自愿组成，为达成团体会员共同意愿，依照组织章程开展慈善公益活动的非营利组织，包括协会、联合会等；民办非企业单位是企事业单位、社会团体和其他社会力量以及公民个人利用非国有资产成立的，以非营利性社会服务活动为宗旨的非营利组织，包括民办学校、民办医院等；基金会是借助自然人、法人或者其他组织的慈善捐赠，以公益事业为服务宗旨，依照相关法律制度规定建立的非营利性组织。

慈善组织具有如下特征：（1）公益性。公益性是慈善组织为实现公共利益而服务的特征，表明是为实现社会福利和救助以及公益事业而成立的。（2）利他主义。慈善组织成立的目的在于为他人或者社会服务或无偿给予他人福利，服务对象是整个社会中需要帮助的群体。慈善组织所获得捐赠除用于自身日常开支之外，均用于开展慈善公益活动。（3）服务具有直接性。慈善组织以直接面对最需要的群体或个人提供服务的方式进行。（4）服务于弱势群体。慈善组织在确定服务对象是以其需要而非对组织的支付能力为标准，因而对外界帮助有着迫切需求的社会弱势群体成为公益服务组织的服务对象，并且是无偿赠予的。（5）服务内容以满足基本需求为主。慈善组织提供服务对象的帮助主要有扶贫、养老、救灾、济困以及教育、就业等，其作用在于解决社会弱势群体的一些基本需求，使其基本生活得到保障。

慈善组织的作用：（1）完善社会保障体系。慈善组织是由政府主导的社会保障体系的一种必要补充，能够不断推动我国社会保障体系的完善。（2）缓解社会矛盾冲突。慈善组织致力于提供公共产品，主要是帮扶贫困地区的弱势群体，针对不同认可的需求，对不同发展水平的地区实施相应的救助对策，较好地促进城乡之间、民族之间的和谐发展。（3）促进社会慈善参与。慈善组织能够促进社会慈善的参与和扩大，提供举办有意义的慈善活动，扩大人们对慈善的认识，吸引更多的社会慈善加入慈善活动。（4）推动精神文明建设。慈善组织弘扬慈善文化，极大地推动了我国社会主义精神文明建设。

2.2 慈善组织治理的相关性研究

2.2.1 政府与慈善组织治理

现有研究学者主要考察政府部门和慈善组织之间的关系。吉德伦等

(Gidron et al., 1992) 指出事实上，政府和慈善组织之间关系的复杂性程度要远远高于政治上的争论，并且期望有一种基准模式用以更好地描绘国家政府和慈善组织之间的复杂关系。目前研究学者将这一关系分为三类：

第一，政府对慈善组织的限制性约束。乔尔·J. 奥罗兹（2002）指出美国政府主要通过两种调查和法案来监督和管理基金会，这两种调查为"沃尔什调查"（1914）和"帕特曼调查"（1961），两种税法分别为《1917年税法》和《1969年税务改革法》；安希尔和托普勒（Anheier and Toepler，1999）发现在经过1978年法国大革命之后，政府主要借助于严格的法律制度约束慈善组织的发展；同样，中国慈善组织的统一和发展也受到了政府颁布的法律制度的制约（李国武、李璐，2011），例如，苏力等（1999）发现政府部门颁布的法律制度基本是限制慈善组织的发展，具体表现在社会组织成立条件较多，民办非企业单位不可分设下属机构、不可分设地域性机构，并实施双重管理体制和限制竞争政策，严格审查慈善组织能否"适应社会需求"，政府之所以限制慈善组织的发展，主要是避免社会组织团体威胁政府权威产生垄断权力（康晓光等，2008）。

第二，政府和慈善组织之间的合作关系。组织形式和运作过程发生一定程度的偏离不仅是慈善组织在面临外界制度环境压力情况下实施自保寻求生存的战略，同样也是组织在制定环境的非协调限制情景下追求均衡的产物，因此慈善组织的建立可以看成是政府部门借助于慈善资源合法约束组织的结果（田凯，2004）。曹飞廉、陈健民（2010）以上海基督教青年会与爱德基金会为案例考察对象，结果发现信仰性较强的慈善组织依靠长期持之以恒的社会服务，形成了更多积极性的社会声誉和资本，迎合了较大的社会需求，最大化了社会福利，从而和政府建立了非抗争性的合作模式。因为国家政府部门具有特有的监管机制和发展战略，能够有效地营造更加符合国家政治发展战略的经营环境，进而更好地调控和制约慈善组织的发展过程，也使得慈善组织能够借着政府为其提供的政治关系而反作用于政府，结果产生利于国家和组织之间的合作模式。

第三，政府和慈善组织之间的资源依赖关系。萨拉蒙（Salamon，1981）发现在慈善组织中，主要存在慈善资源较少、基金来源变化较大、对专业人员的激励程度较低、因面对特殊群体导致组织的特殊主义等不足，组织服务存在较大弹性的优势，而对于政府部门来说，具有政府机关的机械式管理结构无法及时回应社会需求的不足，但具有在获取慈善资源发展社会福利方面具有较强的合法性、在慈善资源使用和服务多样化方面能够使用更为民主化的政治程序的优势，就使得政府机关和慈善组织之间具有较高的互补性，更促使二者建立较为牢固的伙伴关系。伍夫努（Wuthnow，1991）基于资源依赖理论考察政府部门、市场和志愿组织之间的关系，结果发现在大部分情况下，政府部门将社会中的营利性活动和非营利性活动交叉混合，使其处于同样的监管体制下，最终出现无法分清志愿组织和市场之间的关系，另外还发现，政府部门、市场与志愿组织之间具有频繁的交换关系，例如资源的交换、二者之间的伙伴合作等。萨德尔（Saidel，1991）通过深入访谈美国纽约的73位政府官员以及80位非营利组织领导者，结果指出社会公共部门和非营利组织之间存在对方所需要的资源，形成了较强的资源依赖关系；海莫维奇、库格林（Heimovics and Coughlin，1993）指出在政府和慈善组织之间的合作伙伴关系日益加强的情景下，慈善组织管理者会更加倾向于发展“政治关系”，以便提高组织获取捐赠资源的可能性，更有效率的实现组织宗旨和发展组织。在考察中国的慈善组织研究中发现，中国非营利慈善组织不具有发展成为一个独立的组织体系的条件（王名，2005），这主要是因为中国的慈善组织不但存在慈善资源缺乏、规模发展有限、组织人员专业化程度较低的弱势，而且还因为组织所处环境中社会公益程度较低、合法性较弱、公信度较低的特点限制了组织的发展，并且政府和慈善组织之间并无有效交流、缺乏互动和学习的机制。所以在此情况下，中国的慈善组织面对资源缺乏和能力不足的问题，在发展过程中，应以积极的社会效应减少政府机关和社会大众的疑虑，来获取更高程度的信任和扶持，从而创造出更利于自身发展的条件（邓莉雅、王金红，2004）。而对于慈善组织而言，仅仅靠着自身的能力无法获取更多的慈善资源，这就需要借助于政府的政治关系和组织资源进行转化，提高了慈善组织对政府的依赖程度。从政府角度来说，尽管政府较为偏好于慈善组织将获取的慈善资源更多地运用于社会公用事业，但是与政府的强制性税收相比，获取的捐赠资源几乎微乎其微，并且慈善组织的社会贡献为其带来的政府绩效也是微不足道，并不能够较大程度地影响政府形象。从这上面看出，尽管政府也会对慈善组织产生依赖关系，但这一关系程度将远低于慈善组织对政府的依赖程度，从而产生“非对称性依赖”关系。进一步徐宇珊（2008）通过案例研究方法证实了这一关系，并以中国人口福利基金会为研究对象，结果指出在资源索取方面，中国政府和基金会之间存在相互依赖关系，政府资源与慈善资源之间存在相互转化关系，但是政府资源转化为慈善资源的程度远高于慈善资源转化为政府资源的程度，使得政府和慈善组织之间在资源转化关系上存在严重的不均衡关系，这说明二者之间具有非对称性依赖关系。

2.2.2　理事会与慈善组织治理

在研究慈善组织理事会方面，研究学者主要考察强调理事会成员的主要角色和控制权。研究学者认为理事会的角色并非固定的，而是与组织外部环境息息相关，在不稳定性较高的环境中，组织对外界环境的依赖程度较大，更可能依赖环境中的资源生存和发展，所以理事会更可能集中于组织对外界的作用方面；而对于较少依赖外界资源的组织来讲，理事会更多地表现为集中于组织的日常行政活动（Pfeffer and Salancik，1978）。普费弗、萨兰西克（Pfeffer and Salancik，1978）强调组织生存和发展的关键在于维持和获得资源的能力，但是并不存在任意一个组织有能力完全掌控自己所需要的所有资源，组织若想要得以长期生存和发展，就需要善于有效利用环境中其他组织的资源，从而形成了对环境中其他组织的依赖。普费弗、萨兰西克（1978）指出组织具有一定的能动性，它并非被动地受环境影响，组织为了降低对环境中资源以及其他组织的依赖程度，可以适当地选择组织所处的环境，因此组织具有创造环境和改变环境的动力，而非被动地受环境的选择。组织决策者可以借助组织战略来均衡组织内部以及组织和环境之间的关系，在这一过程中，组织不仅要降低对其他组织的资源依赖程度，而且还增大其他组织对本组织的依赖程度，所以组织领导者通过战略选择降低对外部环境资源的依赖，减少环境不确定性，增加组织对环境的适应能力。

慈善组织理事会常常作为从外界环境中吸收组织所需资源的工具，承担着资源交流和减少组织依赖环境程度的角色，在处理组织与外部环境关系上起着至关重要的作用（Pfeffer and Salancik，1978）。研究学者指出，理事会主要具有如下作用：（1）理事会能够降低环境的不稳定性，增加组织从外部环境中获取所需资源的机会，从而降低组织对外部环境的依赖程度。（2）理事会能够从外界环境中获取、收集和整理与组织发展相关的关键信息，增加组织在不稳定的环境中的竞争性，从而提高组织适应性。（3）将外界环境中与组织相关的核心的利益相关者代表纳入理事会，增加理事会的多元化，依次提升社会公众形象，获得更多的合法性。所以，聘用合适的理事会成员，对组织的生存和发展起着关键性的作用（Pfeffer and Salancik，1978）。

普费弗、萨兰西克（1978）特别强调理事会在外界环境中的吸纳功能，并且认为在外界环境中与组织相关的核心利益相关者代表纳入理事会，不仅包括组织服务对象、捐赠者（或捐赠组织），还包括能够提升组织社会形象的组织或个人，以及其他拥有组织所需关键资源的组织或个人，另外，组织的吸纳功能有利于增强组织间的互动，理事会成员在不同组织之间的连锁有利于加强组织间的依赖关系，促进了组织之间的友谊和承诺，提高了组织之间的信息交流程度，提高了组织的合法性，提升了组织间互助网络的稳定性。组织的连锁是一种处理组织之间依赖性的灵活机制，主要体现在任意一个组织都能够建立理事会或者咨询委员会，并吸纳关键外部个人担任组织理事会成员，并且组织也具有根据组织所需资源的程度决定选择哪些人员进入理事会或顾问委员会的决策权力。

理事会成员依据个人的专业知识、能力使组织获取利益，主要的原因是他们能够提高信息交流程度和减少环境的不确定性。布莱特肖等（Bradshaw et al.，1992）以加拿大慈善组织为例，研究指出理事会规模、设立委员会的个数与理事会效率无关联。在理事会承担责任方面，研究学者（Saidel，1998；Ostower and Stone，2001；Peter and Michael，2001）指出由于理事会是慈善组织和外界社会环境连接的桥梁，所以理事会对慈善组织承担着最终的责任，并且布罗迪（Brody，2006）研究发现慈善组织理事会日常最重要的任务是保证组织的长期发展和生存。一些研究学者对理事会的责任做出了准确的界定，例如伦兹（Renz，2002）指出慈善组织理事会的责任主要可以分为三种：忠诚责任，主要是理事会要保证对组织宗旨和发展目标高度忠诚，避免因利益产生冲突影响组织的有效发展；服从责任，也为理事会参与要积极服从和遵守制约组织生存和发展的相关制度法律、准则标准等；看护责任，即为理事会成员要对组织负有看护的责任，做到恪尽勤勉，尽最大能力维护组织并制定利于组织发展的最优战略。杜卡（Duca，1996）发现理事会在制定组织发展战略、描绘组织宗旨、获取更多的发展资源等责任；并且米勒—弥勒森（Miller－Millesen，2003）强调理事会的跨界功能和提供解决权力误用左右资源分配决策的途径，认为理事会具有边界跨越和监督职能，并提出四个假设，具体包括：与组织获取外部环境中获取较低收入比例相比，组织获取收入比例较高时，理事会更可能实施边界跨越功能，更不可能发挥监督功能；与组织获取外部环境中获取较高收入比例相比，组织获取收入比例较低时，理事会更可能发挥监督功能，更不可能实施边界跨越功能；与较为稳定的外界环境相比，当处于复杂性程度较高的外界环境或者组织处于转型或者危机时，理事会更可能实施边界跨越功能；与管理层专业化程度较低相比，当管理层专业化程度较高时，理事会更可能实施边界跨越功能。官有垣（2003）指出中国慈善组织理事会的主要责任由制定决策、拟定发展方案、监督财务报表和预算、筹资、选聘和变更高管、与社会沟通桥梁等。一些研究学者通过案例的研究方法证实了理事会的上述责任，例如普莱斯（Price，1963）通过考察美国俄勒冈渔猎委员会的理事会，研究指出在外界质疑该组织的合法性时，理事会的成员更倾向于充当职工与外界缓冲剂的角色而非一个有效的监督内部管理者，扎尔德（Zald，1967）以美国芝加哥基督教青年会为考察对象，结果指出青年会的理事会成员更多地关注于青年会的资金筹集，普洛文（Provan，1980）以46家非营利人类服务机构为案例研究对象，结果指出在发生金融危机时，他们的理事会成员更多地表现在维护代理人的资源。安德雷斯—阿隆索等（Andrés-Alonso et al.，2006）通过考察1995~2001年41家西班牙非营利组织，结果发现理事会规模和技术效率无相关关系，而负相关于资源配置效率。颜克高（2014）基于资源依赖理论，以2010年460家慈善基金会为考察对象，探究资源需求和理事会结构之间的关系效应，研究发现，基金会对外界的资源需求程度与理事会人数存在显著的正相关关系，基金会对慈善捐赠的依赖程度则与理事会的人数存在负相关关系；由于公募基金会面临的资源获取不确定性程度越大，使得公募基金会的理事会规模越大；基金会外界环境的资源丰富度越高，则理事会规模越小，而外界环境中资源的聚集程度与理事会规模无显著相关关系，但资源分散组和中等聚集组之间存在较大的差异，在资源分散组中理事会规模相对较小。

另外，研究学者强调制度环境对组织结构和过程的影响，主要关注组织结构和过程表达制度压力、规则、规范和制裁的方式（Meyer and Rowan，1977；DiMaggio and Powell，1983）。当理事会实施常规性行为（比如进行自我评估）、结构（比如成立顾问委员会）以及过程就可能会产生制度化行为，因为这些行为、过程已经被普遍接受。对于慈善组织结构的趋同性，它也包括三种形式，即强制性趋同、模仿性趋同和规范性趋同。在全球范围内，大多数国家都将理事会制度作为慈善组织治理的基础结构，不论组织规模大小、理事会制度是否适合组织、是否有助于组织绩效，政府部门都会强制要求慈善组织注册时，组织的规章制度也规定组织治理模式必须以理事会为核心。那么对于慈善组织来说，他们的理性选择是依照这些制度在组织结构中建立理事会的组织形式，这叫作强制性趋同；理事会制度源于英国的公司治理模式，实施理事会制度也是慈善组织向公司学习的结果。在全球范围内，理事会制度的发展也是从美国、德国等发达国家扩散到发展中国家的过程，这一过程中既存在发展中国家慈善组织的积极主动性模仿，倾向于模仿较为成功和合理的组织形式，这可看作是模仿性趋同；也存在发达国家慈善组织的主动输出，比如在全球范围内发达国家的慈善组织可以对发展中国家的慈善组织领导者进行治理培训，即为规范性趋同。研究学者还用来解释慈善组织理事会成员的多元化现象。他们认为理事会成员的多元化来自两个方面的压力：（1）来自捐赠者，捐赠者将理事会成员的多元化作为捐赠条件，捐赠者认为理事会中利益相关者群体的多元化，能够有效降低组织内部人控制，组织会更可靠和更受信任；（2）来自其他利益相关者，他们对组织有着不同的期望，组织将多元化的利益相关者吸纳到组织中来，这也符合组织合法性的要求（Cornforth，2003）。

总体来看，理事会在组织环境中承担着获取资源、降低环境的不确定性、维护组织间的依赖关系、塑造社会公众形象、提高组织的合法性等方面的角色，它同时让研究学者与从业者意识到理事会成员选择的重要性，并强调慈善组织应该考虑吸收的几类重要外部利益相关者。

在控制权方面，理事会成员享有捐赠者（也即委托人）赋予的社会组织道德上捐赠资源的所有权，拥有最终重大决策的控制权，并且根据决策的变动技巧与理事会秘书长之间维持一种长期合作和建议的伙伴关系，维持组织发展的灵活性、开放性和创造性，官有恒（2002）以中国台湾420家基金会为考察对象，结果发现台湾地区的基金会治理形态主要是“理事长主导型”为主。萨拉蒙（1981）在探究理事会控制权方面，尤其强调组织最高的权力所属、行政机构和理事会权力责任的分配以及组织的决策制定程序，他指出良好的慈善组织治理不仅能够保障组织发展的独立自治性，而且还能够保证慈善组织具有合法有效的治理结构，对组织拥有完全的控制权，并承担相应责任。伊恩·斯迈利等（2005）从管理的视角探究慈善组织理事会的决策程序、人力资源管理过程、内部和外部监督机制等方面，结果发现在慈善组织治理过程中，理事会的决策、专业团队和组织宗旨起着非常重要的作用。刘宏鹏（2006）研究发现在慈善组织治理结构中，理事会处于核心地位，不仅属于组织的战略决策机构、筹资和资源分配的承载者，也是组织与外界交流进行资源互换的关键桥梁，同时在内部也承担着统筹全局、监控风险的角色。卡伦等（Callen et al.，2009）基于代理理论和资源依赖理论阐释了慈善组织理事会的角色：代理理论认为受所有权和经营权分离的影响，理事会的主要职责就是减少代理成本和避免资源浪费，完善理事会的治理结构能够更好地实现这一目标；资源依赖理论认为理事成员具有增加组织获取资源的能力、筹资能力、加强外部联系和提升组织形象的责任。库姆斯等（Coombes et al.，2011）发现理事会可以作为潜在的战略资源塑造了慈善组织的发展方向，提高组织绩效。佳斯科特（Jaskyte，2012）提出理事会对组织创新产生的影响有两种，对组织创新的直接影响和通过其自身特征影响理事会的效率进而影响组织创新。

2.2.3　管理者与慈善组织治理

理论研究学者主要是基于委托代理理论来考察管理者与慈善组织之间的关系。该理论最初被充分应用于公司治理方面，强调公司所有权和控制权的分离（Berle and Means，1932），在委托代理关系中，所有者充当着委托人，将控制权委托给董事会，保留剩余索取权，并不参与公司的经营管理事务，董事会将公司决策权管理权授权给管理者，保留部分决策控制权，董事会承担着监督管理者行为和批准管理者制定的组织决策的角色，这样管理者就成为代理人，委托人期望代理人的行为和委托人的未来利益相一致，从而保证委托人的利益最大化（Jensen and Meckling，1976）。然而，由于存在三个前提假设基础：（1）代理人是利己的，即代理人会利用一切可能的机会追求自我利益最大化而非委托人的利益最大化；（2）委托人的有限理性，即委托人不参与公司的经营管理，导致委托人无法掌握代理人的行为信息，产生信息不对称性，使得无法对其进行有效监督；（3）代理人和委托人之间存在风险偏好差异，即代理人属于风险规避性的，而委托人属于偏好风险性的（Fama and Jensen，1983）。这三个前提假设基础决定了代理人的利益并非总是和委托人的利益相一致，并且在公司经营管理过程中，代理人存在严重的机会主义行为，他们更可能追逐自我利益最大化，甚至不惜牺牲委托人的利益为代价。这为多数的董事会研究提供了基础假设（Zahra and Pearce，1989）。从理论上讲，董事会有责任对每个管理者实施有效的挑选和评估，而且有义务对他们实施有效的监督，从而保证追逐资源合理用于目标的实现（Fama and Jensen，

1983）以及管理者行为和委托人的利益相一致（Fligstein and Freeland，1995）。法玛、詹森（Fama and Jensen，1983）指出独立性较强的董事会在保证代理人和委托人之间利益均衡方面发挥的作用更大，他们认为组织决策系统的顶点是董事会，他们有权选聘、激励和变更高级管理者，以及批准和监控他们制定的重要组织决策，董事会的决策控制权能够保证决策管理和决策控制的有效分离，所以董事会通常被看作是组织控制的最终形式，用来监督和控制管理者行为使其符合委托人的期望。

同理，委托代理理论也被适用于慈善组织治理方面的研究。在治理结构中，捐赠者拥有捐赠资源，属于委托人，将资源捐赠给慈善组织，由理事会监督和激励管理者，将捐赠资源再次捐赠给受益者，管理者属于代理人，但在这一治理结构中，委托人不再是监督者和利益受益者。在这种情况下，由于管理者缺少委托人的监督，更可能实施较强的利益追逐行为，产生更为严重的代理问题。由于存在代理人的利己动机，那么如何在存在环境不确定性以及监督不完全性的情况下，制定一种契约关系，以此激励代理人，促使他们的行为与委托人的利益最大化相一致，就成为慈善组织治理中的关键问题。也就是说，委托人如何制定一个契约系统来促使代理人为委托人的利益行动（约瑟夫·E. 斯蒂格利茨，2006）。

法玛、詹森（1983）认为，最小化代理问题的一个途径是将决策控制权（包括批准和监督权）和决策管理权（制定和实施权）分开，这一分离制度决定着慈善组织能够有效预防捐赠资源不易被侵吞，保证组织的长久有效发展，他们指出独立的理事会制度是促使委托人、代理人和受益人“利益一致”的一个办法，在慈善组织中，理事会位于组织决策系统的最顶端，掌控选聘、激励和变更高级管理者以及批准和监督关键决策权力的使用是否合理。吉贝尔曼等（Gibelman et al.，1997）指出有效的理事会监督和控制能够降低和避免慈善组织因发生故障而受损，他们通过四个案例，指出管理者在追逐个人私利而寻租组织资源时，理事会并未发挥作用，并且认为虽然理事会需要借助于管理者的知识专长管理慈善组织，但是他们也有责任防止管理者在经营管理过程中的机会主义行为，并保证管理者行为和组织期望、宗旨相一致。

另外，在法律制度实践中，委托代理理论也得到了充分应用，各个国家有关慈善组织的法律制度也是基于这一理论的。研究学者将这一理论模式称为“政策治理模式”（Carver and Carver，1996）。这一治理模式是以理事会和管理层之间的权力分离为基础的，将理事会视为代表捐赠者的委托人，为了更好地发挥理事会的作用，他们需要关注于组织的宗旨、价值观、组织发展战略、筹资、治理结构等问题，来获得捐赠者等利益相关者的认同。在审核和监督管理者行为方面，理事会有责任和义务评价管理者的行为是否恰当，使得管理者的利益不与慈善组织利益相冲突。理事会选聘、监察和评估秘书长的行为绩效，秘书长接受理事会的授权制定组织捐赠决策，并及时汇报给理事会，在组织发展中承担着领导的角色。这一治理模式比较符合法律制度环境的要求，成为多数慈善组织治理的基础框架。

实证研究学者主要考察慈善组织中管理者的特征影响。在慈善组织中也可能存在管理者追逐私利而浪费慈善组织资源的行为（Krishnan et al.，2006；Trussel and Parsons，2007），这可能是因为管理者可能消耗过多的补贴，运用较少的人力，或者在无关组织使命的地方消耗过多的资源。巴伯等（Baber et al.，2002）以 1996 ~ 2000 年美国 331 家慈善机构为样本，指出管理者薪酬的变化量显著正相关于项目支出的相对变化量，项目支出增加 1%，管理者薪酬增加 0.07%。金奥博米（Jobome，2006）以 2000 ~ 2001 年 100 个英国最大的慈善机构为样本，结果指出管理者薪酬与慈善组织规模存在正相关关系，这与哈洛克（Hallock，2002）以 1992 ~ 1996 年 9776 家慈善组织为样本得到结果相类似。其次是考察慈善组织中管理者行为的影响。例如周延风等（2008）通过 2007 年采供血机构进行问卷调查，结果指出管理者重视程度对多重参与者导向有显著正向影响，从而提高组织绩效。

2.3　捐赠者决策的相关研究

2.3.1　捐赠者行为动机的研究

在考察捐赠者行为动机方面，研究学者主要关注于个人捐赠动机，这是因为他们发现个人捐赠市场是慈善捐赠资源的主要来源（Ranganathan and Henley，2008）。科特勒和克拉克（Kotler and Clarke，1987）发现在捐赠者实施捐赠的过程中，可能是基于寄托对亲人的哀思，或是出于对所在意的人的帮助而将慈善资源捐赠给某一慈善组织，萨金特（Sargeant，

2001）指出之所以更多地支持慈善组织发展，主要原因在于能够使“我认识的人”受益或者是为了纪念所深爱的人。还有一些捐赠者的慈善捐赠并非出于从慈善组织中获取任何利益，而是出于从他们的捐赠行为中能够使其唤起或经历某种情绪变化（Bendapudi et al.，1996；Andreoni and Petrie，2004）。例如，萨金特等（Sargeant et al.，2006）举例指出一个人所养的宠物死于癌症，而当一个慈善组织接受他的捐赠并及时给予反馈时，此人将觉得自己的捐赠可能会帮助其他人的宠物获救，此后，这个捐赠者将更偏好于向其实施捐赠。还有研究学者（Gordon et al.，2009；Merchant et al.，2010；赵晓琴、万迪昉，2011）指出捐赠者的慈善捐赠主要是出于人性光辉、宗教信仰、利他倾向、人文关怀等自身原因。另外，捐赠者的慈善捐赠还可能是基于自我利他主义，因为慈善捐赠能够帮助捐赠者提高声誉（Bereczkei et al.，2007），并且贝蒂等（Beatty et al.，1991）的研究发现慈善组织捐赠者制定捐赠决策时更多地关注于过去的捐赠是否受益，或者是否能够从未来的捐赠中获利。还有一些研究学者开始考察机构捐赠组织的捐赠动机，他们指出机构捐赠更多的是出于对自身价值的考虑，例如基于增加外部补偿、降低政府管制、增加管理者机会主义和广告宣传为组织增加声誉效益等动机（陈小林、魏学强，2011）。

2.3.2 社会性效应和捐赠者决策

由于人具有社会性动物属性，通过引入的社会信息、社会规范、社会身份等社会性因素常常能触发人们做出更符合社会福祉的捐赠决策，即社会性效应对捐赠者决策的作用（Andreoni and Petrie，2004）。在考察社会信息的影响作用中，萨格登（Sugden，1984）与韦斯特隆（Vesterlund，2003）将社会信息测量为其他捐赠者的捐赠信息和以前捐赠者信息告知程度，并进一步考察社会信息对捐赠者捐赠信念和捐赠金额的影响；弗雷、迈尔（Frey and Meier，2004）指出慈善捐赠过程中存在条件性合作行为，也就是说捐赠者在收到更多其他人捐赠的信息之后，会提高个人捐赠的比例。实证研究学者主要是依据实验方法来考察社会信息对捐赠者决策的影响，例如，苏特温特（Soetevent，2003）根据教堂捐赠实验，指出在了解到其他人的捐赠信息之后，实验者更可能提高自己的捐赠水平；一些研究学者（Shang and Croson，2009；Croscm and Shang，2013）借助田野实验，结果发现当年实验者更可能受到上一年捐赠额处于整体上 90% 到 95% 信息的影响；达菲和科尼恩科（Duffy and Kornienko，2010）通过公共品博弈实验，研究指出当期实验者受上期捐赠额的排名的影响而实施更多的捐赠行为；古斯曼等（Guzmán et al.，2013）的实验进一步考察实验者年龄的影响，结果指出以往捐赠信息的披露会负向影响13～14岁实验者的捐赠行为，但是正向影响16～17岁实验者的捐赠行为；康特来（Conte，2014）的一个实验指出，具有较低捐赠意愿的捐赠者受社会信息的影响程度更大，但是具有较高捐赠意愿的捐赠者（主要是捐赠时间处于10年以上）受社会信息的影响程度较小。

人们不仅关心内在偏好，还在意其他人怎么看待自己，偏离社会规范的行为会损害自己的社会地位。例如吉尔安娜（Giovanna，2011）根据田野实验，探究社会群体中正式或者非正式领导的捐赠行为对其他捐赠者行为的影响关系，结果指出如果社会群体中的领导实施捐赠且该行为被其他人员观测到之后，那么就会增加其他人员参与捐赠的比例和捐赠数量，但是群体领导的捐赠行为并不受其他捐赠者行为的影响；德拉维尼亚等（DellaVigna et al.，2012）通过田野实验方法探究社会压力对捐赠者决策的影响，结果指出：与提前告知上门募捐相比，直接上门募捐能够显著增加募捐的应门率，具体来讲，与提前一天告知的上门募捐相比，直接上门募捐的应门率增加了10%，两者之间的平均捐赠比例没有发生变化；与提前一天告知的上门募捐且传单上标有“若您不想被打扰，可以在方框内打钩”相比，直接上门募捐的应门率增加了25%，并且捐赠比例也增加了30%，这意味着在捐赠者捐赠行为过程中社会压力的重要性。

还有学者考察社会身份在捐赠者决策中的重要性，他们认为与自己身份不同的群体相比，处在与自己身份相同群体中，人们更倾向于展现较多的利他、公平等亲社会行为。例如李斯特、普莱斯（List and Price，2009）通过实验方法检验捐赠者种族和性别的差异对捐赠者决策的影响，结果指出与面对其他种族的募捐者相比，当募捐者为白种人时捐赠者的捐赠数额更多；与面对女性募捐者相比，当募捐者为男性时，捐赠者的捐赠数额更少；李翔等（Shang et al.，2008）通过实验考察性别差异对公共品捐赠的影响，研究指出与被试者被告知与自己不同性别的捐赠者捐赠较大数额时相比，被试者被告知与自己相同性别的捐赠者捐赠较大数额时，被试者会明显提高自己的捐赠额度，数据结果显示后者的捐赠数额比前者的捐赠数额高34%。

2.3.3 慈善组织服务质量和捐赠者决策

研究学者主要是考察慈善组织的服务质量对捐赠者的影响，他们认为慈善捐赠者更多地注重慈善组织的沟通质量以及对于捐赠者需求的响应（Morrison，1998；Sargeant et al.，2006）。施勒格尔米尔希等（Schlegelmilch et al.，1992）通过考察在捐赠恳求过程中慈善组织的沟通质量的影响作用，结果指出沟通的最优化能够帮助组织获取更大的慈善捐赠。萨金特、希尔顿（Sargeant and Hilton，2005）认为个人捐赠者比较希望慈善组织能够积极主动地与他们交流沟通，并较为准确详细地说明捐赠的使用情况以及组织当前的挑战，他们期望这一沟通交流过程是在一种较为愉悦的环境下，遗产捐赠者特别在意他们获得沟通质量，期望慈善组织的沟通是及时和礼貌的，这可能会和他们的遗嘱有关。但是不恰当的沟通方式可能会丧失捐赠者（Sargeant，2001），亚历山大（Alexander，2006）依据实证检验方法指出在沟通过程中，慈善组织的沟通方式以及在此过程中的礼貌性和便利性都是非常关键的。沙比尔等（Shabbir et al.，2007）认为慈善组织的服务质量能够提高捐赠者的忠诚度，更可能促使二次捐赠获得更多的持续捐赠。还有一些研究学者认为捐赠者更偏好于慈善组织对他们需求的响应，特别是高价值的捐赠者更加看重组织的响应速度。萨金特、希尔顿（2005）指出捐赠者在捐赠过程中会关注慈善组织的回报，捐赠者比较希望自己的捐赠能够得到恰当的认可，并希望捐赠者同慈善组织联系时，组织人员是非常有礼貌的，在进行问题交流时，能够得到相应的人文关怀以及准确及时地做出回答，最后还指出捐赠者对于慈善组织服务质量的感知起着中介作用，即它能够通过影响其对组织的信任与承诺而正向影响捐赠者的慈善捐赠。杜兰英等（2012）通过对湖北省武汉市和广东省深圳市采取随机问卷调查，结果指出，捐赠者对于慈善组织的服务感知存在两个维度：沟通质量和组织响应，捐赠者对于慈善组织的捐赠效用感知存在三个维度：显性效应、情绪化效用和家庭性效用，并且通过实证检验结果指出慈善组织的服务质量感知程度越高，捐赠者捐赠意愿越强；捐赠效用感知程度越大，捐赠者捐赠意愿就越低，但是在捐赠效用感知维度中，显性效应程度越大，捐赠者捐赠意愿就越低，情绪性效用和家庭性效用则不存在影响作用。

2.3.4 信息披露特征和捐赠者决策

信息不对称会使得慈善市场参与者拥有不对等的信息集（Lu et al.，2010）。对于捐赠者来说，慈善组织无论实施哪一种组织结构，都会因为制定契约和实施契约过程中较高的成本而出现代理问题（Jensen and Meckling，1976），虽然慈善组织不具有剩余索取权（Fama and Jensen，1983），但是他们还是对捐赠者、政府等相关者具有委托责任（Yetman and Yetman，2013）。相对于资本集中交易市场来说，慈善市场具有相对松散的特点，捐赠价格不受外部市场需求的影响，而取决于组织内部决策，受松散且缺乏统一慈善市场以及捐赠价格的制约，慈善市场信息传播速度远远低于资本市场（Saxton et al.，2014）。另外，慈善组织存在外部资源捐赠者和公益项目受益人两类委托人，捐赠者为其提供捐赠资源，受益者是慈善资源的接受者（Kitching，2009）。一般情况下，由于捐赠者无法准确掌握受益者的需求偏好和现状，所以他们更多的是在意慈善组织关于慈善资源的使用是否具有效率或者效果（Parsons，2003），捐赠者并非慈善资源的接收者，也不能够通过直观感受其提供的服务和物品的质量来评估慈善组织是否实现捐赠目的。慈善捐赠是慈善组织获取收入和提高发展生存能力的主要来源，并且慈善组织也需要借助于社会公益活动争取更多的组织“投资者”，即社会中有意愿、有能力为慈善组织提供资源的捐赠者。在慈善市场中，这类“投资者”并不具有剩余索取权，他们更偏好于慈善组织的捐赠行为（公益项目决策），追求的是社会福利最大化（Gordon and Khumawala，1999）。

相对捐赠者来说，管理者具有较强的信息优势，他们能够掌握更详细的关于慈善组织财务以及公益项目实施效率等信息，但是管理者具有理性人的性质，更可能在慈善资源运用上进行机会主义行为，即因追求自身利益而过度地损害慈善资源（Krishnan et al.，2006）。所以捐赠者与慈善组织（尤其是管理者）之间的信息不对称产生了对质量高、披露及时信息的需求（Hofmann and McSwain，2013）。针对这一信息不对称的问题，捐赠者以及其他利益相关者一方面通过加强监督或者到组织内部审查的方式降低与慈善组织之间的信息不对称，从而制定较为有效的捐赠决策（Hansmann，1996），另一方面及时审查慈善组织披露的财务信息，一经发现有不当之处，及时批评并制定较为严厉的惩罚措施。作为外界公共信息的主要来源，财务信息在监督管理者和提升社会福利方面扮演着关键的角色。在慈善市场上，财务信息是联系捐赠者和慈善组织之间的连接纽带，是社会公众制定捐赠决策的主要依据。高质量、及时性的财务信息不仅有利于捐赠者以及相关者完善捐赠契约，这为捐赠者和其他相关者评估管理者是否按照捐赠者等意愿拟定慈善资源使用的公益项目决策提供了一个可靠的途径（Yetman and Yetman，2013），还有助于减少捐赠者和组织间的信息不对称程度、增加捐赠者的信任程度，进而吸引更多的捐赠者。

根据信息不对称理论，实证研究学者对于慈善组织是否及时披露财务信息也做了相关研究。例如，廷克尔曼（Tinkelman，1999）发现，由于对慈善组织实施调查获得收益增量较少，使得捐赠者在制定捐赠决策过程中较少对组织实施调查研究。对于捐赠者与慈善组织（主要是管理者）之间存在较为严重的信息不对称现象，捐赠者等相关者可以积极参与组织的财务信息披露决策，以便减少信息不对称程度，制定更为有效的捐赠者决策（Hansmann，1996；Bushman et al.，2004；Manetti and Toccafondi，2014）。贝恩等（Behn et al.，2010）以300家美国规模最大的非营利组织为考察样本，结果指出与其他行业相比，在教育类慈善组织中，组织规模越大，获取的外部捐赠收入越高，管理者薪酬激励程度越大，越可能向外界披露已经审核完的财务信息，但是筹资费用比例越高的慈善组织披露的可能性越低。萨克斯顿、郭（Saxton and Guo，2011）以117家美国社区基金会为考察样本，结果指出，基金会发展潜力（规模等）、基金会治理水平越高，网络信息披露程度越高。萨克斯顿等（Saxton et al.，2012）通过考察40家台湾地区非营利医疗组织，结果指出，医疗组织总资产越少、资产负债率越小、理事会人数越少、组织专职人数越多，越可能进行财务信息披露。李等（Lee et al.，2012）通过考察125家慈善组织，结果发现，与规模越大的、成立时间越长的组织相比，规模越小、成立时间越短，组织越可能披露质量较好的网络信息。施密茨等（Schmitz et al.，2012）通过考察152家跨国非营利组织，结果认为，规模越大的组织更可能披露高质量的财务信息，这主要是因为规模越大的组织更倾向于实施信息问责制。

还有研究学者（Baber et al.，2001；Bradley et al.，2003；Heflin et al.，2005；Parsons，2007；Gordon et al.，2009；Hyndman and McMahon，2010；张彪，2009；于国旺，2010）开始考察财务信息披露内容的差异对捐赠者决策的影响。例如在捐赠数额一定的情况下，捐赠者可以将慈善组织披露

的管理费用信息作为制定捐赠者决策的依据，这主要是因为组织管理效率越高，就越可能达到捐赠者的目的，就越能够获得较多的捐赠者支持，从而得到更多的捐赠收入（Greenlee and Brown，1999）。蔡斯和科夫曼（Chase and Coffman，1994）认为财富公布能够影响资助机构和捐赠者提供资助和物品的意愿，这是因为较高的财富可以被视为有理由降低支出（政治成本）或者承担更多不被浪费的资助和物品的财务能力的信号，并以1989年137家教育机构为考察对象，探究基金的市场价值报告与公告成本之间的关系，结果发现与其他相比，选择以公平的市场价值报告方法的组织可能会得到更多的外部捐赠，并且在基金投资中获得较多的利益。克里斯滕森和莫尔（Christensen and Mohr，1995）以1989年106家美国博物馆为考察对象，探究博物馆是否将报道收藏品的价值当作组织资产作为其会计选择政策，发现这类信息披露的程度越少，得到政府的支持就越多。埃尔登堡和藤蔓（Eldenburg and Vines，2004）以1989～1991年98家佛罗里达非营利医院为考察对象，结果发现与较低自由现金流的医院相比，具有较高自由现金流的医院披露无报酬的慈善护理的可能性越大。鲍曼（Bowman，2006）以1999～2001年1200个芝加哥慈善组织为样本，结果指出慈善组织的日常支出比例越高，则获得捐赠收入越少。在随后的研究中，克里希南等（Krishnan et al.，2006）也发现捐赠收入和项目成本比例之间的关系强度越高，未披露任何筹资成本的可能性就越大。

一些研究学者强调媒体关注和社会审计在信息披露方面的作用。例如巴尔萨姆和哈里斯（Balsam and Harris，2014）指出媒体关注和曝光慈善组织管理者过高的薪酬水平负向影响社会公众的捐赠程度；李晗等（2015）通过考察2006～2012年全国性基金会，基于资源依赖理论和代理理论，将基金会绩效操作化为捐赠收入和业务活动成本比例，将媒体关注度测量为媒体的负面报道，考察媒体监督和基金会绩效之间的关系，结果指出媒体负面报道负向影响基金会的捐赠收入，即与未出现负面报道的基金会相比，出现媒体负面报道的基金会获得捐赠收入较低，另外还发现在出现媒体负面报道之后，慈善组织基金会将增加公益活动投入的资金和经历，进而增加了业务活动成本比例。在研究社会审计的治理效应时，尽管戈登、胡玛瓦拉（Gordon and Khumawala，1999）和海恩德曼（Hyndman，1991）都关注过社会审计的财务报告，但是并未探究社会审计在捐赠者决策中的作用，随后研究学者开始考察社会审计的影响效果，泰特（Tate，2007）以1997～2002年获取捐赠收入高于30万美元的15955家美国慈善组织为考察样本，结果指出与其他慈善组织相比，经过五大审计事务所审计的慈善组织获得捐赠收入更多，这主要是因为捐赠者觉得经过五大审计事务所审计的慈善组织财务报告更加清晰准确，有利于降低了慈善组织和捐赠者之间的信息不对称程度，提高慈善组织信息披露的可信度。科琴（Kitching，2009）通过考察 1995～2002 年 228 家慈善组织，结果指出捐赠者决策受审计质量的影响，聘用审计质量高、审计声誉好的会计师事务所有利于慈善组织发展，并且还指出捐赠者对于审计质量高的事务所审计后的财务报告变动的敏感性程度较高。中国研究学者在考察社会审计的影响作用时也得到了相似的结论，例如，张立民等（2012）基于 2005～2009 年中国全国性基金会为考察对象，结果指出与未聘用百强事务所的基金会相比，聘用百强事务所审计的基金会得到的捐赠收入越多，这说明百强事务所审计能够有效提高审计的治理作用，但是在民政部中标的事务所审计的基金会并不能够发挥治理作用，使得基金会获得的捐赠收入未增加。陈丽红、张龙平（2014）以 2006～2012 年中国捐赠收入和净资产前 100 名的基金会为考察对象，结果指出，基金会规模越大、全国性基金会、管理效率越大、负债程度越大、处于经济发达地区、成立年龄越大、具有私募性质的基金会聘请“百强”事务所审计财务报表的可能性越大，并且基金会聘请“百强”事务所正向调节基金会财务报告信息和捐赠者决策之间的关系，即与未聘请“百强”事务所的基金会相比，在聘请“百强”事务所的基金会中，财务报告信息与捐赠者捐赠的正向影响关系越强。

2.3.5 理事会特征和捐赠者决策

在研究理事会规模的影响方面，奥尔森（Olson，2000）认为理事会人数越多，其成员的多样性程度越高，与外界的联系就越频繁，获取慈善资源的有效性就越大。阿加沃尔等（Aggarwal et al.，2012）通过考察 1998～2003 年慈善组织，结果发现由于理事会成员数量越大获得较多筹资的可能性就越大，所以理事会规模越大，捐赠收入就越高。奥雷根、奥斯特（O’Regan and Oster，2005）以 1999 年 403 家美国纽约非营利承包商为考察对象，结果发现理事会规模与捐赠收入存在显著的正相关关系。颜克高（2012）认为理事会的规模越大，获取的信息和专业知识就越多，更有助于理事会制定有效的决策和实施有效的监管（Brown，2005），并以 2007～2008 年 71 家基金会为考察对象，结果指出理事会规模越大，慈善基金会筹资能力越强，获得的捐赠收入就越高。刘丽珑（2015）通过考察 2011 ~ 2012 年 91 家全国性公募基金会，结果指出规模较大的理事会有利于吸引多样化背景的理事，增强理事会的决策科学合理性，获得更多的捐赠收入。

在研究理事会会议次数方面，奥尔森（2000）以 1991 ~ 1995 年美国 420 家学院为考察样本，结果指出与营利性组织相比，在慈善组织理事会中，理事会开会次数多，就表示更多地履行了监管职能，越有可能提高组织绩效；但安德雷斯 - 阿隆索等（2006）却发现会议次数越多，理事会的配置效率越低；还有学者指出会议次数和组织效率无关，认为由于理事会的召开并没有促进理事更有效地履行受托代理义务，并且理事会会议存在明显形式化、走过场的现象，并未对组织绩效的改善起到应有的促进作用（刘丽珑，2015），使得组织绩效较低（Callen et al.，2003；Brown，2005）。

在研究理事会成员特征方面，一些研究学者指出理事会特征的正向影响关系。西西里阿诺（Siciliano，1996）以 240 家基督教青年会为研究对象，探讨理事会特征和组织绩效之间的关系，结果指出理事会成员多元化程度越高，组织的社会价值和筹集捐赠就会越多；奥尔森（2000）研究指出理事会成员任期越多、具有高管背景的理事会成员的数量越大，则该组织获得捐赠绩效也越高；颜克高（2012）发现理事会成员的平均年龄越高，组织获得捐赠收入越多；布朗（Brown，2005）通过考察 100 个慈善组织，结果发现由管理者和理事会成员感知的理事会绩效越多，则由管理者和理事会成员感知的组织捐赠收入就越高；卡伦等（Callen et al.，2003）基于美国纽约 7000 家慈善组织，结果发现与不存在主要捐赠者的理事会相比，存在主要捐赠者的理事会具有更高的组织效率，更低的行政管理费用，更多的利于组织战略发展的活动，这可能是因为主要捐赠者通过理事会参与加强对管理者的监督；另外存在捐赠者的金融委员会的组织中的管理费用更低。亚历山大、李（Alexander and Lee，2006）通过考察 1985 ~ 1993 年 1000 多家非营利组织，结果发现企业型理事会正相关于调整后入会费水平；里奇等（Ritchie et al.，2007）也指出管理者的直觉决策能够有效提高慈善组织绩效。另外刘丽珑（2015）基于 2011 ~ 2012 年 91 家全国性公募基金会，结果指出由于理事会中的高级职务人员越多，能够增加基金会的形象，提高组织决策和运营的科学化和专业化，从而提高组织的筹资能力，所以理事会中高级职务人员越多，获得捐赠者收入越高。一些研究学者指出理事会特征具有负向影响作用。米德尔顿（Middleton，1987）研究指出慈善组织理事会成员和管理者之间相似程度越高，理事会绩效越差；奥雷根、奥斯特（2005）以 1999 年 403 家美国纽约非营利承包商为考察对象，结果指出在组织理事会中存在投票高管，则捐赠收入较低；刘丽珑（2015）发现监事会中女性比例越高，基金会的筹资能力越大，获得捐赠绩效越低，另外理事会成员的平均年龄也不利于组织捐赠收入的提高，这可能是由于理事会中年龄越大，群体决策方案数量反而下降（刘树林和席酉民，2002）。一些研究学者指出理事会特征无影响作用。卡伦、福尔克（Callen and Falk，1993）通过考察加拿大特殊卫生服务慈善机构，研究发现理事会成员属于组织内部还是来自组织外部与组织效率无相关关系；戴尔等（Dyl et al.，2000）研究指出理事会成员的薪酬激励水平越高，筹集资金越多，则理事会绩效水平越高，但是理事会薪酬和管理费用、组织绩效无相关关系；颜克高（2012）也发现理事会成员存在薪酬的比例和担任正式职位的比例对慈善组织绩效无关；刘丽珑（2015）也认为国家工作人员比例与组织捐赠收入无关，这主要是因为《基金会管理条例》规定理事会中的主要领导者不得由国家职务人员担任的缘故。

在研究理事会实践活动方面，格林、格里辛格（Green and Griesinger，1996）基于 16 个慈善组织，以作家、医生专家的比例、政府基金收入以及理事会效率测量组织效率，研究指出理事会实践活动与组织效率存在关联，尤其是组织发展战略、理事会发展、资源开发、财务管理、解决矛盾冲突等。赫尔曼、伦茨（Herman and Renz，2004）以 1999 年 44 个美国的健康和福利组织为样本，研究指出较好的理事会实践行为与组织绩效（主要使用组织人员数量测量）之间并不存在显著的相关关系。

2.4 文献评述

现有研究学者对于慈善组织治理和捐赠者决策的影响因素进行了大量的探究。具体如下：

首先，慈善组织治理的相关性研究中，主要包括以下几个方面：政府与慈善组织之间关系经历了由约束到非抗争性合作到相互依赖的关系。具体体现在：在限制性约束关系中，政府主要通过严格的法律条款来制约慈善组织的发展，防止社会中出现独立于政府的组织（Anheier and Toepler，1999；苏力等，1999；奥罗兹，2002；李国武、李璐，2011），受国家发展战略的影响以及慈善组织凭借社会服务获得的社会声誉和资本，增加了社会福利，与政府之间建立了非抗争性的合作关系（田凯，2004；曹飞廉、陈健民，2010），另外，政府需要依靠慈善组织发展社会福利做好公共服务事业，慈善组织也需要借助政府获取更多的慈善资源，这样二者就形成了相互依赖关系，但是政府对慈善组织的依赖程度远低于慈善组织对政府的依赖程度（Salamon，1981；Wuthnow，1991；邓莉雅、王金红，2004）。在慈善组织中，理事会不仅承担着重要的角色还具有一定的决策控制权。例如，研究学者主要考察理事会在慈善组织中拥有一定的控制权并且主要承担着连接外界桥梁和获取资源、降低环境的不确定性、维护组织间的依赖关系、塑造社会公众形象的责任（Pfeffer and Salancik，1978；Saidel，1998；Ostower and Stone，2001；Peter and Michael，2001；De Andrés - Alonso et al.，2006；颜克高，2014），忠于、服从和看护组织的责任（Renz，2002），边界跨越和监督职能（Miller - Millesen，2003；Callen et al.，2009）以及强调组织合法性确保组织得到外界认同的职责（DiMaggio and Powell，1983；Meyer and Rowan，1977；Cornforth，2003）。在慈善组织中，管理者因具有理性人的特点可能会产生机会主义行为，追逐自身的利益。研究学者强调制定合理的监督和激励契约来保证代理人（管理者）行为与委托人（捐赠者）利益相一致并使其最大化的委托代理理论（Fama and Jensen，1983；Carver and Carver，1996；Gibelman，Gelman and Pollack，1997），因为管理者在慈善组织中除参与组织管理提高组织绩效（周延风等，2008）之外，更多地表现在因追逐私利而产生机会主义行为（Krishnan et al.，2006；Trussel and Parsons，2007）。上述研究虽然都取得了较好的成果，但是存在的问题主要在于这些研究仅仅侧重于某一方面，而忽视了其他方面的影响，因为慈善组织治理机制不仅包括监督和激励机制，还包括信息披露机制（王雄元，2005）和声誉机制（Kreps and Wilson，1982；吴元元，2012），他们在提高治理有效性方面也可能会起着重要的作用，所以上述研究忽视了对其他治理机制的考察。

其次，关于捐赠者决策方面的研究，在描述了捐赠者在实施捐赠时主要基于纯粹利他主义（Sargent et al.，2006）和自我利他主义（Beatty et al.，1991；Bereczkei et al.，2007）动机的基础上，综述了捐赠者决策的影响因素。在社会性效应方面，研究学者主要是借助于实验研究方法，指出捐赠者决策会受到过往捐赠者的年龄（Guzmán，Villegaspalacio and Wollbrant，2013）、捐赠金额（Shang and Croson，2009；Duffy and Kornienko，2010；Croscm and Shang，2013）以及其他捐赠信息等社会性信息、社会规范或者社会压力（Giovanna，2011；Della Vigna et al.，2012）、募捐者种族、性别等社会身份（Shang et al.，2008；List and Price，2009）等因素的影响；并且捐赠行为还受慈善组织服务质量和需求响应的影响（Morrison，1998；Sargeant and Hilton，2005；Sargeant et al.，2006；杜兰英等，2012）；在信息披露方面，捐赠者行为的研究上理论学者主要是通过参与组织决策和及时审查财务信息降低组织和捐赠者之间信息不对称程度（Hofmann and McSwain，2013；Yetman and Yetman，2013），实证学者主要探究慈善组织财富（Chase and Coffman，1994；Christensen and Mohr，1995）、管理费用（Greenlee and Brown，1999；Bowman，2006）、自由现金流（Eldenburg and Vines，2004）、项目成本和筹资成本（Krishnan et al.，2006）等财务信息披露内容差异的影响作用，并且指出媒体在负面报道会对慈善组织声誉产生影响，进而可能影响捐赠者的捐赠意愿（Balsam and Harris，2014；李晗等，2015），另外社会审计能够保证组织财务报表的准确性，降低捐赠者和组织之间的信息不对称程度，降低组织管理者机会主义行为的发生（Tate，2007；Kitching，2009；张立民等，2012）。关于理事会方面，捐赠者在制定相应捐赠决策过程中主要关注理事会的规模（Olson，2000；O'Regan and Oster，2005；Aggarwal et al.，2012；颜克高，2012；刘丽珑，2015）、理事会会议次数（Olson，2000；Callen et al.，2003；Brown，2005；Andrés－Alonso et al.，2006；刘丽珑，2015）、理事会任期、年龄、存在高管背景理事、理事会中存在捐赠者、政府官员理事、理事会激励程度等理事会成员特征（Middleton，1987；Olson，2000；Dyl et al.，2000；O'Regan and Oster，2005；颜克高，2012；Callen et al.，2003；Ritchie et al.，2007；刘丽珑，2015）以及理事会实践活动（Green and Griesinger，1996；Herman and Renz，2004）等因素。上述研究主要从社会层面、组织层面和理事会层面来考察捐赠者决策的影响因素，而忽视了捐赠资源本身使用情况的考察，即公益项目特征的影响，由于公益项目作为捐赠资源的最终表现形式，它最能够直接地向社会捐赠者显示捐赠资源是否得到合理分配以及是否严格按照捐赠者意愿或者组织宗旨来实施公益活动，因此从公益项目视角，根据理性选择理论考察捐赠者行为不仅能够使我们更直观地了解捐赠者的捐赠偏好，而且还为慈善组织更好地“迎合”捐赠者提供途径。

综上所述，现有研究学者不仅阐述了慈善组织治理过程中政府、理事会和管理者在治理过程中所发挥的作用，而且还描述了捐赠者制定捐赠决策的主要影响因素，但一方面理事会、捐赠者、管理者等都属于理性人，他们的社会行为会受到理性思维的支配，并且以理性选择行动，以满足自己的偏好，实现其效用最大化，也即是科尔曼（1990）的理性选择行为，另一方面政府、理事会和管理层等在慈善组织治理过程中所起的作用也有所差异，从而形成了不同的治理机制；另外，在考察捐赠者制定的捐赠决策更多地会看重慈善组织对于捐赠资源的使用情况，也就是慈善组织公益项目，因为他们能够从中更直接地观察到自己的捐赠是否得到合理使用。所以探究慈善组织能否得到捐赠者的支持获取更多的捐赠资源而保证组织的长久发展，不仅需要从捐赠者理性偏好的前因分析，更应该结合慈善组织公益项目以及本身的治理特征进行后因分析，将其有效结合更有利于了解捐赠者的行为偏好及公益项目在捐赠者决策中所起的作用。

第 3 章

制度背景、治理机制和理性选择理论

3.1 制度背景

3.1.1 中国慈善组织发展的制度背景

中国慈善组织自 1978 以来，经历了一个跌宕起伏的过程。首先，中国实施的改革开放，不仅为中国经济建设指明了道路，由“计划经济”向“市场经济”转型，而且将中国慈善组织带进了复兴和发展的“春天”。20 世纪 80 年代，中国开始出现首批具有慈善性质的基金会，例如中国儿童少年基金会（1981）、中国残疾人福利基金会（1984）、中国妇女发展基金会（1988）等，并且 1988 年国务院第二十一次常务会议通过了《基金会管理办法》，这为慈善组织的复兴和发展提供了制度支持。其次，自 1990 年初，中国慈善组织发展呈现新的气象。在这一时期，公益慈善组织开始获得社会公众的关注和政府的积极支持。自 1994 年成立中华慈善总会之后，全国各地陆续成立了各种慈善组织，并且慈善组织的自身机制建设开始得到完善，组织的功能、活动范围和运作方式也开始多样化。最后，进入 21 世纪，中国慈善组织快速发展。这一时期，慈善组织数量逐年上升，业务活动范围也由扶贫、养老等传统领域扩展到教育、科技等更广泛的领域，在法律制度上相继出台了《基金会管理条例》（2004）、《中华人民共和国公益事业捐赠法》（2005）、《中华人民共和国慈善法》（2016）

等，使得慈善组织法律制度得以逐渐完善。

3.1.2　慈善捐赠制度背景

对于慈善捐赠，我国法律法规主要是从三个方面进行说明。

首先，捐赠用途，因为慈善组织是基于慈善目的而设立的从事各种慈善活动的一种非营利组织，慈善组织主要服务于社会弱势群体，着力于满足服务对象的基本需求，服务直接面对最需要的群体，那么他们获得的捐赠主要用于慈善事业，《中华人民共和国公益事业捐赠法》（1999）第17条指出："公益性社会团体应当将受赠财产用于资助符合其宗旨的活动和事业，对于接受的救助灾害的捐赠财产，应当及时用于救助活动。"《基金会管理条例》（2004）第27条规定，"基金会应当根据章程规定的宗旨和公益活动的业务范围使用其财产；捐赠协议明确了具体使用方式的捐赠，根据捐赠协议的约定使用"。《中华人民共和国慈善法》（2016）第56条规定，"慈善组织应当合理设计慈善项目，优化实施流程，降低运行成本，提高慈善财产使用效益；慈善组织应当建立项目管理制度，对项目实施情况进行跟踪监督"以及第58条规定，"慈善组织确定慈善受益人，应当坚持公开、公平和公正的原则，不得指定慈善组织管理人员的利害关系人作为受益人"。《关于规范基金会行为的若干规定（试行）》（2012）中也指出："基金会与捐赠人订立了捐赠协议的，应当按照协议约定使用受赠财产。如需改变用途，应当征得捐赠人同意且仍需用于公益事业；确实无法征求捐赠人意见的，应当按照基金会的宗旨用于与原公益目的相近似的目的。基金会选定公益项目执行方、受益人，应当遵循公开、公正、公平和诚实信用的原则，保护社会公共利益和与项目有关的当事人的合法权益。基金会不得资助以营利为目的开展的活动。"《社会团体登记管理条例》（2016）第26条指出："社会团体专职工作人员的工资和保险福利待遇，参照国家对事业单位的有关规定执行。"这些法律条文指出慈善捐赠的使用不仅根据自身组织的宗旨来实施，更主要的是按照捐赠人的意图即捐赠协议等方面的要求来实施。

其次，捐赠使用标准。除了捐赠用途之外，国家法律也对捐赠标准情况做了详细说明。《中华人民共和国公益事业捐赠法》（1999）第17条规定："基金会每年用于资助公益事业的资金数额，不得低于国家规定的比例。"《基金会管理条例》（2004）第29条规定："公募基金会每年用于从事章程规定的公益事业支出，不得低于上一年总收入的70%；非公募基金会每年用于从事章程规定的公益事业支出，不得低于上一年基金余额的8%。基金会工作人员工资福利和行政办公支出不得超过当年总支出的10%。"《关于规范基金会行为的若干规定（试行)》（2012）对基金会日常运作费用使用情况做了强调，规定"基金会工作人员工资福利和行政办公支出应当符合《基金会管理条例》的要求，累计不得超过当年总支出的10%"。并且捐赠协议和募捐公告中约定可以从公益捐赠中列支项目直接运行费用的，按照约定列支；没有约定的，不得超出本基金会规定的标准支出。《中华人民共和国慈善法》（2016）第60条规定："慈善组织应当积极开展慈善活动，充分、高效运用慈善财产，并遵循管理费用最必要原则，厉行节约，减少不必要的开支。慈善组织中具有公开募捐资格的基金会开展慈善活动的年度支出，不得低于上一年总收入的70%或者前三年收入平均数额的70%；年度管理费用不得超过当年总支出的10%，特殊情况下，年度管理费用难以符合前述规定的，应当报告其登记的民政部门并向社会公开说明情况。具有公开募捐资格的基金会以外的慈善组织开展慈善活动的年度支出和管理费用的标准，由国务院民政部门会同国务院财政、税务等部门依照前款规定的原则制定。捐赠协议对单项捐赠财产的慈善活动支出和管理费用有约定的，按照其约定。"

最后，捐赠信息披露。作为慈善组织的外部捐赠者，因为不参与组织管理，所以主要是通过捐赠信息来了解自己的捐赠使用情况，捐赠信息的质量直接决定着他们的捐赠倾向。为此国家法律也做了详细说明。《中华人民共和国公益事业捐赠法》（1999）第20条规定："受赠人每年度应当向政府有关部门报告受赠财产的使用、管理情况，接受监督。"第21条规定："捐赠人有权向受赠人查询捐赠财产的使用、管理情况，并提出意见和建议。对于捐赠人的查询，受赠人应当如实答复。"第22条规定："受赠人应当公开接受捐赠的情况和受赠财产的使用、管理情况，接受社会监督。"《基金会管理条例》（2004）第25条和第30条规定："公募基金会组织募捐，应当向社会公布募得资金后拟开展的公益活动和资金的详细使用计划。""基金会开展公益资助项目，应当向社会公布所开展的公益资助项目种类以及申请、评审程序。"《基金会信息公布办法》（2006）第4条指出："信息公布义务人应当向社会公布的信息包括：基金会、境外基金会代表机构的年度工作报告；公募基金会组织募捐活动的信息；基金会开展公益资助项目的信息。"第7条规定："基金会开展公益资助项目，应当公布所开展的公益项目种类以及申请、评审程序。评审结束后，应当公布评审结果并通知申请人。公益资助项目完成后，应当公布有关的资金使用情况。事后对项目进行评估的，应当同时公布评估结果。”《公益慈善捐助信息披露指引（征求意见稿）》（2011）第13条指出：“捐赠款物使用信息，包括受益对象、受益地区（应注明省、市、县及其具体受益地区）、捐赠款物拨付和使用的时间和数额、捐赠活动和项目成本、捐助效果（图片、数字、文字说明）等。”第16条规定：“捐赠款物拨付和使用信息应采取动态方式及时披露。一般应在捐赠款物拨付后一个月内向社会披露，并视情况定期或不定期披露后续信息，信息披露间隔时间不应超过6个月，使捐赠人和社会公众及时了解捐赠款物使用进展信息。”《中华人民共和国慈善法》（2016）第42条规定：“捐赠人有权查询、复制其捐赠财产管理使用的有关资料，慈善组织应当及时主动向捐赠人反馈有关情况。”第74条规定：“慈善组织开展定向募捐的，应当及时向捐赠人告知募捐情况、募得款物的管理使用情况。”《社会团体登记管理条例》（2016）第26条指出：“社会团体应当向业务主管单位报告接受、使用捐赠、资助的有关情况，并应当将有关情况以适当方式向社会公布”。

慈善捐赠相关法律条文如表3-1所示。

表3-1　慈善捐赠相关法律条文

名称	年份	分类	要点
中华人民共和国公益事业捐赠法	1999	捐赠用途	1. 符合其宗旨的活动和事业；2. 救助活动
		使用标准	不得低于国家规定的比例
		信息披露	受赠财产的使用、管理情况
基金会管理条例	2004	捐赠用途	1. 宗旨和业务范围；2. 捐赠协议
		使用标准	1. 基金会的公益支出；2. 基金会人员工资和管理费用
		信息披露	公募基金会需披露捐赠使用详细计划
基金会信息公布办法	2006	信息披露	年度工作报告、募捐活动信息、资助项目信息
公益慈善捐助信息披露指引（征求意见稿）	2011	信息披露	1. 捐赠款物使用信息；2. 采取动态方式及时披露；3. 披露时间间隔
关于规范基金会行为的若干规定（试行）	2012	捐赠用途	捐赠协议；组织宗旨和目的
		使用标准	基金会的公益支出；约定的日常费用

续表

名称	年份	分类	要点
中华人民共和国慈善法	2016	捐赠用途	1. 公益项目；2. 确定受益人原则
		使用标准	1. 充分、高效运用慈善财产，遵循管理费用最必要原则； 2. 慈善组织年度支出和管理费用
		信息披露	1. 捐赠财产管理使用的有关资料； 2. 募捐情况、募得款物的管理使用情况
社会团体登记管理条例	2016	信息披露	1. 捐赠、资助的有关情况； 2. 专职工作人员的工资和保险福利待遇情况

注：依据现有法律规定整理所得。

3.1.3 理事会制度背景

现有规章制度主要规定了理事会的构成和决策职责。在理事会的构成上，《基金会管理条例》（2004）规定理事人数在5～25人，任期由慈善组织章程规定，且每届任期不得高于5年，若任期满可连选连任；在理事会中设置理事长、副理事长和秘书长；在由私人财产成立的非公募基金会中，存在近亲关系的理事不得超过理事总人数的1/3，其他类型的基金会中，近亲关系的理事不得同时担任职位；基金会的理事长、副理事长和秘书长不得由现职国家工作人员兼任，且基金会的法定代表人不得同时兼任其他组织的法定代表人。在理事会的决策职责上，《基金会管理条例》（2004）规定理事会为基金会的决策机构，依法行使章程规定的职权，理事长为基金会的法定代表人；理事会每年召开2次以上的会议，且实到理事人数需达到2/3以上，理事会决议须达到出席理事人数的1/2以上通过方为有效，当个人利益与基金会利益关联时，该理事应回避；另外章程规定的重大募捐、投资活动需要2/3以上出席理事通过方可有效，这与《中华人民共和国慈善法》（2016）规定的“慈善组织的重大投资方案应当经决策机构人数的2/3以上同意”相一致。

3.2 慈善组织治理机制

3.2.1 信息披露机制

与营利性组织相比，慈善组织存在特殊的治理结构，发起人或者捐赠者在实施捐赠之后就与慈善组织的资产脱离了所有权关系（李维安，2005），形成了一种“所有者缺位”和“剩余追索权缺失”组织状态，这种状态使得捐赠所有者无法有效监督慈善组织。在这种情况下，为了更好地监督慈善组织管理运营过程，并根据组织行为制定新的捐赠决策，就需要捐赠者掌握良好的信息。但是对于捐赠者来说，他们属于慈善组织外部人，因为缺少有效的获取内部信息途径而得不到及时、准确的信息。这种信息不对称使得捐赠者无法评估和核查慈善组织的行为，对其实施有效的监督。因此，信息披露机制的建立能够有效降低组织内外部之间的信息不对称，进而提高组织治理的有效性，提升外部监督效力。另外，慈善组织主要收入来自公益市场捐赠，但是由于资源的稀缺性，使得公益市场资源的获取变得日益激烈，为了获取更多的捐赠资源保证慈善组织的可持续发展，通过树立自身的社会形象来吸引捐赠者的捐赠是慈善组织切实可行的手段。因此，对于慈善组织来说，需要定期将其所提供服务的状况、筹资进展、财务与投资报告、治理结构变动、慈善项目运作信息、年度重大事项等信息，真实、及时、完整地向捐赠者进行公开，提高慈善组织信息透明度，增加信息披露的社会公信力，形成良好的信息披露机制，这对于获取捐赠者的支持具有至关重要的作用（颜克高、陈晓春，2010）。

现有研究学者（程昔武、纪纲，2008；颜克高、陈晓春，2010）将信息披露分为两种：自愿性信息披露和强制性信息披露。所谓的自愿性信息披露是指慈善组织的各种收入来自外部捐赠，为了更好地获取捐赠资源，慈善组织会积极主动地向外界传递各种利于提高组织形象和知名度的信息。但是这种披露形式使得慈善组织带有明显的“自我服务”目的，他们会对披露的内容、形式或时间进行有策略性的选择，从而达到某种特定的目的。其结果是产生了诸如延迟披露、虚假披露、选择性披露、模糊披露等形式的信息偏差，降低了信息质量，不但降低了市场效率，还会成为慈善市场的一种噪声（王雄元，2005）。此时，为降低慈善组织的信息披露偏差，就需要对它们进行适度规范和控制，并适度采用引导性的措施和事后惩罚等相结合的方式，通过完善慈善组织治理机制来引导自觉约束披露偏差信息的行为，从而达到提高信息质量、增加信息的公信力、降低信息不对称的目的。强制性信息披露是由慈善组织的产权性质决定的，为保证披露质量，按照慈善组织会计准则和相关法律制度的要求实施的信息披露行为。强制性披露的信息在披露之前都必须经过会计师事务所的审计，这在一定程度上降低了慈善组织在信息披露过程中存在的“逆向选择”和“道德风险”。与自愿性信息披露相比，慈善组织强制性披露的内容、时间、形式等都需要按照会计准则和相关法律制度的要求，那么，在进行强制性信息披露制度设计时，应保证信息的内容、时间、形式等成为其制度设计的核心内容。因此，捐赠者在实施捐赠时，需要充分发挥信息披露机制的作用，不仅要了解慈善组织的自愿性披露的信息还要掌握强制性披露的信息，只有这样才能够保证慈善组织信息披露的真实可靠性，进而制定更为有效的捐赠决策。

3.2.2 监督与激励机制

李维安（2005）指出与营利性企业和政府不同，慈善组织具有独特的“所有者缺位”现象，也就是说发起人或者捐赠者在实施捐赠之后就与慈善组织的资产脱离了所有权关系，所有者缺位导致监督主体的缺位，那么慈善组织就无法像营利组织那样借助股东“用脚投票”和政府的公开监督与激励机制那样进行监督，产生监督与激励机制薄弱的现实，同时，慈善组织的公益性使得慈善组织无法像营利性组织那样实施与绩效相关的薪酬契约，也就难以形成有效的激励机制。这就更加需要强化慈善组织内部监督和外部监督的有效性，形成有效的慈善组织监督与激励机制。良好的监督与激励机制是慈善组织有效运转、实现善治的必要条件之一，赫茨琳杰（2000）为解决慈善组织中的诚信问题方面，提出了“披露—分析—发布—惩罚”方案（DADS 法），即为加强慈善组织的透明度，分析和发布慈善组织绩效，并惩罚不遵守以上规定的组织，通过这种方案能够有效地加强了对组织的监督，从而促进了慈善组织的有效治理。另外，曾维和（2004）在 DADS 法的基础上，根据我国利益相关主体的现实需求，专门探讨了慈善组织的治理问题，并建立了以内部监督与激励机制和外部监督与激励机制相结合的综合监督与激励机制体系。

内部监督与激励机制是确保慈善组织非营利性的基础，主要来自理事会的监督。鉴于理事会在社会组织中的特殊位置，理事会监督与激励机制是内部监督与激励机制的核心（Jensen，1993）。它既要完成捐赠者赋予的受托责任，同时又要实现其对管理层的委托责任。因此，对于理事会的构成以及职能的研究就成为理事会治理中的核心问题。在慈善组织中，理事会主要承担着战略决策和监管管理人员的职能。因为在法律上和实践上的特殊地位以及掌控较强的优势信息，理事会对管理人员的监管居于核心地位，而监督权来源于对管理人员的有效委托授权，并且对其能力和绩效的考核，使得理事会对管理人员拥有最终任免权，因此理事会的监督能力是最强的。为了保证理事会决策的有效性和治理成本的最小化，需要从以下三个方面来完善理事会的监督机制：第一，不仅要从权衡理事才能和决策成本的角度确定理事会的规模，还需要设计理事长的产生机制，从而保证理事长作为理事会权力的集中代表，能够履行职责，实现测试组织的目标；第二，依据职责将理事会成员划分为执行理事与独立理事，独立理事作为与社会组织没有直接联系的理事会成员，主要依靠其专业知识、已有经验和相对独立的判断力，来促进测试组织的发展，基于此，需要就独立监事的独立性资格、执行理事与独立理事的比例进行必要的设计，从而保证在集体决策中能够充分发挥各类理事的积极作用；第三，针对相对成熟的慈善组织，在理事会中设计必要的专业委员会，以发挥专业作用，提高治理效率。

外部监督机制。外部监督主要是由外部监督主体为了自身的相关利益，通过不同途径对慈善组织的管理人员实施的监督。主要包括：（1）政府监督。政府是唯一具有法律权威、并能够强行对慈善组织实施监督的机构，政府在对慈善组织的监督方面具有不可推卸的责任。例如《中华人民共和国慈善法》（2016）第93条规定："县级以上人民政府民政部门对涉嫌违反本法规定的慈善组织，有权采取下列措施：对慈善组织的住所和慈善活动发生地进行现场检查；要求慈善组织做出说明，查阅、复制有关资料；向与慈善活动有关的单位和个人调查与监督管理有关的情况；经本级人民政府批准，可以查询慈善组织的金融账户等。"（2）媒体监督。媒体监督是指新闻网站、报纸杂志、广播电台等媒体对慈善组织实施的监督，这种监督具有全面性、及时性和影响范围大的特点，属于一种重要而有效的监督形式。由于媒体是社会公众接触信息的主要途径，具有导向性和威慑性，因此能够对慈善组织的管理人员形成强有力的制约。并且《中华人民共和国慈善法》（2016）第97条规定："国家鼓励公众、媒体对慈善活动实施监督，对假借慈善名义或者假冒慈善组织骗取财产以及慈善组织、慈善信托的违法违规行为予以曝光，发挥舆论和社会监督作用。"这为媒体监督提供了强大的法律支持。（3）捐款者和社会公众的监督。出资人/捐赠人作为慈善组织运营资金的供给者，其捐赠行为在本质上表现为牺牲自身的物质利益而增进他人利益，并以此实现慈善组织的目标。但是当捐赠者认为慈善组织的报告不是真实的、不值得信任的，就会使得捐赠者感到不满，那么他们就不可能对该组织实施捐赠，并且也会将他的想法告知其他人，从而会降低慈善组织获得捐赠的可能性。社会公众主要是借助一些政府部门、评估机构和慈善组织自身建立的投诉网站和热线监督该组织。

3.2.3 声誉机制

慈善组织声誉是指组织给社会公众和捐赠者的整体印象，通过过去的行为结果和未来的前景预期获得社会认可的整体吸引力，进而为达到公益目的实现组织可持续健康发展的一种无形资产和战略性优势。与政府和营利组织相比，基于慈善目的而设立的从事各种慈善活动、主要服务于社会弱势群体、着力于满足服务对象基本需求的慈善组织往往被赋予了较高的声誉期望。慈善组织具有非营利性和社会公益性，其经济收入主要源于社会公众捐赠。捐赠者的慈善捐赠往往是由于对某些社会弱势群体或因某种共同利益的关怀而实施的捐赠，而这种捐赠行为带有明显的公益性，捐赠者更希望慈善组织能够按照捐赠协议或者慈善宗旨来使用慈善资源。而在捐赠者实施捐赠之后，就失去了对捐赠的所有权、处置权、受益权等，使得慈善组织拥有了这些权力。虽然如此，捐赠者有些时候还保留了一定的控制权，若是慈善组织未按照捐赠协议或者慈善宗旨来使用这些捐赠，捐赠者拥有索回的权力，但是此时捐赠者已经损失了一定的效用。所以为尽可能地避免损失，捐赠者应该更好地发挥声誉机制的作用，从而制定更为有效的捐赠决策。

慈善组织与营利性组织的差异在于慈善组织的非营利性和公益性，这一特点使得慈善组织要想获得可持续健康发展，就离不开外部的捐赠。由于组织生命的延长性，使得它们会与组织各类相关者之间存在多次接触的机会，建立起来长期的博弈关系，此时的相关者尤其是外部捐赠者，拥有了惩罚慈善组织机会主义的现实可能性，慈善组织过去的行为以及相伴随的声誉就会成为捐赠者决策的主要参考点，停止捐赠或者转向其他慈善组织就会成为一种可置信的威慑，因此声誉就成为机会主义策略的有效约束机制。慈善组织处于社会博弈之中，使得未来发展机会和自身过去行为紧密结合在一起，外部捐赠主体根据组织过去的行为声誉来决定是否再值得捐赠，即声誉影响未来的捐赠机会（Kreps and

Wilson，1982）。

换句话说，如果慈善市场信息流动通畅，慈善组织会比其他形式的组织更加注重声誉，对于自身的未来赋予更好的价值，并且有效衡量获得的长期收益。正是基于对丧失外部捐赠和未来发展机会的考虑，慈善组织（尤其是全国性组织）更有可能避免机会主义行为攫取不正当利益的“一锤子买卖”（张维迎，2003），更容易成为声誉的载体，从而由追求短期或一次性利益的行为变为追求长期可持续发展的“重复博弈”的重要机制（Kreps and Wilson，1982）。慈善组织的本质在于借助于外部捐赠收入发展公益慈善事业，从而获得健康可持续发展的机会，如果在慈善市场上，组织利用外部捐赠为自己谋取私利的信息在捐赠市场上高速流动，形成强大的声誉机制，那么来自声誉的惩罚将极大地作用于组织获得后期捐赠的多个机会，进而决定该慈善组织的存亡。

由于捐赠者不在慈善组织中任职，无法准确掌握组织的经营管理信息，使得捐赠者与慈善组织之间存在较为严重的信息不对称。作为过去行为的一个社会印记，声誉为捐赠者提供了重要的决策信息，成为信息来源之一，决定了是否实施捐赠。作为一种公共舆论，声誉具有较强的信号功能，若是存在信息准确的声誉机制，捐赠者更可能愿意将其作为解决信息不对称的工具（吴元元，2012）。因此，一旦慈善组织招致声誉机制的负面评价，使得捐赠者“用脚投票”，取消原有的捐赠协议，并启用较为严厉的惩罚，组织赖以生存的外部收入也丧失殆尽。在这一层面上讲，声誉机制是“弱者的武器”（Scott，1985），更是一种边际成本相当高昂的“严厉处罚”。慈善捐赠是慈善组织的主要收入来源，一旦丧失，组织前景堪忧。

慈善组织要想持续获得更多的捐赠，就需要依据捐赠协议或慈善宗旨来使用捐赠财产，因为在捐赠者与慈善组织之间的重复博弈中，捐赠者能够通过取消或拒绝捐赠的方式惩罚不遵守捐赠协议的慈善组织；慈善组织过去的绩效或项目特征显示的是慈善组织经营能力的信息，经营绩效越好，市场则认为组织的经营能力越强，组织的市场价值就越大，就更有可能得到更多的捐赠支持。因此，为建立良好声誉，慈善组织就应该更好地维护好自身的声誉，例如积极主动向市场传递捐赠财产有效使用情况及经营能力的相关信息，增加声誉的社会公信力，得到捐赠者的认可，得到足够的捐赠，保证组织的健康可持续发展。

3.3 理性选择理论

3.3.1 “经济人”假设

“经济人”，英文为 homoeconomicus，是源于现代经济学之父亚当·斯密（1972）的《国富论》中的一段话：“我们每天所需要的食物与饮料，并非来自屠夫、酿酒师或是面包师的恩惠，而是基于完全自利的意图。不说唤起利他心的话语，而是说唤起他们利己心的话语，不说是对己的需求，而是说对他人有益。”亚当·斯密处于 18 世纪启蒙运动兴起的时代，也是以推翻封建专制为目的而进行的理性主义反抗的时代，商业社会、金钱社会或平民社会的大势兴起以迎接产业革命的时代。在这一时期，中下层平民批判和反抗特权阶级、豪门贵族和大地主等，这主要是由于这一时期的重商制度都是奖励有钱有势的人所经营的产业，而对于中下层阶级的利益产业，则属于被压迫或被忽视的。亚当·斯密在《国富论》中重点分析了这两个时期的新型人物，将这种以利己心为基础的人性人格化，作为“经济人”类型登上历史舞台。他指出上层阶级的“利己心”并非通向社会富裕之路，他们只是以蚕食他人的生产果实为目的，仅仅奢侈消费而不能生产一份食物，并且他们将榨取中下层阶级的“收入”用于雇佣“不生产的奴仆”来服侍他们，这一阶级的“利己心”更多地表现出“懒惰、浪费、阿谀奉承”等恶劣品质；而对于中下层阶级，斯密指出在重商主义时代，虽有分工但并非公平，中下层阶级的一般平民基本上承担着社会所有的生产活动，为社会创造更多的财富却享受最少的利益，斯密将他们的利己心界定为在遵守社会正义条件下，具有正义之德的“利己心”。“经济人”假设在亚当·斯密的思想中处于核心地位，他将“经济人”的规定主要包括两个层次：其一，“利己心”概念实际上是从上层阶级（也就是资产阶级）生产者的行为中抽象出来的，例如在《国富论》中“每个人具有改善自身现状的愿景，借助于节俭、储存来增加自身财富的方式属于最为合适的方法”；其二，“利己心”被当作是一种具有抽象的人性，即为对于每一个人来说，改善自身现状是经常的、一致的，并经过自身坚持不懈的能力来实现的。

随后在西尼尔提出个人经济利益最大化公理的基础上，约翰·穆勒归纳出“经济人假设”，而后由帕累托将该专有名词引入经济学。随着古典经济学的不断发展，“经济人”的内涵也逐渐完善，本书将“经济人”定义为以完全追求物质利益为最终目的，期望通过较少的努力或者代价实现个人利益最大化，并为此可不择手段的经济活动主体。“经济人”具有追求享乐主义、生来懒惰并且厌恶工作的非理性“自然人”特性；其思考和行动的唯一目标就是获得物质补偿最大化的经济利益，在经济活动中面临不同选择机会时，属于偏爱于为自己利益最大化的机会主义者。

3.3.2　“理性人”假设

亚当·斯密的“经济人”假设，主要是对经济活动中生产者的描绘，但是在现实生活中，人群不仅仅包括生产者，还有消费者、家庭、政府等各种各样的团队或者组织，在这些团队或者组织中，仅仅以生产者利润最大化来解释经济问题还存在不足，因为希望“经济人”能够全面地阐释所有人的利益最大化行为，然而这是不太可能的。尤里·格尼茨等（2015）在对“经济人”的批判中指出“经济人”的利己性被看作经济行为主体的唯一动机，那么就会将受到情感、道德等多方面的动机激励下追求社会利益的行为排除在外，这显然是与现实相悖的，并指出“经济人”属于完全追求物质利益的利己主义者，甚至不考虑国家、民族和社会利益的“唯利是图”的经济动物，“经济人”的概念并不能够反映出人的全部特征，它是说经济活动个体总是不可救药的受纯粹自私自利动机的驱使，否认了一切良好的动机存在，根据享乐主义、趋乐避苦的自私动机推论整个经济活动这是不充分的。

马克思认为人的本性不仅包括自然属性还包括社会属性，人是二者的有机统一，属于现实中真实存在的人，对人的探究不能脱离人的社会属性而单独探究人的自然属性，也不能离开历史条件，不仅要考察人的一般属性，还要探究在某一历史时代变化的本性，只有这样才可以更全面地了解人的本质和社会活动。作为社会关系中的一种高等动物，人的行为动机主要是由人的自然属性（即动物本能）和社会属性交互形成的，所以说人不仅具有自然人的特性，还具有社会人的特性，仅仅强调其中的任何一个都是不准确的。从历史层面上来讲，自利并非人的固定本性。原始社会具有生产力不发达、生产和生活资料极其匮乏的特点，而如果仅强调自利性，那么原始社会的制度将无法存在。事实上，人的自利动机是伴随物质商品的交换而逐渐形成的。在商品交换过程中，商品的双方都需要权衡自己的收益和成本，并且“斤斤计较”，不计代价地将拥有的商品让渡给他人是不符合理性的。故在“经济人”假设中，将不惜一切代价的最大化自身利益作为永恒的行为动机，这在一定程度上将人的行为动机降低到动物层面的动机，忽略了人在行为过程中的社会本性。人不可能脱离个人利益而存在，“一心为公”“大公无私”的人是极少数的，现实中的只是有些人在某一时刻更多地看重“公”，更少地看重“私”而已。在此基础上，科尔曼（1990）将社会行动中的“经济人”转变为“理性人”，他指出“理性人”的行为主要具有目的性、合理性和效益最大化追求的特点，合理性是行为人的行动基础，他们不仅追逐经济利益最大化，还需要追求声望等其他方面的“非经济因素”，而这些“非经济因素”也是理性人追求利益最大化的目标和内容，人以理性的行动，来满足自己的偏好，并使效用最大化。

可以看出，“自利”已不是理性人的全部本性。在社会活动中，人的需求是多元的，而非单一性的。根据马斯洛需求层次理论，人的需求主要有生理需求、安全需求、情感和归属的需要、尊重需求和自我实现需求五个层次，生理需求是人最低层次的需求，随着需求层次的提高，使用自利动机来解释人的行为就显得越来越力不从心。理想、情感、利他等也会成为人的行为动机，在一些情境下，这些动机可能会强于自我的私利动机，例如为远在他方的、互不认识的人捐赠而不求回报的行为。道格拉斯·C.诺思（1994）发现与经济模型中的个人效用函数相比，人的行为所涉及的东西更为复杂，并且在多数情况下，人的行为不仅是一种财富最大化行为，而且还是一种受利他主义与自我施加的双重约束的行为，他们能够从根本上改变人的选择结果。欧查德、斯特雷顿（Orchard and Stretton，1997）也指出完全以“自利”来解释理性，这相当于将自利行为认定是理性的，而其他行为则视为非理性，这显然是不符合常理的。休·史卓顿和莱昂内尔·奥查德（2000）也指出在社会活动中，行为主体的动机是复杂多样的，并不能够简简单单地界定为利己或者是利他，在行动中，个人动机含有绝大程度的自利欲望，而这种欲望渗透得很深很广。但是个人动机中还包含有不同程度的慷慨基因、对物质利益之外回报的兴趣等，所以说，人的行为中普遍存在着关心自己和关心他人的动机，也即是利己和利他的共存。事实上，利己和利他并不是完全分开的。亚当·斯密指出尽管

“经济人”出于自利的动机进行经济活动，但是在市场的指挥下，社会福利整体水平也在持续增加，资本主义生产能力也远远高于自给自足的“封建社会”所创造的社会价值，这说明了利己导致了利他；另外，最具有利他主义倾向的个人，也不太可能一点都不为自己考虑，因为若他真是丝毫不考虑自己，那么他早就不可能存在了。一个具有利他主义倾向的道德人，主要是因为符合道德标准的利他行为还能够为他带来其他效用，使他获得满足或者得到荣誉，所以利他主义本身也含有利己的一面。

3.3.3　利他主义

关于利他主义，国内外都给出了引导性的言论，例如：中国儒家思想认为“泛爱众，而亲仁”，道家倡导“积财亿万，不肯救穷周急，使人饥寒而死，罪不除也”，佛语“大慈大悲、普度众生”，国外的《圣经》中也充满着“博爱、施舍、利他、济世”的言语，无一不彰显着利他主义的思想。根据《中国大百科全书》的定义，利他主义是指基于某种本性，例如仁心、爱心等，更有助于帮助他人实现利益和关心他人，甚至不惜牺牲某些个人利益成全他人利益。可见利他主义更多的是关注他人利益，并未过多地考虑自身利益，属于一种高尚的道德行为。另外社会学家将利他主义视为亲社会行为（Hoffman，1984），即看到别人生活于困境会产生一种自然的同情，从而进行利他行为。

在慈善事业情景下，慈善捐赠属于一种典型的利他行为（Sugden，1984），它是基于一种人道主义动机，进行慈善捐赠或资助慈善公益事业的社会活动。对于捐赠者来说，捐赠者行为主要是以个人物质为代价来提升他人利益，借此通过增加他人的福祉实现提高自身利他效用的目的，该效用不仅包括帮助他人增加福祉，还能够从他人的幸福中获得内心愉悦（Becker，1974；Andreoni，1989；亚当·斯密，1997；Ribar and Wilhelm，2002）。从中可以看出，捐赠者的利他主义并不是纯粹的，巴特森（Batson，1987）将利他动机分为纯粹利他动机和自我利他动机，纯粹利他动机是指慈善捐赠主要是为了改善他人的福祉或者增加社会福利（Becker，1974），而自我利他动机是能够从慈善捐赠中获得他人的尊重、提升自身的声誉等社会价值（Harbaugh，1998；Bereczkei et al.，2007）。由于慈善组织具有公益性、利他主义等特点，其内的管理者也具有志愿性的特点，这在一定程度上意味着慈善组织管理者可能会得到较低的薪酬甚至是得不到薪酬，那么对于具有一定程度自利特征的高管来说，由于受到外部监管和道德的制约，他们通过增加自身薪酬的方式来谋利的可能性比较低，因为慈善组织的收入都是具有公益性的，外部捐赠者也会格外关注慈善组织管理者的薪酬水平，因为在他们看来，慈善组织高管的工作应该是免费的或者最低薪酬的，所以他们会根据慈善组织管理者薪酬来考虑他们的捐赠程度（Emerson，2010），巴尔萨姆和哈里斯（2014）的研究指出高管薪酬越高的慈善组织，获得的捐赠收入越少。基于这一方面的考虑，慈善组织高管更可能追求的是理想、情感、利他等方面的收益，本书将这一行为界定为受自我利他动机驱使的利他行为。具体见图3－1。

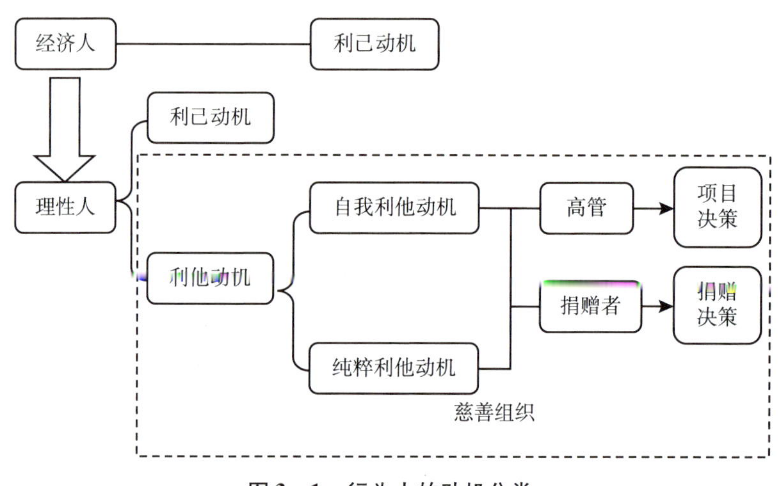

图3－1　行为人的动机分类

3.3.4　理性选择理论

在慈善市场中，捐赠者的慈善行为可以看作是具有社会理性的选择行为（杨春学，2001；胡石清、乌家培，2009），那么与一般性的社会行为相比，捐赠者的选择行为具有怎样的特征？行为研究学者指出人们的社会行为是由自身意识活动支配的，而人的意识活动可分为三个层次：本能无意识、感性意识和理性思维（见图3－2），这三个层次的意识活动都能够支配人们的行为，本能无意识是以欲望、冲动支配人们的行为，感性意识是以感觉、知觉和表象支配人们的行为，而理性思维则以计算、推论和分析支配人们的行为，相对其他两个层次来说，理性思维支配的行为属于选择行为。

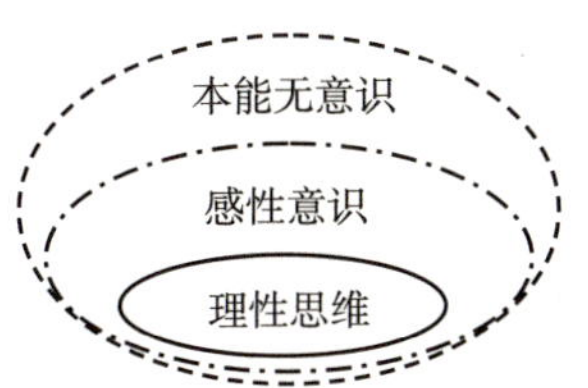

图 3－2　意识活动的层次

那么这种选择行为的目的是什么？传统的经济学理论认为社会中的行动主体属于“经济人”，他们是完全以追求物质等经济利益为目的活动主体，其行为动机源于经济诱因，都希望以尽可能少的付出，获得最大限度的收获，并为此可不择手段（Smith，1999），该假设把在现实生活中追逐经济利益的人及其行为抽象化。而科尔曼（1990）认为社会中人的行为主要具有目的性、合理性和追求效益最大化的特点，合理性是行动者的行动基础。其目的是最大限度地获取效益，该效益不仅包括经济效益还包括非经济效益，他指出人以理性的行动，满足自己的偏好，最大化自我效用，这就是著名的理性选择理论，即理性行为人倾向于采用最优策略，以最小代价取得最大收益。该理论是建立在下列基础上的：

首先，个人是自身最大利益的追求者。在传统的经济学理论中，“经济人”假设占据着主导地位，认为社会中的行动主体属于“经济人”，他们是以完全追求物质等经济利益为目的而进行经济活动的主体，其行为动机源于经济诱因，都希望以较少的付出，获得最大的收获，并为此可不择手段（Smith，1999），该假设把在现实生活中追逐经济利益的人及其行为抽象化。然而，实际上，人们在现实生活中追逐经济利益的行为是不单纯的，总是要受到道德伦理、文化传统、社会制度等方面的制约，仅仅追逐经济利益而不考虑其他目的，只能是在一种抽象条件中才能够成立的理想状态，为克服这种“经济人”假设的抽象性，科尔曼（1990）将社会行动中的“经济人”转变为理性人，他指出理性人不仅追逐经济利益最大化，还需要追求声望等其他方面的“非经济因素”，而这些“非经济因素”也是理性人追求利益最大化的目标和内容。茹昂（Wrong，1997）也指出由于每个人不可避免地存在于特定的社会关系和社会结构之中，各种社会因素都是人开展选择行为时不可摆脱的条件或限制，那么就会发现人不可能在社会生活中仅仅考虑自己的经济利益追求，即人们在追求自身利益的同时还需要考虑到他人利益和社会规范。马克思指出，人之所以追求自身利益最大化，除了追求肉体生命得以存在延续和支配他人权力利益最大化之外，还存在一个精神层面的最大化，即，使自己的精神意识、思想能得以被他人所接受，且被广泛传播，并获得更高的声誉和威望，也就是追求声誉、思想意识等在社会中，甚至是在历史中得到不朽的利益最大化（中共中央马克思恩格斯列宁斯大林著作编译局，1995）。

其次，在特定情境中可以选择不同的行为策略并且导致不同的结果。在某种程度上，人的行为能够通过行为意向推断得出，而行为意向又受到行为态度和主观规范的影响。行为意向是指对人们想要完成某一目标而实施特定行为的度量，而态度是指人们实施该特定行为持有的积极或消极的情感，它受行为结果的主要信念以及结果的重要程度的估计影响；主观规范指的是个人在实施某项特定行为时所受到的社会压力。这些因素的结合，便产生了行为意向，最终产生了行为策略。在现实社会活动中，因每个人的心理特质存在差异，使得不同的行为主体具有不同的行为态度和差异性的主观规范，就会产生各种各样的行为意向，对于主体制定行为决策来讲，制定决策时的行为意向是多种多样的，从而导致行为人面临的选择策略具有多样性。假设社会行为者需进行某种行为，其行为意向是一个对象 a，则不同社会成员的行为就形成一个对象集，记为 A，A 的元素记为 a，即 $A = \{a_1, a_2, \cdots, a_i\}$，i 为行为个体，$i = 1, 2, 3, \cdots$。由于社会行为者需要根据 a 来作出行为策略 b，再加上各个社会成员的偏好存在差异，使得他们根据不同的行为意向或者偏好 a 得到不同行为 b，从而相应的 a_i 会对应相应的 b_i，形成可供选择备择策略集 B，即 $B = \{b_1, b_2, \cdots, b_i\}$。哈姆布里克和梅森（Hambrick and Mason，1984）指出由于社会成员的人口学统计特征的不同，使得成员之间的偏好存在较大的差异性，受此影响，个体做出不同的选择策略，产生不同的结果。根据上述假设，从备择策略集 B 中做出的选择将给各个成员带来不同的结果 S，$S = \{s_1, s_2, \cdots, s_i\}$，从而获得不同的效用 $U(s)$，$U(s) = \{u_1, u_2, \cdots, u_i\}$，即不同的 b_i 带给不同成员的效用 u_i。

最后，人在主观上对不同的选择结果有不同的偏好排序。在相同环境下制定某一决策时，每个决策主体受行为动机的影响，产生完全不同的心理反应，做出不同的选择（何大安，2013），同时对选择结果进行价值判断（Davis，2003）。研究指出决策主体的这种价值判断存在一个等级序列，并且这种价值等级排序是个性化的、主观性和有层次的整体系统，其最终结果是这一价值等级排序影响决策主体行为选择的最终结果。实质上，这一价值等级排序也就是决策主体的偏好排序，即决策主体在面临多个事件结果时，对这些结果的偏好程度（Slovic，1995）。根据“齐当别”选择模型（李纾和房永青，2000），决策过程就是某一备择在主观上优于另一备择的过程，具体是指如果选择结果 s_i 在总体上与 s_j 具有相等的吸引力，$i \neq j$，并且 s_i 至少在一个维度上优于 s_j，那么可以说 s_i 比 s_j 具有优势，李（Li，2005）研究指出选择偏好保持一致，并非因为每次选择时都认为被选中的具有最大的效用，而是因为每次的选择都认为最大的差异来自同一个维度，从而使得人们能够在这一个维度上对 s_i 和 s_j 之间的较大差别进行辨别，作为选择 s_i 的依据（Li，2004）。经济人假设指出人的行为动机是经济诱因，完全以追求自身利益最大化为目的，但是科尔曼（1990）对其产生怀疑，认为人的行为决策不仅仅由自利选择偏好决定的。事实上，决策主体的行为偏好不仅包括自利选择偏好，还包括利他选择偏好（何大安，2013），由于人们在制定决策之前，都会存在对影响决策的信息进行搜集、整合、加工和处理，当然其中也伴随着理性思考的过程，所以这种选择偏好引起的理性思考过程也存在差异。例如，如果人们对某一决策存在利他的选择偏好，他就会努力搜寻、整合、加工和处理那些对他人在经济、文化等方面有利益支持的信息，并以此根据这些信息制定决策实现利他目的（何大安，2014），在现实社会中存在经常自愿捐赠的选择行为就是基于利他偏好选择的结果（Dawes and Thaler，1988），方、奥伯赫尔泽—吉（Fong and Oberholzer - Gee，2011）也指出慈善捐赠者更倾向于将钱捐赠给自己偏好的受赠者。

第 4 章

公益项目自身特征与捐赠者决策[①]

4.1 理论分析和研究假设

4.1.1 理论分析

捐赠者的慈善捐赠符合理性选择行为。首先，古德（Goode，1997）认为，社会学家们都承认人的社会行为是有目的的行为，而有目的的行为就一定包含有指向的选择，研究人的目的行为时，也就是探究他们的理性选择行为。对于捐赠行为来说，属于人的社会行为的一种，并且，捐赠行为也具有目的性，例如改善他人福祉（Becker，1974）、提高个人社会价值（Bereczkei et al.，2007）、优化资源配置、缩小贫富差距、促进社会良性运行与和谐发展（高功敬、高鉴国，2010）等，根据这些目的，捐赠行为就成为一种选择行为。另外，在本质上，捐赠行为是以牺牲自身物质利益为代价提升他人利益的行为，它并非盲目的捐赠行为（Fong，2007；Fong and Oberholzer－Gee，2011），而是具有社会理性的特征（杨春学，2001；胡石清、乌家培，2009），是通过对慈善组织信息进行搜集、整合和加工，以理性计算的方式展望其未来，当他认为该捐赠行为能够实现他的捐赠目的时，就会实施慈善捐赠，就像贝克尔（Becker，1974）指出的“捐赠行为是由理性思维支配的选择行为”，所以说慈善捐赠是一种以非经济效益为目的的理性选择行为。

① 本章节已发表于《南开管理评论》2017 年第 4 期。

其次，相对于人们的无限需求来说，资源存在稀缺性（Smith，1999），而对于以追求效用最大化的个人来说，他们的主要目的是掌控这种稀缺性资源，若是掌控该类资源，则意味着能够获得效用，一旦失去控制，就说明失去效用。此时对于资源掌控者来说，最终目的是利用这些资源来最大化自身效用。这主要有两种可能：资源掌控者自己利用这些资源实现效用最大化或者将自己所掌控的资源控制权转移给其他人并且从中获取更大的效用。但是由于受到知识技能、时间、空间等方面的限制，资源掌控者往往更可能倾向于第二种，周长城（1997）将第二种转移行为视为理性行为，并且指出在信息不对称的情况下这种转移行为的程度更大。对于捐赠者来说，他们追求的不是自身经济效益的最大化，而是以“非经济效益”最大化为目的（Coleman，1990），例如实现慈善资源效用最大化、受益人福祉最大化、捐赠者社会价值最大化等（Becker，1974；Bereczkei et al.，2007；高功敬、高鉴国，2010）。对于受益者需求来说，慈善资源具有较强的稀缺性，而捐赠者掌控慈善资源，由于捐赠者受知识技能、时间、空间的限制，直接将慈善资源捐给受益者实现效用最大化的成本较高，所以他们更倾向于将慈善资源的控制权转移给慈善组织，慈善组织是指涉及公共利益领域的基于慈善目的而设立的从事各种慈善活动的一种非营利组织，他们的服务直接面对受益者，从而实现捐赠者的效用最大化。

最后，在捐赠环境下，受捐赠者心理特质差异的影响，使得不同的捐赠者具有多样性的行为态度和差异性的主观规范，就会产生各种各样的行为意向和偏好，对于捐赠者制定捐赠决策来讲，行为意向和偏好的多样性导致捐赠者捐赠策略的多样性，例如倾向于寻求实现自我满足感的捐赠者更在乎的是个人捐赠行为是否受到关注（Andreoni，1989；Ribar and Wilhelm，2002；Soetevent，2003）或者倾向于个人社会价值的捐赠者更在乎捐赠行为是否被多人观察到（Becker，1974；Bénabou and Tirole，2006）。此时捐赠者通过搜集、整合和加工慈善组织信息，预测捐赠行为产生的结果，并对其进行价值判断（Davis，2003），从而产生一系列价值等级排序，即为偏好排序，而后捐赠者根据个人的心理反应和行为意向（动机）最终制定捐赠决策，完成捐赠的理性选择行为。

4.1.2　研究假设

在了解慈善捐赠者的利益追求以及理性选择行为过程之后，捐赠者制定决策依据就显得特别重要。对于捐赠者来说，他们更可能关注于慈善组织的公益项目，因为公益项目是慈善捐赠资源的最终体现形式，并且绝大部分的捐赠资源需要用于慈善公益事业。由于捐赠者并非慈善资源（包括金钱、服务和物品等）的最终接受者，所以也就无法通过直观感受慈善资源的质量来判断慈善组织是否实现捐赠目的和达到捐赠效用最大化。此时，通过对公益项目信息进行搜集、整合和加工，以理性计算的方式展望慈善组织的未来的途径就可能成为捐赠者制定捐赠决策较为理想的选择。基于此，文章主要基于捐赠者利他行为目的，考察捐赠者理性选择行为。

慈善捐赠属于一种典型的利他行为（Sugden，1984）。根据定义，利他主义者是指基于某种本性，例如仁心、爱心等，为实现他人利益而关心他人，甚至以某些个人利益为代价成全他人利益。可见利他主义者更多的是关注他人的利益，并未过多地考虑自身的利益，从而具有高尚的道德品质。从本质上来说，捐赠者行为主要是以个人物质为代价来提升他人利益，借此通过增加他人的福祉实现提高自身利他效用的目的，该效用不仅包括帮助他人增加福祉，还能够从他人的幸福中获得内心愉悦（Becker，1974；Andreoni，1989；亚当·斯密，1997；Ribar and Wilhelm，2002），另外贝蒂等（1991）也指出捐赠者会根据过去是否已从捐赠中获得这种满足感，或者是否相信将来能够从中获得这种满足感的判断，来选择向哪个慈善组织捐赠。由于捐赠者是理性人，他们的捐赠行为也属于理性选择行为，在经过理性思考和计算之后制定有效的捐赠决策。因此，本书主要从公益项目特征的济贫程度、社会福利程度和捐赠者自身社会价值三个方面来分析捐赠者的行为决策。

1. 公益项目济贫程度和捐赠者决策

《中华人民共和国公益事业捐赠法》（1999）指出公益事业的首要活动是“救助灾害、救济贫困、扶助残疾人等”，《中华人民共和国慈善法》（2016）也规定首要的慈善活动包括“扶贫、济困、扶老、救孤、恤病、助残、优抚”，这些法律制度中暗含着慈善活动的重点主要是“济贫”。对于捐赠者来说，他们都是具有仁心、爱心等特性的利他主义者，以个人利益为代价增加他人的福祉，可以说，捐赠者是具有一定的“济贫”倾向的行为个体。现实社会中也存在这样的例子，例如万达集团创业之初就树立“共创财富，公益社会”的企业理念，实施企业扶贫模式，是最早的扶贫企业之一，26 年来累计捐赠 37 亿元。① 由于捐赠者为理性行为人（杨

① 资料来源于万达集团官网，http：//www. wanda. cn/magazine/pc/45/1222_info. html.

春学，2001；胡石清和乌家培，2009），他们更愿意捐赠给值得捐赠的组织（Fong and Oberholzer – Gee，2011），这就出现了选择问题。那么他们是如何实施这一捐赠行为的？根据科尔曼（1990）的理性选择理论，行为人不仅要根据增加的偏好进行选择还需要考虑到选择之后是否能够实现决策结果的效用最大化，贝蒂等（1991）也指出捐赠者会根据过去是否已从捐赠中获得这种满足感，或者是否相信未来能从中获得这种满足感的判断，来选择向哪个慈善组织捐赠。捐赠者具有济贫偏好，那么在制定捐赠决策过程中，不可避免地要以此偏好为基础，搜集、整理和加工有关慈善组织这方面的信息，预测未来趋向。假设慈善组织的公益项目覆盖贫困性程度序列是 $X = \{x_1, x_2, \cdots, x_n\}$，捐赠者为其捐赠所获得效用 $U(x)$ 可能取值为 $\{0, 1, \cdots, n\}$，进一步假设 $U(x)$ 取该序列中较高数值表示选择结局给捐赠者带来较高的效用或者满足感，对于偏好于以济贫为目的捐赠者来说，他就会努力搜寻、整合、加工和处理那些有利于支持对他人在贫困生活等方面的信息，从而制定捐赠决策为了“济贫”目的（何大安，2014），因为使用贫困地区的项目越多，越能够满足捐赠者对于济贫的偏好，从而实现纯粹的利他主义，达到利他效果最大化。因此慈善组织公益项目所在地处于贫困性程度越高的地区，越容易受到捐赠者的青睐，从而提高捐赠者的非经济效用，使捐赠者实施捐赠可能性也越大。基于此，假设如下：

假设1：捐赠者会关注于慈善组织公益项目的济贫程度，即慈善组织公益项目的济贫程度越高，捐赠者的慈善捐赠越多。

2. 公益项目社会福利程度和捐赠者决策

古有“普度众生”“博施于民而能济众”，今有“慈善事业惠及大众，功德无量”等格言，从中我们看出慈善的主要效果是“济众”。森（Sen，1979）指出“济贫”能够提高社会福利，对于以改善他人福祉为目的的捐赠者来说，提高“济贫”行为实现社会福利最大化，获得较大的效用或满足感（Becker，1974）。另外，从福利经济学角度来看，收入均等化可以提高社会福利。庇古（2009）认为，福利是人寓于满足当中的一种心理状态，经济福利是用货币尺度衡量的，而货币具有递减的边际效用，即拥有越多货币收入的人其边际效用越小；反之亦然。所以如果将一定比例的富人收入通过“收入均等化”再分配给穷人，不仅会提高货币的边际效用，而且给整个社会带来经济福利的增加（庇古，2009）。假设捐赠者的慈善总量为 Y，存在三个相同性质的受赠个体 z_1、z_2 和 z_3，并且存在两种捐赠方式：第一种，将 Y 全部捐赠给个体 z_1，得到社会福利为 w_1；第二种，将 Y 均等化之后捐赠给个体 z_1、z_2 和 z_3，得到社会福利为 w_2。对于第一种情况，相对于 z_2 和 z_3 来说，z_1 属于相对富裕者，对于第二种情况可以看作是，相对富裕的 z_1 又通过收入均等化后分给 z_1、z_2 和 z_3，根据庇古（2009）的观点，将收入由相对富裕的人手中转移到相对贫穷的人手里，一定会提高个体满足感，这是由于以较弱的欲望为代价满足较为强烈的欲望，实施收入均等化之后，提高了社会经济福利，可知 $w_2 > w_1$。依次类推，当受赠者个数 $j > k$ 时，$w_j > w_k$。基于以上描述，可以看出受赠者人数越多，社会总福利增加程度越大，越能够达到“济众”的目的，捐赠者得到的满足感和个人效用也就越高。因此在进行理性选择时，偏好于“济众”的捐赠者，就会努力搜寻、整合、加工和处理那些有利于支持“济众”等方面的信息，例如慈善组织的公益项目惠及人口程度，然后制定相应的捐赠决策。因此，公益项目惠及人口程度越高的慈善组织，越可能实现捐赠者的目的，提高其非经济效用，捐赠者就越可能实施捐赠。基于此，本文做出如下假设：

假设 2：捐赠者会关注于慈善组织公益项目的社会福利程度，即慈善组织公益项目的社会福利程度越大，捐赠者的慈善捐赠越多。

3. 捐赠者自身社会价值和捐赠者决策

社会个体在不同程度上存在重视他人对自己态度或评价的倾向，将这种态度或评价视为一种“社会价值”的体现，尤其是个人声誉、社会地位的提高（杨春学，2001）。尽管在经济市场上无法直接购买这类“社会价值”，但是采用间接的办法，例如将自己控制的资源（比如金钱等）转移给他人，影响他人对自己的态度或评价，使其“生产”出个体所需的“社会价值”。而慈善捐赠行为是捐赠者得到他所希望的“社会价值”的最有效行为（Glazer and Konrad，1996；杨春学，2001），因为这一行为能够通过提升捐赠者声誉、地位等方式增加社会价值（Harbaugh，1998；Bereczkei et al.，2007），因此对于掌控慈善资源的捐赠者来说，他们更会重视他人对自身捐赠行为的态度，希望自己的捐赠能够得到他人的肯定和认可（Glazer and Konrad，1996），而受知识技能、时间、空间的限制，直接将慈善资源捐赠给受赠者的成本较高，因此出于理性的思考，捐赠者比较倾向于将慈善资源的控制权转移给慈善组织使其实施捐赠行为的方式，达到实现“社会价值”的目的。现有研究学者（Andreoni and Petrie，2004；Rege and Telle，2004；Reinstein and Riener，2012；Karlan and Mc-

Connell，2014）通过实验方法证实捐赠者更可能基于自身社会价值的考虑而进行捐赠。

公益项目是慈善组织利用捐赠者捐赠资源，为社会中某些群体的利益而实施的项目，主要是捐赠资源的使用情况。对于捐赠者来说，获取社会价值的最有效途径是自己的捐赠行为为他人所关注。而被他人所关注到的一个可行的渠道是慈善组织在公益项目披露捐赠者的身份信息，与未披露捐赠者身份信息相比，披露捐赠者身份信息获得更多关注的可能性更大，从而为捐赠者带来更大的社会价值，本拿宝、泰勒尔（Bénabou and Tirole，2006）研究指出当慈善捐赠行为被他人关注到时，给捐赠者带来的正面社会价值效用越大。因此，可以看出慈善组织公布捐赠者身份信息，提高了捐赠者获得社会价值的可能性，增加了个人效用。因此捐赠者在制定捐赠决策时，偏好于“社会价值”的捐赠者，就会努力搜寻、整合、加工和处理那些有利于支持“社会价值”等方面的信息，例如公益项目的捐赠者省份信息，然后进行理性选择。因此，慈善组织的公益项目中出现捐赠者身份信息越多，越可能实现捐赠者的目的，提高其“社会价值”，捐赠者就越可能实施捐赠。基于此，本文做出如下假设：

假设3：捐赠者会关注于慈善组织的公益项目中捐赠者自身社会价值，即慈善组织的公益项目中捐赠者自身社会价值越大，捐赠者的慈善捐赠越多。

4.2 研究设计

4.2.1 数据来源

《中华人民共和国慈善法》（2016）规定，慈善组织主要包括基金会、社会团体、社会服务机构等组织形式，但由于社会团体、社会服务机构等其他组织形式的统计数据严重缺失，而慈善基金会的统计数据还相对比较完善，因此本章主要选取慈善基金会作为考察对象。数据具体收集步骤如下：首先，根据基金会中心网数据中心每年发布的数据，在公募基金会和非公募基金会两类中，按照净资产、捐赠收入和捐赠支出进行排名，分别选取TOP300的基金会，共获得923家基金会名单；其次，根据基金会名单，从基金会中心网上手工收集每一年的基金会基本信息数据、财务信息数据以及项目信息数据；最后，对于基金会中心网上公布不全面的数据通过中国慈善信息平台、每家基金会官方网站等进行补充。由于基金会中心网从2010年开始详细公布基金会数据，而项目特征数据需要滞后一期，因此本章主要选取2011～2014年基金会为初始考察样本，并根据以下条件进行筛选：（1）鉴于数据模型需要滞后性计算，因此，剔除仅存在一年数据的基金会；（2）为避免异常值的影响，对主要变量进行0～1%和99%～100%的缩尾处理。最终获得3246个观测值，具体观测样本年度分布见表4－1①。对于公益项目，从基金会中心网公布的公益项目介绍中获得，对于一些缺失的项目特征，例如项目覆盖领域等，根据项目名称，通过手工查询基金会官方网站、中国慈善信息平台和百度搜索引擎，进行补充，剔除数据缺失的项目，最终获得2010～2013年16688个项目样本观测值，具体观测样本年度分布见表4－1。贫困县数据主要来自国务院扶贫开发领导小组办公室公布的《国家扶贫开发工作重点县名单》，经济发展水平（人均GDP）数据来自《WIND数据库的经济数据库》中的“中国宏观经济数据”，其他数据通过基金会中心网手工获得。

表4－1　基金会和公益项目年度分布情况

项目	基金会分布情况					项目分布情况				
	2011年	2012年	2013年	2014年	合计	2010年	2011年	2012年	2013年	合计
公募性	380	408	429	450	1667	1310	1907	2557	3017	8791
非公募性	318	371	417	473	1579	1116	1660	2012	3109	7897
总计	698	779	846	923	3246	2426	3567	4569	6126	16688

数据来源：基金会中心网。

4.2.2　研究模型和变量说明

为检验前面假设，借鉴现有研究（Weisbrod and Dominguez，1986；张立民等，2012；陈丽红等，2014，2015a；李晗等，2015）的做法，设定

① 一些研究学者还剔除了财务和公司治理数据缺失的样本（张立民等，2012；陈丽红等，2015），本书在初始样本选择时未对此类情况进行剔除，因为计量分析软件会在回归分析中对缺失值样本自动进行剔除处理。

如下模型：

$$Donation_{i,t} = Project_{i,t-1} + lnGover_{i,t-1} + Board_{i,t-1} + Meeting_{i,t-1} + Size_{i,t-1} + Offering_{i,t} + Type_{i,t} + Age_{i,t} + Area_{i,t} + Edu_{i,t} + \sum Year + \varepsilon_{i,t}$$

本章的因变量是捐赠者决策，借鉴张立民等（2012）和陈丽红等（2014，2015a）的做法，本书将慈善组织的捐赠收入取自然对数来测量捐赠者决策（Donation），因为捐赠者的决策最终体现在组织的捐赠收入上，所以捐赠收入也最有可能代表捐赠者的偏好。另外为进一步考察不同捐赠者类型，本书还将捐赠者分为个人捐赠者和机构捐赠者，分别使用个人捐赠收入的自然对数（Donation_1）和机构捐赠收入的自然对数（Donation_2）测量其捐赠决策。

本章的自变量为慈善组织公益项目特征（Project），具体如下：（1）现有法律制度规定慈善组织的根本宗旨在于济贫和增加社会福利，例如《中华人民共和国慈善法》（2016）中规定慈善组织的宗旨是开展慈善事业，其主要公益活动包括“扶贫、济困、扶老、救孤、恤病、助残、优抚……”而这一活动在组织中的具体体现是公益项目，另外现有研究学者也指出慈善捐赠的目的不仅能够缩小贫富差距、减少贫困（Fong，2007；高功敬、高鉴国，2010；Fong and Luttmer，2011），还具有改善他人福利的愿望（Becker，1974），并且Sen（1979）、黄有光（2005）、周正等（2010）也指出慈善组织的“三次分配”能够有效提高社会福利程度，而“三次分配”的具体体现形式是公益项目。根据这两点，本书主要是使用济贫程度和社会福利程度来衡量公益项目特征①。具体如下：济贫程度（Project_1），使用受益者所处贫困县的数量来测量，即通过查找公益项目覆盖范围以及公益项目简介，查询该项目的使用地区，并与国家统计局公布的贫困县名单进行匹配，若项目中包含有贫困县的名称则为1，否则为0，然后将其加总，得到每一年基金会中存在贫困县的所有项目数量，即为济贫程度；社会福利程度（Project_2），使用公益项目中惠及人口数量测量，根据项目简介中明确说明该项目所惠及的人口数量，而后加总获得所有项

① 虽然济贫程度和社会福利程度在概念上存在一定的交叉，但是从效率和公平的角度来看还是存在差异的。济贫程度是从效率角度来讲，而社会福利是从公平角度来讲。效率是指最有效地使用社会资源以满足人类的愿望和需要，在慈善市场中慈善组织的效率是有效使用慈善资源满足社会贫困者的需要和愿望的程度，也就是济贫程度，济贫程度越高，则慈善资源使用的效率也就越高；公平是指社会资源在全体社会成员之间合理而平等地分配，按照庇古（2009）的收入均等化，收入分配越公平，获得利益的社会成员就越多，则社会福利水平越高。因此济贫和社会福利在本书中可以代表公益项目的不同特征。

目惠及总人口数量，最后对其求自然对数，即 ln（惠及总人口数量 +1）。根据社会福利函数，得到福利的人数越多则说明总福利效应越高（庇古，1920），所以惠及人口数量越多，慈善组织越可能获得捐赠者的捐赠。（2）对于捐赠者来说，虽然捐赠行为发生之后，他们就失去了对慈善资源的所有权、处置权、受益权等，但是慈善组织所实施的公益项目可能会给捐赠者带来的不同的社会价值，这一点体现在公益项目中所包含的捐赠者身份信息上，因为若公益项目中存在捐赠者身份信息，则该捐赠者更容易被他人所知，就可能会增加捐赠者的社会知名度（罗进辉，2014），从而提高他们的社会价值（Bereczkei et al.，2007），这比较符合捐赠者的自我利他主义，艾瑞里等（Ariely et al.，2009）也指出捐赠者身份信息可能会影响捐赠行为。根据这一点，我们使用捐赠者自身社会价值来衡量公益项目为捐赠者带来的价值（Project_3）。具体做法为依次手工查找公益项目的简介，当项目中出现捐赠者身份信息，如"××公司捐赠""××企业向本项目捐款"等，说明该项目信息中出现了捐赠者的身份信息，则为1，然后将其加总，得到每一年基金会中所有项目中出现捐赠者身份信息的数量，即得捐赠者身份信息指标，当公益项目中出现捐赠者身份信息越多时，捐赠者被他人所知的可能性也就越大。

借鉴现有文献，模型中同时控制了可能影响捐赠者行为决策的理事会特征和基金会特征。Board 为理事会规模，测量为理事会人数。刘丽珑（2015）认为理事会规模越大，越有利于对管理者实施有效的监督，越会得到捐赠者的青睐，增加捐赠收入。Meeting 为理事会会议，测量为理事会会议召开次数的平均值，奥尔森（2000）指出理事会会议次数越多，就表示理事会更多地履行了监管职责，提高捐赠绩效。Size 为基金会规模，测量为基金会总资产的自然对数。张立民等（2012）认为基金会规模越大，捐赠者对其认可度增加，因而获取捐赠收入的能力越强。Area 为基金会注册所在地的经济发展水平①，使用所在地的人均 GDP 作为衡量指标，当所在地区高于当年地区人均 GDP 中位数时，即为经济发达水平的地区，取为1，否则为0。陈丽红等（2014）认为捐赠者更倾向于对不发达地区基金会进行捐赠。Offering 为基金会募集方式，当属于公募时取值为1，否则为0。张立民等（2012）和陈丽红等（2014）认为公募基金会能够吸引更多的捐赠额。Type 为基金会性质，当基金会在申请设立基金会登记部门

① 本书主要使用22个省（不包括台湾地区）、5个自治区、4个直辖市共31个地区的经济发展水平，即人均 GDP，其数据来自《WIND 数据库的经济数据库》中的"中国宏观经济数据"。

为民政部时为1，否则为0。陈丽红等（2014）认为全国性基金会的募捐活动在全国范围内开展，影响范围较广，更能够吸引更多的捐赠者。lnGover为政府补助收入，测量为ln（政府补助收入+1）。布鲁克斯（Brooks，2000）认为政府支出存在挤入效应，政府的匹配资金提高了捐赠者的信心，增加捐赠收入。Age为基金会成立年龄。张立民等（2012）研究指出基金会成立时间越长，所获得捐赠收入越少。Edu为基金会行业，当基金会属于教育行业时为1，否则为0。陈丽红等（2014）认为捐赠者更倾向于资助教育行业。主要变量的定义说明如表4-2所示。

表4-2　主要变量的定义说明

变量	字符	变量说明	参考文献	符号
捐赠者决策	Donation	总捐赠收入的自然对数	—	—
	Donation_1	个人捐赠收入的自然对数	—	—
	Donation_2	机构捐赠收入的自然对数	—	—
济贫程度	Project_1	若公益项目中包含有贫困县的名称则为1，否则为0，然后将加总，得到每一年基金会中存在贫困县的所有项目数量	—	—
社会福利程度	Project_2	ln（惠及总人口数量+1）	—	—
捐赠者自身社会价值	Project_3	公益项目中出现捐赠者身份信息的数量	—	—
理事会规模	Board	理事会人数	刘丽珑，2015	+
理事会会议	Meeting	理事会会议召开次数的平均值	奥尔森，2000	+
基金会规模	Size	基金会总资产的自然对数	张立民等，2012	+
注册地	Area	基金会注册所在地的经济发展水平，发达地区为1，否则为0	陈丽红等，2014	-
募集方式	Offering	当基金会募集资金属于公募为1，否则为0	张立民等，2012；陈丽红等，2014	+
全国性基金会	Type	基金会在申请设立基金会登记部门为民政部为1，否则为0	陈丽红等，2014	+
政府补助收入	lnGover	ln（政府补助收入+1）	布鲁克斯，2000	+
成立年龄	Age	基金会成立年龄	张立民等，2012	-

续表

变量	字符	变量说明	参考文献	符号
基金会行业	Edu	当基金会属于教育行业时为1，否则为0	陈丽红等，2014	+
年度虚拟变量	Year	由于样本期为2011～2014年，需要设置3个虚拟变量（Year_01，Year_02，Year_03）	—	—

4.2.3 描述性统计结果

1. 项目覆盖地域分布情况

表4－3给出的是基金会公益项目覆盖地域的统计结果。从整体上来看：2010～2013年公益项目覆盖地域数量呈现增长趋势，年增长率为39.11%，并且2010～2012年的项目覆盖本地的数量要高于项目覆盖异地的数量，2013年则出现项目覆盖异地数量超过项目覆盖本地的情况，这说明基金会开始逐步由本地项目转移为异地项目。从各个地域来看，2010～2013年间，覆盖东部地域的项目基本上都是本地项目，而覆盖中部和西部地域的项目基本上都是异地项目，并且覆盖东部地域的项目数量要高于其他地域的项目数量，这说明基金会的项目主要分布在经济较为发达的东部地域。

表4－3　项目覆盖地域统计　　单位：个

项目所在地		2010年			2011年			2012年			2013年			合计
		本地	异地	小计	本地	异地	小计	本地	异地	小计	本地	异地	小计	
东部	北京市	320	27	347	610	56	666	537	60	597	795	96	891	2501
	天津市	11	20	31	9	29	38	55	60	115	145	155	300	484
	河北省	17	72	89	25	55	80	28	87	115	33	177	210	494
	辽宁省	76	51	127	111	32	143	120	64	184	79	164	243	697
	上海市	41	31	72	344	27	371	611	80	691	631	173	804	1938
	江苏省	337	28	365	439	23	462	502	65	567	522	171	693	2087
	浙江省	160	24	184	170	33	203	271	61	332	321	145	466	1185

续表

项目所在地		2010年			2011年			2012年			2013年			合计
		本地	异地	小计	本地	异地	小计	本地	异地	小计	本地	异地	小计	
东部	福建省	108	76	184	87	23	110	143	65	208	191	170	361	863
	山东省	45	35	80	50	28	78	70	72	142	163	164	327	627
	广东省	363	61	424	406	35	441	420	98	518	593	201	794	2177
	海南省	0	22	22	7	16	23	20	46	66	16	139	155	266
	小计	1478	447	1925	2258	357	2615	2777	758	3535	3489	1755	5244	13319
中部	山西省	5	44	49	8	44	52	28	74	102	55	153	208	411
	吉林省	42	25	67	111	16	127	50	62	112	46	150	196	502
	黑龙江省	185	25	210	42	20	62	42	63	105	83	150	233	610
	安徽省	28	100	128	23	34	57	43	74	117	100	167	267	569
	江西省	3	36	39	2	48	50	12	79	91	31	192	223	403
	河南省	29	50	79	42	34	76	83	79	162	74	180	254	571
	湖北省	31	48	79	59	39	98	76	77	153	177	194	371	701
	湖南省	111	45	156	116	40	156	117	83	200	217	200	417	929
	小计	434	373	807	403	275	678	451	591	1042	783	1386	2169	4696
西部	内蒙古自治区	30	45	75	37	46	83	50	83	133	78	189	267	558
	广西壮族自治区	186	53	239	127	35	162	110	86	196	134	197	331	928
	重庆市	25	62	87	105	54	159	98	84	182	153	191	344	772
	四川省	89	198	287	146	159	305	260	177	437	346	489	835	1864
	贵州省	11	101	112	23	78	101	48	119	167	75	245	320	700
	云南省	33	100	133	47	93	140	79	113	192	138	257	395	860
	西藏自治区	2	43	45	2	38	40	1	91	92	9	185	194	371
	陕西省	40	38	78	51	41	92	113	80	193	155	187	342	705
	甘肃省	0	142	142	0	80	80	0	107	107	4	304	308	637
	青海省	0	153	153	2	62	64	20	97	117	18	205	223	557

续表

项目所在地		2010 年			2011 年			2012 年			2013 年			合计
		本地	异地	小计	本地	异地	小计	本地	异地	小计	本地	异地	小计	
西部	宁夏回族自治区	5	31	36	0	41	41	40	77	117	44	174	218	412
	新疆维吾尔自治区	0	116	116	0	78	78	0	146	146	0	227	227	567
	小计	421	1082	1503	540	805	1345	819	1260	2079	1154	2850	4004	8931
港澳台等其他地区		0	56	56	0	92	92	0	106	106	0	134	134	388
合计		2333	1958	4291	3201	1529	4730	4047	2715	6762	5426	6125	11551	27334

注：数据来自基金会中心网。该表中的项目涉及地域数量高于项目数量，是因为一些基金会的项目涉及多个地域。

2. 慈善捐赠年度分布

表 4－4 给出的是 2011～2014 年慈善捐赠收入的分布情况，从结果中可以看出，个人捐赠收入出现逐年降低趋势，整体年降低率为 7.55%，而机构捐赠收入出现先降低后增加的现象，整体年增长率为 4.41%，总捐赠收入也是先降低后增加趋势，整体年增长率为 1.90%。总体上看，在 2011～2012 年之间无论是个人捐赠还是机构捐赠收入，都处于下降趋势，这可能是受到 2011 年 6 月 21 日“郭美美事件”的影响。

表 4－4　　慈善捐赠收入的分布情况

分布	2011 年	2012 年	2013 年	2014 年	总计（亿元）	平均值（亿元）	年增长率（%）
个人捐赠收入（亿元）	66.59	61.47	56.55	52.63	302.44	59.31	－7.55
机构捐赠收入（亿元）	222.79	196.78	238.71	253.57	1057.25	227.96	4.41
总捐赠收入（亿元）	289.38	258.25	295.26	306.20	1359.69	287.27	1.90

数据来源：基金会中心网。

3. 变量的描述性统计和相关性检验

表4－5为主要变量的描述性统计结果。从捐赠收入变量来看，基金会捐赠收入的差别比较明显，有些基金会甚至并未获得外部捐赠，2011～2014年间总捐赠收入的均值为14.952，个人捐赠收入的均值为9.277，机构捐赠收入的均值为12.360，相对个人捐赠而言，基金会主要收入来源于机构捐赠。从慈善项目可以看出，项目特征的差异比较大，三个慈善项目特征的最小值均为0，济贫程度（Project_1）的均值为0.549，捐赠者自身社会价值（Project_3）的均值为1.007，这说明出现贫困地区以及项目中出现捐赠者身份信息的慈善项目数量还比较低，社会福利程度（Project_2）的均值为2.274。从理事会特征来看，理事会规模（Board）的均值为14.860，最小值为3，最大值达到36，这说明理事会规模存在较大的差异，理事会会议（Meeting）的为1.680，并未达到《基金会管理条例》（2004）规定"理事会每年至少召开2次会议"的要求。基金会获得政府补助收入（lnGover）均值为2.716，3/4分位数为0，这说明至少75%的基金会未获得政府补助。从基金会特征来看，基金会规模（Size）的均值为17.347，最小值为8.213，最大值为21.879，这说明我国基金会发展很不平衡；募集方式（Offering）的均值为0.514，这说明我国基金会主要是公募基金会；全国性基金会（Type）的均值为0.180，这说明全国性基金会的基金会仅占18.0%，绝大部分基金会为地方性基金会；注册地（Area）的均值为0.826，这说明我国绝大部分基金会主要是处于经济发达地区；成立年龄（Age）的均值为8.739，基金会行业（Edu）的均值为0.590，这说明我国有59.0%的基金会关注教育行业。

表4－6中给出的是变量之间的相关性检验，从中可以看出，总捐赠收入（Donation）、个人捐赠收入（Donation_1），机构捐赠收入（Donation_2）均与济贫程度（Project_1）、社会福利程度（Project_2）、捐赠者自身社会价值（Project_3）之间相关系数为正，并且均达到1%水平上显著（无论Pearson检验，还是Spearman检验），这说明公益项目的济贫程度、社会福利程度以及捐赠者自身社会价值均能够提升基金会捐赠收入。此外，政府补助收入（lnGover）和公募基金会（Offering）、政府补助收入（lnGover）和基金会年龄（Age）、基金会规模（Size）和基金会年龄（Age）、公募基金会（Offering）和基金会年龄（Age）之间相关系数超过0.30，本书后面的测试结果验证这些变量之间关系对实证研究结果无影响。其他变量之间相关系数均在0.30以下，说明自变量和控制变量之间、控制变量之间不存在严重的多重共线性问题。

表 4－5　主要变量的描述性统计

变量	Donation	Donation_1	Donation_2	Project_1	Project_2	Project_3	Board	Meeting	Size	Area	Offering	Type	lnGover	Age	Edu
平均值	14. 952	9. 277	12. 36	0. 549	2. 274	1. 007	14. 86	1. 68	17. 347	0. 826	0. 514	0. 18	2. 716	8. 739	0. 59
标准差	4. 703	7. 099	6. 964	1. 804	3. 393	4. 832	7. 331	0. 93	1. 352	0. 379	0. 5	0. 384	5. 593	7. 923	0. 492
最小值	0	0	0	0	0	0	3	0	8. 213	0	0	0	0	0. 083	0
1/4 分位数	15. 124	0	11. 976	0	0	0	8	1	16. 555	1	0	0	0	2. 583	0
1/2 分位数	16. 293	12. 574	15. 704	0	0	0	14	1. 714	17. 361	1	1	0	0	5. 417	1
3/4 分位数	17. 148	15. 506	16. 835	0	5. 056	0	21	2	18. 197	1	1	0	0	16. 333	1
最大值	21. 99	19. 811	21. 99	39	14. 509	110	36	6	21. 897	1	1	1	20. 593	28. 75	1
观测值	3246	3246	3246	2941	2941	2941	2816	2720	2908	3246	3246	3246	2941	2941	3246

表4-6　　主要变量的相关性检验结果

变量	1	2	3	4	5	6	7	8	9	10	11	12	13	14	15
1. Donation	1.00	0.45**	0.75**	0.15**	0.10**	0.18**	0.14**	0.07**	0.02	0.02	-0.01	0.21**	0.04*	0.03	0.12**
2. Donation_1	0.44**	1.00	-0.03	0.08**	0.10**	0.11**	0.11**	0.09**	0.05**	-0.01	-0.03	0.04*	-0.01	0.04	0.20**
3. Donation_2	0.60**	-0.05**	1.00	0.15**	0.08**	0.20**	0.12**	0.03	0.02	0.05**	0.00	0.24**	0.04*	0.03	0.07**
4. Project_1	0.08**	0.08**	0.08**	1.00	0.30**	0.21**	-0.01	0.05**	0.05**	-0.07**	0.05*	0.25**	0.04*	0.03	0.00
5. Project_2	0.09**	0.12**	0.06**	0.24**	1.00	0.27**	0.08**	0.07**	0.10**	-0.11**	0.11**	0.09**	0.06**	0.14**	0.04*
6. Project_3	0.08**	0.11**	0.10**	0.13**	0.16**	1.00	0.09**	0.04*	0.07**	-0.06**	0.04*	0.11**	0.02	0.09**	0.08**
7. Board	0.09**	0.10**	0.05**	-0.02	0.09**	0.08**	1.00	-0.21**	0.22**	-0.01	0.28**	0.11**	0.18**	0.29**	-0.06**
8. Meeting	0.07**	0.06**	0.03	0.06**	0.08**	0.01	-0.18**	1.00	0.01	-0.03	-0.15**	0.06**	-0.03	-0.09**	0.09**
9. Size	0.02	0.08**	0.01	0.04*	0.13**	0.06**	0.26**	0.00	1.00	0.15**	0.05**	0.27**	0.07**	0.31**	0.07**
10. Area	-0.01	-0.02	0.03	-0.07**	-0.10**	-0.04*	-0.0[illegible]	-0.03	0.13**	1.00	-0.19**	0.16**	-0.07**	-0.01	-0.01
11. Offering	0.02	-0.02	-0.02	0.01	0.12**	-0.03	0.27**	-0.16**	0.07**	-0.19**	1.00	-0.01	0.34**	0.45**	-0.23**
12. Type	0.13**	0.04*	0.16**	0.17**	0.10**	0.01	0.12**	0.07**	0.27**	0.16**	-0.01	1.00	0.01	0.08**	-0.08**
13. InGover	0.05*	0.00	0.02	0.02	0.07**	-0.03	0.18**	-0.04*	0.10**	-0.06**	0.34**	0.02	1.00	0.18**	-0.18**
14. Age	0.00	0.02	0.00	0.00	0.13**	0.00	0.27**	-0.12**	0.26**	-0.02	0.49**	0.10**	0.19**	1.00	0.02
15. Edu	0.11**	0.20**	0.07**	0.01	0.03	0.10**	-0.06**	0.06**	0.08**	-0.01	-0.23**	-0.08**	-0.18**	-0.03	1.00

注：左下角为 Pearson 相关性检验，右上角为 Spearman 相关性检验，** 和 * 表示分别在1%和5%水平（双侧）上显著相关。

4.3 实证结果与分析

4.3.1 回归结果

项目特征和捐赠者决策的回归结果如表4-7所示。其中，在基准1-3关于控制变量的回归结果表明：理事会规模（Board）变量的回归系数显著为正，表示理事会规模越大，总捐赠收入、个人捐赠收入和机构捐赠收入越高，这与现有研究（刘丽珑，2015）的结论相一致；理事会会议次数（Meeting）变量的回归系数显著为正，意味着理事会会议召开次数越多，总捐赠收入和个人捐赠收入也就越高，这与奥尔森（2000）的研究结论相类似；基金会规模（Size）变量的回归系数显著为负，说明规模越大的基金会获得外部捐赠越低，这与张立民等（2012）的研究结果相反，这可能是由于张立民等（2012）的研究考察样本为全国性基金会，而本书研究对象不仅包括全国性基金会还包括地方性基金会，这在随后的实证检验中也得到证实，在全国性基金会中基金会规模正相关于捐赠收入，这与张立民等（2012）的研究结果相一致，而在地方性基金会中，基金会规模负向影响捐赠收入；募集方式（Offering）变量的回归系数显著为正，说明公募基金会更容易获得较多的捐赠，这与现有文献（张立民等，2012；陈丽红等，2014）的研究相一致；全国性基金会（Type）变量的回归系数显著为正，表示全国性基金会更容易获得较多的捐赠，这与现有文献（陈丽红等，2014）的研究相一致；政府补助收入（lnGover）变量的回归系数显著为正，说明政府补助收入越多，越可能增加补助收入，这表示政府补助产生了吸引效应（Brooks，2000）；成立年龄（Age）变量的回归系数显著为负，说明成立时间越长的基金会获得捐赠收入越低，这与张立民等（2012）的研究相类似；基金会行业（Edu）变量的回归系数显著为正，表示关注于教育领域的基金会更容易获得较多的捐赠，这与张立民等（2012）的研究相一致。

模型1_1~模型1_3、模型2_1~模型2_3、模型3_1~模型3_3是将项目特征（Project）变量引入基准1、基准2和基准3，回归结果表明：济贫程度（Project_1）变量的回归系数显著为正，表示公益项目的济贫程

表4-7　项目特征和捐赠者决策的回归结果

变量	捐赠者决策（Donation）				个人捐赠者决策（Donation_1）				机构捐赠者决策（Donation_2）			
	基准1	模型1_1	模型1_2	模型1_3	基准2	模型2_1	模型2_2	模型2_3	基准3	模型3_1	模型3_2	模型3_3
Project_1		0. 131*** (4. 149)				0. 273*** (4. 723)				0. 176** (2. 480)		
Project_2			0. 080*** (3. 318)				0. 187*** (4. 760)				0. 075** (1. 983)	
Project_3				0. 061*** (7. 042)				0. 111*** (5. 730)				0. 120*** (6. 131)
Board	0. 052*** (3. 957)	0. 053*** (4. 048)	0. 050*** (3. 778)	0. 048*** (3. 620)	0. 106*** (5. 415)	0. 109*** (5. 546)	0. 101*** (5. 162)	0. 098*** (4. 992)	0. 044** (2. 175)	0. 046** (2. 258)	0. 042** (2. 073)	0. 036* (1. 757)
Meeting	0. 377*** (3. 937)	0. 368*** (3. 843)	0. 350*** (3. 664)	0. 373*** (3. 911)	0. 524*** (3. 448)	0. 504*** (3. 331)	0. 461*** (3. 049)	0. 516*** (3. 397)	0. 125 (0. 898)	0. 112 (0. 808)	0. 100 (0. 714)	0. 117 (0. 848)
Size	-0. 204*** (-2. 668)	-0. 204*** (-2. 665)	-0. 217*** (-2. 827)	-0. 211*** (-2. 753)	0. 175 (1. 550)	0. 174 (1. 551)	0. 145 (1. 289)	0. 162 (1. 440)	-0. 154 (-1. 439)	-0. 154 (-1. 440)	-0. 166 (-1. 549)	-0. 167 (-1. 564)
Area	-0. 183 (-0. 810)	-0. 117 (-0. 513)	-0. 114 (-0. 500)	-0. 148 (-0. 653)	-0. 628* (-1. 791)	-0. 490 (-1. 391)	-0. 466 (-1. 323)	-0. 563 (-1. 613)	0. 205 (0. 555)	0. 293 (0. 789)	0. 270 (0. 731)	0. 275 (0. 748)
Offering	0. 611** (2. 475)	0. 607** (2. 461)	0. 563** (2. 283)	0. 621** (2. 521)	0. 033 (0. 097)	0. 024 (0. 072)	-0. 081 (-0. 238)	0. 050 (0. 148)	-0. 129 (-0. 378)	-0. 134 (-0. 395)	-0. 174 (-0. 512)	-0. 110 (-0. 325)

续表

变量	捐赠者决策（Donation）				个人捐赠者决策（Donation_1）				机构捐赠者决策（Donation_2）			
	基准 1	模型 1_1	模型 1_2	模型 1_3	基准 2	模型 2_1	模型 2_2	模型 2_3	基准 3	模型 3_1	模型 3_2	模型 3_3
Type	1.864 *** (8.903)	1.744 *** (8.216)	1.804 *** (8.595)	1.865 *** (8.928)	0.464 (1.286)	0.2[illegible]4 (0.5[illegible]8)	0.324 (0.897)	0.465 (1.294)	3.158 *** (9.952)	2.997 *** (9.321)	3.102 *** (9.722)	3.159 *** (9.981)
lnGover	0.045 *** (2.742)	0.044 *** (2.682)	0.044 *** (2.711)	0.046 *** (2.858)	0.014 (0.577)	0.0[illegible] (0.4[illegible])	0.013 (0.528)	0.018 (0.713)	0.037 (1.443)	0.035 (1.392)	0.036 (1.424)	0.040 (1.592)
Age	−0.026 * (−1.939)	−0.025 * (−1.912)	−0.027 ** (−2.085)	−0.025 * (−1.878)	−0.005 (−0.265)	−0.[illegible]4 (−0.[illegible]2)	−0.009 (−0.470)	−0.004 (−0.184)	−0.007 (−0.385)	−0.007 (−0.358)	−0.009 (−0.472)	−0.006 (−0.296)
Edu	1.551 *** (7.554)	1.535 *** (7.493)	1.516 *** (7.382)	1.493 *** (7.268)	2.994 *** (10.318)	2.961 *** (10.2[illegible]3)	2.911 *** (10.041)	2.888 *** (9.905)	1.341 *** (4.619)	1.319 *** (4.554)	1.308 *** (4.489)	1.226 *** (4.220)
Year	yes	yes	yes	yes	yes	yes	yes	yes	yes	yes	yes	yes
C	15.720 *** (13.344)	15.645 *** (13.236)	15.880 *** (13.439)	15.852 *** (13.421)	2.769 (1.466)	2.613 (1.38[illegible])	3.140 * (1.670)	3.007 (1.592)	12.806 *** (7.293)	12.705 *** (7.228)	12.955 *** (7.364)	13.063 *** (7.440)
R^2	0.060	0.063	0.064	0.065	0.063	0.06[illegible]	0.071	0.069	0.044	0.046	0.046	0.052
adj. R^2	0.056	0.059	0.059	0.060	0.059	0.06[illegible]	0.066	0.064	0.040	0.042	0.041	0.047
F	12.894	13.491	12.855	15.878	15.938	17.1[illegible]	16.930	18.598	12.798	12.202	12.372	14.902
N	2694	2694	2694	2694	2694	2694	2694	2694	2694	2694	2694	2694

注：括号内为 t 值，*** 、** 和 * 分别表示在 1% 、5% 和 10% 的水平上显著相关。

度越大，越可能获得较高的捐赠收入；再将捐赠收入分为个人捐赠收入和机构捐赠收入之后，结果指出济贫程度（Project_1）均显著正相关个人捐赠收入和机构捐赠收入，这说明公益项目的济贫程度越大，个人捐赠收入和机构捐赠收入也越高；结果还指出与机构捐赠收入相比，济贫程度（Project_1）对个人捐赠收入的正向影响程度更强。验证假设1。社会福利程度（Project_2）变量的回归系数显著为正，表示公益项目的社会福利程度越大，越可能获得较高的捐赠收入；再将捐赠收入分为个人捐赠收入和机构捐赠收入之后，结果指出社会福利程度（Project_2）均显著正相关个人捐赠收入和机构捐赠收入，这说明公益项目的社会福利程度越大，个人捐赠收入和机构捐赠收入也越高；结果还指出与机构捐赠收入相比，社会福利程度对个人捐赠收入的正向影响程度更强。验证假设2。捐赠者自身社会价值（Project_3）变量的回归系数显著为正，表示公益项目中捐赠者自身社会价值越高，越可能获得较高的捐赠收入；再将捐赠收入分为个人捐赠收入和机构捐赠收入之后，结果指出捐赠者自身社会价值（Project_3）均显著正相关个人捐赠收入和机构捐赠收入，这说明公益项目中捐赠者自身社会价值越高，个人捐赠收入和机构捐赠收入也越高；结果还指出与个人捐赠收入相比，捐赠者自身社会价值对机构捐赠收入的正向影响程度更强。验证假设3。

另外，通过对项目特征影响程度的比较，结果指出与社会福利程度、捐赠者自身社会价值变量相比，济贫程度对捐赠收入正向影响程度最大，其次，社会福利程度对个人捐赠收入的正向影响程度要强于捐赠者自身社会价值，捐赠者自身社会价值对机构捐赠收入的正向影响程度要强于社会福利程度。这说明，个人捐赠者和机构捐赠者都比较关注于慈善组织是否为了“济贫”；并且个人捐赠者较为关注公益项目的社会福利程度，机构捐赠者较为关注公益项目中捐赠者自身社会价值的实现。

4.3.2　基金会性质的调节效应

从基金会成立条件来看，全国性基金会和地方性基金会存在较大的差异，例如根据《基金会管理条例》（2004），基金会成立的原始基金底线对比中发现，全国性公募基金会原始基金最高，地方性公募基金会原始基金次之，非公募基金会原始基金最少，这说明在未来的公益项目中，不同性质的基金会对于捐赠资源的使用会出现很大的差异，例如与地方性公募基金会相比，全国性公募基金会的原始基金较多，那么它们在未来的公益项目中可能会惠及更多的社会个体。另外，慈善组织公益项目作为捐赠者进行理性选择的主要参照，其真实可靠性可能会受到基金会性质的影响。因为基金会性质不仅会影响事务所的选择（陈丽红等，2014），还会影响信息披露质量（陈丽红等，2015b），从而最终影响捐赠者决策（陈丽红等，2015a）。具体来说，一方面，相对于地方性基金会，全国性基金会更容易选取百强的事务所，并且具有较好的信息披露质量，更能够得到捐赠者的信任；另一方面，由于地方性基金会仅能够在注册地区实施募捐活动，因此影响范围比较小，并且筹资对象比较单一，无法得到更多的捐赠者的关注。那么对于不同性质基金会的公益项目，捐赠者是否有不同的偏好以及捐赠决策？基于此，本书将基金会性质分为全国性基金会和地方性基金会，考察基金会性质对慈善组织公益项目和捐赠决策关系的影响效应。

表 4-8 给出了根据基金会性质进行分组的差异性检验结果。结果指出：与地方性基金会相比，在全国性基金会样本中，总捐赠收入、个人捐赠收入和机构捐赠收入的均值较高，且在 T 值检验和 Z 值检验上呈现正向显著性关系，这说明捐赠收入变量在基金会性质上存在较为明显的差异。

表 4-8　　单样本均值检验结果

变量	全国性	地方性	T 值	Z 值
Donation	16.227	14.673	8.307***	11.991***
Donation_1	9.816	9.159	2.027**	2.145**
Donation_2	14.748	11.837	10.334***	13.947***

注：*** 和 ** 分别表示在 1% 和 5% 的水平上显著相关。

表 4-9 给出的是基金会性质对项目特征和捐赠者决策关系调节效应的回归结果。从结果中可以看出：在全国性和地方性基金会中，济贫程度（Project_1）的回归系数均显著为正，这表示在全国性和地方性基金会中，济贫程度对总捐赠收入有显著的正向影响作用，并且与全国性基金会相比，在地方性基金会中济贫程度对总捐赠收入的正向影响程度更强；在全国性和地方性基金会中，社会福利程度（Project_2）的回归系数均显著为

正，这表示在全国性和地方性基金会中，社会福利程度对总捐赠收入有显著的正向影响作用，并且与地方性基金会相比，在全国性基金会中，社会福利程度对总捐赠收入的正向影响程度更强；在全国性和地方性基金会中，捐赠者自身社会价值（Project_3）的回归系数均显著为正，这表示在全国性和地方性基金会中，捐赠者自身社会价值对总捐赠收入有显著的正向影响作用，并且与地方性基金会相比，在全国性基金会中，捐赠者自身社会价值对总捐赠收入的正向影响程度更强。上述结论说明，在全国性基金会中，社会福利程度以及自身社会价值对总捐赠收入的正向影响程度更强，而在地方性基金会中，济贫程度对总捐赠收入的正向影响程度更强。

表4-9　基金会性质对项目特征和捐赠者决策关系调节效应的回归结果

变量	捐赠者决策（Donation）					
	模型1_4	模型1_5	模型1_6	模型1_7	模型1_8	模型1_9
Project_1	0.103** (2.572)	0.106** (2.423)				
Project_2			0.097*** (2.668)	0.068** (2.255)		
Project_3					0.077** (2.427)	0.057*** (6.710)
Board	0.019 (0.694)	0.058*** (3.894)	0.010 (0.379)	0.056*** (3.755)	0.012 (0.430)	0.053*** (3.552)
Meeting	0.570*** (2.719)	0.326*** (3.099)	0.619*** (2.958)	0.304*** (2.883)	0.662*** (3.108)	0.319*** (3.042)
Size	0.443** (2.199)	-0.324*** (-3.823)	0.420** (2.067)	-0.336*** (-3.957)	0.446** (2.195)	-0.336*** (-3.967)
Area	0.087 (0.158)	-0.169 (-0.685)	0.152 (0.275)	-0.171 (-0.707)	0.374 (0.667)	-0.203 (-0.842)
Offering	1.635*** (3.373)	0.438 (1.540)	1.679*** (3.502)	0.384 (1.351)	1.705*** (3.530)	0.443 (1.565)

续表

变量	捐赠者决策（Donation）					
	模型 1_4	模型 1_5	模型 1_6	模型 1_7	模型 1_8	模型 1_9
lnGover	-0.009 (-0.326)	0.052*** (2.700)	-0.008 (-0.270)	0.052*** (2.701)	-0.006 (-0.210)	0.054*** (2.813)
Age	-0.005 (-0.262)	-0.031** (-1.982)	-0.007 (-0.398)	-0.033** (-2.112)	-0.006 (-0.343)	-0.030* (-1.924)
Edu	1.252*** (3.943)	1.663*** (6.836)	1.215*** (3.855)	1.650*** (6.760)	1.199*** (3.804)	1.624*** (6.659)
Year	Yes	Yes	Yes	Yes	Yes	Yes
C	5.483* (1.688)	18.113*** (13.890)	5.806* (1.774)	18.362*** (14.156)	5.174 (1.588)	18.446*** (14.230)
R^2	0.106	0.047	0.111	0.048	0.106	0.050
adj. R^2	0.085	0.041	0.090	0.042	0.085	0.044
F	4.967	7.083	5.068	7.088	5.148	10.789
N	517	2177	517	2177	517	2177
样本	全国性	地方性	全国性	地方性	全国性	地方性

注：括号内为 t 值，***、** 和 * 分别表示在 1%、5% 和 10% 的水平上显著相关。

表 4-10 给出的是基金会性质对项目特征和个人捐赠者决策关系调节效应的回归结果。从结果中可以看出：在全国性和地方性基金会中，济贫程度（Project_1）的回归系数均显著为正，这表示在全国性和地方性基金会中，济贫程度对个人捐赠收入有显著的正向影响作用，并且与全国性基金会相比，在地方性基金会中济贫程度对个人捐赠收入的正向影响程度更强；在全国性和地方性基金会中，社会福利程度（Project_2）的回归系数均显著为正，这表示在全国性和地方性基金会中，社会福利程度对个人捐赠收入有显著的正向影响作用，并且与全国性基金会相比，在地方性基金会中，社会福利程度对个人捐赠收入的正向影响程度更强；在全国性和地方性基金会中，捐赠者自身社会价值（Project_3）的回归系数均显著为正，这表示在全国性和地方性基金会中，捐赠者自身社会价值对个人捐赠收入有显著的正向影响作用，并且与地方性基金会相比，在全国性基金会

中，捐赠者自身社会价值对个人捐赠收入的正向影响程度更强。上述结论说明，在全国性基金会中，捐赠者自身社会价值对个人捐赠收入的正向影响程度更强，在地方性基金会中，济贫程度和社会福利程度对个人捐赠收入的正向影响程度更强。

表4－10　　基金会性质对项目特征和个人捐赠者决策关系调节效应的回归结果

变量	个人捐赠者决策（Donation_1）					
	模型1_4	模型1_5	模型1_6	模型1_7	模型1_8	模型1_9
Project_1	0.206** (2.349)	0.303*** (3.802)				
Project_2			0.142* (1.839)	0.199*** (4.374)		
Project_3					0.189*** (3.312)	0.096*** (5.282)
Board	0.106** (2.234)	0.111*** (5.146)	0.092* (1.939)	0.105*** (4.872)	0.090* (1.885)	0.101*** (4.685)
Meeting	−0.268 (−0.608)	0.573*** (3.576)	−0.159 (−0.361)	0.507*** (3.162)	−0.070 (−0.158)	0.562*** (3.485)
Size	0.707*** (2.590)	0.089 (0.714)	0.691** (2.521)	0.054 (0.439)	0.696** (2.556)	0.059 (0.473)
Area	−2.948*** (−2.947)	−0.424 (−1.131)	−2.845*** (−2.804)	−0.426 (−1.149)	−2.244** (−2.289)	−0.551 (−1.499)
Offering	0.986 (1.172)	−0.092 (−0.246)	1.094 (1.310)	−0.250 (−0.667)	1.123 (1.341)	−0.090 (−0.242)
lnGover	0.117** (2.272)	−0.022 (−0.766)	0.120** (2.308)	−0.022 (−0.769)	0.125** (2.411)	−0.017 (−0.619)
Age	0.024 (0.549)	−0.021 (−0.958)	0.019 (0.443)	−0.027 (−1.207)	0.021 (0.495)	−0.020 (−0.873)

续表

变量	个人捐赠者决策（Donation_1）					
	模型 1_4	模型 1_5	模型 1_6	模型 1_7	模型 1_8	模型 1_9
Edu	1.639 *** (2.611)	3.318 *** (10.193)	1.586 ** (2.529)	3.278 *** (10.053)	1.508 ** (2.385)	3.276 *** (10.020)
Year	Yes	Yes	Yes	Yes	Yes	Yes
C	-3.313 (-0.706)	3.918 * (1.892)	-3.170 (-0.673)	4.630 ** (2.260)	-3.794 (-0.815)	4.744 ** (2.299)
R^2	0.097	0.078	0.096	0.082	0.099	0.078
adj. R^2	0.075	0.073	0.075	0.076	0.078	0.073
F	5.721	17.573	5.681	17.431	6.509	19.376
N	517	2177	517	2177	517	2177
样本	全国性	地方性	全国性	地方性	全国性	地方性

注：括号内为 t 值，***、** 和 * 分别表示在 1%、5% 和 10% 的水平上显著相关。

表 4-11 给出的是基金会性质对项目特征和机构捐赠者决策关系调节效应的回归结果。从结果中可以看出：在全国性基金会中济贫程度（Project_1）的回归系数均为正，但并不显著，在地方性基金会中，济贫程度（Project_1）的回归系数显著为正，说明在地方性基金会中，济贫程度对机构捐赠收入有显著的正向影响作用，并且与全国性基金会相比，在地方性基金会中济贫程度对机构捐赠收入的正向影响程度更强；在全国性基金会中，社会福利程度（Project_2）的回归系数显著为正，这表示在全国性基金会中，社会福利程度对机构捐赠收入有显著的正向影响作用，而在地方性基金会中社会福利程度（Project_2）的回归系数不显著，这说明与地方性基金会相比，在全国性基金会中社会福利程度对机构捐赠收入的正向影响程度更强；在全国性和地方性基金会中，捐赠者自身社会价值（Project_3）的回归系数均显著为正，这表示在全国性和地方性基金会中，捐赠者自身社会价值对机构捐赠收入有显著的正向影响作用，并且与全国性基金会相比，在地方性基金会中，捐赠者自身社会价值对机构捐赠收入的正向影响程度更强。上述结论说明，在全国性基金会中，社会福利程度对机构捐赠收入的正向影响程度更强，在地方性基金会中，济贫程度和自身

社会价值对机构捐赠收入的正向影响程度更强。

表4－11　基金会性质对项目特征和机构捐赠者决策关系调节效应的回归结果

变量	机构捐赠者决策（Donation_2）					
	模型1_4	模型1_5	模型1_6	模型1_7	模型1_8	模型1_9
Project_1	0.085 (0.744)	0.196** (2.419)				
Project_2			0.114* (1.907)	0.049 (1.049)		
Project_3					0.095** (2.087)	0.119*** (5.833)
Board	0.041 (1.006)	0.038* (1.659)	0.032 (0.792)	0.036 (1.561)	0.033 (0.814)	0.028 (1.216)
Meeting	0.279 (0.829)	0.053 (0.348)	0.314 (0.970)	0.037 (0.240)	0.366 (1.128)	0.039 (0.257)
Size	0.847*** (3.160)	-0.315*** (-2.617)	0.808*** (3.049)	-0.333*** (-2.780)	0.836*** (3.156)	-0.338*** (-2.824)
Area	-0.783 (-0.844)	0.325 (0.825)	-0.711 (-0.769)	0.257 (0.661)	-0.432 (-0.439)	0.267 (0.692)
Offering	1.200* (1.705)	-0.353 (-0.914)	1.224* (1.756)	-0.398 (-1.025)	1.255* (1.797)	-0.341 (-0.889)
lnGover	-0.064 (-1.407)	0.053* (1.789)	-0.063 (-1.367)	0.053* (1.802)	-0.061 (-1.325)	0.057* (1.941)
Age	0.029 (0.871)	-0.017 (-0.738)	0.027 (0.802)	-0.018 (-0.792)	0.028 (0.838)	-0.015 (-0.646)
Edu	1.882*** (3.800)	1.211*** (3.542)	1.838*** (3.687)	1.224*** (3.566)	1.816*** (3.660)	1.125*** (3.287)
Year	Yes	Yes	Yes	Yes	Yes	Yes

续表

变量	机构捐赠者决策（Donation_2）					
	模型 1_4	模型 1_5	模型 1_6	模型 1_7	模型 1_8	模型 1_9
C	-3.179 (-0.730)	14.979 *** (7.498)	-2.587 (-0.606)	15.418 *** (7.795)	-3.313 (-0.777)	15.617 *** (7.911)
R^2	0.088	0.018	0.092	0.017	0.090	0.024
adj. R^2	0.067	0.013	0.071	0.011	0.068	0.019
F	4.834	3.541	4.919	3.069	5.180	5.962
N	517	2177	517	2177	517	2177
样本	全国性	地方性	全国性	地方性	全国性	地方性

注：括号内为 t 值，*** 、** 和 * 分别表示在 1% 、5% 和 10% 的水平上显著相关。

4.3.3 稳健性检验

其一，本书主要考察捐赠者的理性选择决策，而对于定向慈善项目的样本未做剔除。所谓的定向慈善项目是指根据捐赠者意愿有指定用途和覆盖区域的项目。在检验中将属于定向的慈善项目进行剔除后按照上述模型进行回归，结果并未发生实质性变化（见表 4 - 12 ~ 表 4 - 14）。

其二，本书考察项目特征影响捐赠者决策，可能会存在内生性问题。一方面贫困性程度越大、惠及人口程度越高、捐赠者身份信息越多，基金会获得捐赠收入越大；另一方面还可能存在获得捐赠收入越高的基金会更容易实施贫困性程度越大、惠及人口程度越高、捐赠者身份信息越多的项目。为解决内生性问题，借鉴哈利斯等（Harris et al.，2014）的做法，在模型中加入滞后一期的捐赠收入，重复上述模型进行回归，结果并未发生实质性变化（见表 4 - 15 ~ 表 4 - 17）。

表 4－12 项目特征和捐赠者决策的回归结果

变量	捐赠者决策（Donation）								
	模型 1_1	模型 1_2	模型 1_3	模型 1_4	模型 1_5	模型 1_6	模型 1_7	模型 1_8	模型 1_9
Project_1	0.130*** (4.111)			0.103** (2.357)	0.104** (2.576)				
Project_2		0.076*** (3.119)				0.097*** (2.673)	0.062** (2.047)		
Project_3			0.061*** (6.807)					0.077** (2.411)	0.057*** (6.490)
Board	0.053*** (4.044)	0.050*** (3.813)	0.048*** (3.617)	0.019 (0.688)	0.058*** (3.893)	0.010 (0.373)	0.056*** (3.789)	0.011 (0.419)	0.053*** (3.553)
Meeting	0.368*** (3.849)	0.352*** (3.681)	0.377*** (3.951)	0.570*** (2.722)	0.326*** (3.102)	0.620*** (2.960)	0.306*** (2.903)	0.664*** (3.112)	0.323*** (3.081)
Size	−0.204*** (−2.667)	−0.217*** (−2.829)	−0.212*** (−2.769)	0.443** (2.197)	−0.325*** (−3.826)	0.421** (2.071)	−0.337*** (−3.966)	0.446** (2.197)	−0.338*** (−3.982)
Area	−0.117 (−0.513)	−0.112 (−0.492)	−0.145 (−0.640)	0.087 (0.158)	−0.170 (−0.691)	0.153 (0.277)	−0.171 (−0.705)	0.378 (0.673)	−0.200 (−0.830)
Offering	0.608** (2.463)	0.567** (2.300)	0.622** (2.526)	1.634*** (3.371)	0.438 (1.541)	1.678*** (3.500)	0.390 (1.372)	1.708*** (3.534)	0.444 (1.569)

续表

变量	捐赠者决策（Donation）								
	模型 1_1	模型 1_2	模型 1_3	模型 1_4	模型 1_5	模型 1_6	模型 1_7	模型 1_8	模型 1_9
Type	1. 746 *** (8. 220)	1. 803 *** (8. 575)	1. 862 *** (8. 916)						
lnGover	0. 044 *** (2. 684)	0. 044 *** (2. 723)	0. 047 *** (2. 861)	-0. 009 (-0. 328)	0. 052 *** (2. 702)	-0. 008 (-0. 273)	0. 052 *** (2. 713)	-0. 006 (-0. 218)	0. 054 *** (2. 818)
Age	-0. 025 * (-1. 909)	-0. 028 ** (-2. 091)	-0. 025 * (-1. 885)	-0. 005 (-0. 245)	-0. 031 ** (-1. 983)	-0. 007 (-0. 399)	-0. 033 ** (-2. 111)	-0. 006 (-0. 333)	-0. 031 * (-1. 932)
Edu	1. 535 *** (7. 490)	1. 519 *** (7. 401)	1. 496 *** (7. 283)	1. 250 *** (3. 939)	1. 664 *** (6. 837)	1. 216 *** (3. 857)	1. 655 *** (6. 781)	1. 197 *** (3. 795)	1. 628 *** (6. 676)
Year	yes	yes	yes	yes	yes	yes	yes	yes	yes
C	15. 650 *** (13. 240)	15. 877 *** (13. 443)	15. 870 *** (13. 430)	5. 490 * (1. 691)	18. 121 *** (13. 892)	5. 796 * (1. 772)	18. 365 *** (14. 164)	5. 170 (1. 587)	18. 461 *** (14. 233)
R^2	0. 063	0. 063	0. 065	0. 106	0. 047	0. 111	0. 047	0. 106	0. 049
adj. R^2	0. 059	0. 059	0. 060	0. 085	0. 041	0. 090	0. 042	0. 085	0. 044
F	13. 492	12. 774	15. 669	4. 970	7. 071	5. 072	7. 003	5. 149	10. 452
N	2694	2694	2694	517	2177	517	2177	517	2177
样本	全样本	全样本	全样本	全国性	地方性	全国性	地方性	全国性	地方性

注：括号内为 t 值，*** 、** 和 * 分别表示在 1% 、5% 和 10% 的水平上显著相关。

表 4－13　　项目特征和个人捐赠者决策的回归结果

变量	个人捐赠者决策（Donation_1）								
	模型 2_1	模型 2_2	模型 2_3	模型 2_4	模型 2_5	模型 2_6	模型 2_7	模型 2_8	模型 2_9
Project_1	0. 273 *** (4. 745)			0. 207 ** (2. 397)	0. 303 *** (3. 824)				
Project_2		0. 181 *** (4. 581)				0. 149 * (1. 937)	0. 189 *** (4. 100)		
Project_3			0. 109 *** (5. 513)					0. 193 *** (3. 297)	0. 093 *** (5. 076)
Board	0. 109 *** (5. 541)	0. 102 *** (5. 209)	0. 098 *** (4. 996)	0. 106 ** (2. 225)	0. 111 *** (5. 145)	0. 091 * (1. 924)	0. 106 *** (4. 928)	0. 089 * (1. 867)	0. 102 *** (4. 694)
Meeting	0. 505 *** (3. 337)	0. 464 *** (3. 066)	0. 524 *** (3. 440)	−0. 266 (−0. 604)	0. 573 *** (3. 580)	−0. 159 (−0. 361)	0. 511 *** (3. 188)	−0. 066 (−0. 149)	0. 569 *** (3. 524)
Size	0. 174 (1. 548)	0. 144 (1. 281)	0. 160 (1. 420)	0. 706 *** (2. 588)	0. 089 (0. 713)	0. 688 ** (2. 508)	0. 052 (0. 423)	0. 696 ** (2. 555)	0. 057 (0. 454)
Area	−0. 489 (−1. 387)	−0. 458 (−1. 298)	−0. 559 (−1. 600)	−2. 948 *** (−2. 944)	−0. 423 (−1. 127)	−2. 839 *** (−2. 793)	−0. 420 (−1. 131)	−2. 228 ** (−2. 268)	−0. 548 (−1. 488)
Offering	0. 026 (0. 075)	−0. 073 (−0. 216)	0. 052 (0. 154)	0. 985 (1. 170)	−0. 091 (−0. 242)	1. 090 (1. 305)	−0. 237 (−0. 632)	1. 129 (1. 348)	−0. 089 (−0. 239)

续表

变量	个人捐赠者决策（Donation_1）								
	模型 2_1	模型 2_2	模型 2_3	模型 2_4	模型 2_5	模型 2_6	模型 2_7	模型 2_8	模型 2_9
Type	0. 215 (0. 588)	0. 319 (0. 881)	0. 461 (1. 281)						
lnGover	0. 012 (0. 494)	0. 014 (0. 546)	0. 018 (0. 716)	0. 117 ** (2. 270)	−0. 022 (−0. 763)	0. 119 ** (2. 308)	−0. 021 (−0. 745)	0. 124 ** (2. 403)	−0. 017 (−0. 614)
Age	−0. 004 (−0. 218)	−0. 010 (−0. 486)	−0. 004 (−0. 194)	0. 025 (0. 563)	−0. 022 (−0. 963)	0. 019 (0. 443)	−0. 027 (−1. 214)	0. 022 (0. 507)	−0. 020 (−0. 885)
Edu	2. 959 *** (10. 218)	2. 918 *** (10. 071)	2. 895 *** (9. 931)	1. 635 *** (2. 605)	3. 318 *** (10. 191)	1. 584 ** (2. 528)	3. 290 *** (10. 096)	1. 501 ** (2. 375)	3. 285 *** (10. 051)
Year	yes	yes	yes	yes	yes	yes	yes	yes	yes
C	2. 620 (1. 389)	3. 143 * (1. 672)	3. 037 (1. 607)	−3. 302 (−0. 704)	3. 919 * (1. 892)	−3. 112 (−0. 661)	4. 642 ** (2. 266)	−3. 799 (−0. 816)	4. 763 ** (2. 307)
R^2	0. 068	0. 070	0. 068	0. 097	0. 078	0. 097	0. 081	0. 099	0. 078
adj. R^2	0. 063	0. 066	0. 064	0. 075	0. 072	0. 076	0. 075	0. 078	0. 073
F	17. 143	16. 742	18. 339	5. 729	17. 592	5. 717	17. 151	6. 479	19. 076
N	2694	2694	2694	517	2177	517	2177	517	2177
样本	全样本	全样本	全样本	全国性	地方性	全国性	地方性	全国性	地方性

注：括号内为 t 值，*** 、** 和 * 分别表示在 1%、5% 和 10% 的水平上显著相关。

表4－14 项目特征和机构捐赠者决策的回归结果

变量	机构捐赠者决策（Donation_2）								
	模型3_1	模型3_2	模型3_3	模型3_4	模型3_5	模型3_6	模型3_7	模型3_8	模型3_9
Project_1	0.175** (2.446)			0.084 (0.731)	0.196** (2.412)				
Project_2		0.074* (1.953)				0.113* (1.896)	0.048 (1.021)		
Project_3			0.122*** (5.886)					0.093** (2.048)	0.122*** (5.588)
Board	0.046** (2.256)	0.043** (2.090)	0.036* (1.748)	0.041 (1.001)	0.038* (1.660)	0.032 (0.788)	0.036 (1.573)	0.033 (0.808)	0.028 (1.210)
Meeting	0.113 (0.812)	0.100 (0.718)	0.125 (0.904)	0.280 (0.834)	0.053 (0.351)	0.315 (0.973)	0.037 (0.244)	0.367 (1.130)	0.047 (0.311)
Size	−0.154 (−1.442)	−0.167 (−1.554)	−0.170 (−1.592)	0.847*** (3.159)	−0.315*** (−2.619)	0.810*** (3.055)	−0.333*** (−2.785)	0.837*** (3.160)	−0.341*** (−2.852)
Area	0.294 (0.789)	0.275 (0.743)	0.282 (0.767)	−0.783 (−0.843)	0.325 (0.825)	−0.710 (−0.768)	0.260 (0.668)	−0.437 (−0.444)	0.275 (0.711)
Offering	−0.133 (−0.393)	−0.172 (−0.505)	−0.107 (−0.316)	1.201* (1.705)	−0.352 (−0.912)	1.223* (1.755)	−0.396 (−1.020)	1.258* (1.801)	−0.338 (−0.883)

续表

变量	机构捐赠者决策（Donation_2）								
	模型 3_1	模型 3_2	模型 3_3	模型 3_4	模型 3_5	模型 3_6	模型 3_7	模型 3_8	模型 3_9
Type	2.998*** (9.323)	3.098*** (9.702)	3.154*** (9.963)						
lnGover	0.035 (1.393)	0.036 (1.431)	0.041 (1.600)	−0.064 (−1.408)	0.053* (1.791)	−0.063 (−1.369)	0.054* (1.808)	−0.061 (−1.333)	0.058* (1.953)
Age	−0.007 (−0.355)	−0.009 (−0.481)	−0.006 (−0.304)	0.029 (0.878)	−0.017 (−0.741)	0.027 (0.802)	−0.018 (−0.796)	0.028 (0.844)	−0.015 (−0.658)
Edu	1.319*** (4.551)	1.310*** (4.498)	1.230*** (4.234)	1.880*** (3.798)	1.212*** (3.542)	1.839*** (3.690)	1.226*** (3.573)	1.815*** (3.656)	1.130*** (3.304)
Year	yes	yes	yes	yes	yes	yes	yes	yes	yes
C	12.710*** (7.232)	12.959*** (7.364)	13.105*** (7.463)	−3.182 (−0.730)	14.982*** (7.499)	−2.606 (−0.610)	15.421*** (7.797)	−3.328 (−0.780)	15.654*** (7.927)
R^2	0.046	0.046	0.052	0.088	0.018	0.092	0.017	0.090	0.024
adj. R^2	0.042	0.041	0.047	0.067	0.013	0.071	0.011	0.068	0.019
F	12.187	12.370	14.617	4.834	3.538	4.916	3.061	5.188	5.624
N	2694	2694	2694	517	2177	517	2177	517	2177
样本	全样本	全样本	全样本	全国性	地方性	全国性	地方性	全国性	地方性

注：括号内为 t 值，***、** 和 * 分别表示在 1%、5% 和 10% 的水平上显著相关。

表 4－15　　项目特征和捐赠者决策的回归结果

变量	捐赠者决策（Donation）								
	模型 1_1	模型 1_2	模型 1_3	模型 1_4	模型 1_5	模型 1_6	模型 1_7	模型 1_8	模型 1_9
Project_1	0. 050 ** （2. 240）			0. 030 （0. 842）	0. 063 ** （2. 191）				
Project_2		0. 031 * （1. 708）				0. 049 * （1. 655）	0. 018 （0. 780）		
Project_3			0. 024 *** （5. 074）					0. 040 * （1. 696）	0. 022 *** （4. 796）
Donation_0	0. 604 *** （20. 301）	0. 603 *** （20. 175）	0. 603 *** （20. 272）	0. 446 *** （5. 213）	0. 627 *** （20. 179）	0. 444 *** （5. 160）	0. 627 *** （20. 156）	0. 446 *** （5. 244）	0. 626 *** （20. 123）
Board	0. 028 *** （2. 665）	0. 026 ** （2. 460）	0. 026 ** （2. 462）	0. 030 （1. 261）	0. 022 * （1. 940）	0. 025 （1. 097）	0. 022 * （1. 896）	0. 026 （1. 104）	0. 021 * （1. 781）
Meeting	0. 076 （0. 959）	0. 070 （0. 882）	0. 078 （0. 990）	0. 378 * （1. 898）	0. 013 （0. 150）	0. 412 ** （2. 060）	0. 007 （0. 082）	0. 432 ** （2. 140）	0. 011 （0. 126）
Size	－0. 392 *** （－6. 034）	－0. 393 *** （－6. 024）	－0. 394 *** （－6. 068）	0. 056 （0. 298）	－0. 467 *** （－6. 566）	0. 051 （0. 266）	－0. 470 *** （－6. 644）	0. 060 （0. 322）	－0. 470 *** （－6. 654）
Area	0. 031 （0. 177）	0. 025 （0. 145）	0. 019 （0. 111）	0. 358 （0. 772）	0. 008 （0. 045）	0. 390 （0. 842）	0. 006 （0. 035）	0. 508 （1. 063）	0. 001 （0. 005）
Offering	0. 199 （1. 083）	0. 165 （0. 904）	0. 204 （1. 115）	0. 645 * （1. 753）	0. 194 （0. 930）	0. 683 * （1. 862）	0. 180 （0. 858）	0. 689 * （1. 875）	0. 197 （0. 947）

续表

变量	捐赠者决策（Donation）								
	模型 1_1	模型 1_2	模型 1_3	模型 1_4	模型 1_5	模型 1_6	模型 1_7	模型 1_8	模型 1_9
Type	1.083 *** (5.867)	1.100 *** (6.093)	1.130 *** (6.277)						
lnGover	0.019 (1.635)	0.020 * (1.729)	0.020 * (1.731)	−0.008 (−0.361)	0.022 (1.642)	−0.007 (−0.322)	0.022 (1.645)	−0.006 (−0.280)	0.023 * (1.703)
Age	−0.001 (−0.058)	−0.001 (−0.094)	−0.000 (−0.042)	0.005 (0.351)	−0.001 (−0.060)	0.004 (0.252)	−0.001 (−0.103)	0.004 (0.287)	−0.000 (−0.034)
Edu	0.683 *** (4.172)	0.668 *** (4.100)	0.667 *** (4.067)	0.762 *** (2.627)	0.697 *** (3.671)	0.746 *** (2.601)	0.694 *** (3.669)	0.734 ** (2.539)	0.682 *** (3.588)
Year	yes	yes	yes	yes	yes	yes	yes	yes	yes
C	11.691 *** (10.902)	11.421 *** (10.592)	11.785 *** (10.978)	6.130 ** (2.058)	12.779 *** (10.710)	6.216 ** (2.052)	12.851 *** (10.883)	5.911 ** (1.993)	12.894 *** (10.909)
R^2	0.402	0.401	0.402	0.305	0.411	0.306	0.411	0.305	0.412
adj. R^2	0.399	0.398	0.399	0.287	0.408	0.288	0.408	0.287	0.408
F	47.955	49.259	51.139	6.126	41.956	6.064	41.683	6.191	46.899
N	2694	2694	2694	517	2177	517	2177	517	2177
样本	全样本	全样本	全样本	全国性	地方性	全国性	地方性	全国性	地方性

注：括号内为 t 值，***、** 和 * 分别表示在 1%、5% 和 10% 的水平上显著相关。

表4-16　项目特征和个人捐赠者决策的回归结果

变量	个人捐赠者决策（Donation_1）								
	模型2_1	模型2_2	模型2_3	模型2_4	模型2_5	模型2_6	模型2_7	模型2_8	模型2_9
Project_1	0.081* (1.922)			0.022 (0.348)	0.119** (1.993)				
Project_2		0.042 (1.376)				0.021 (0.384)	0.045 (1.256)		
Project_3			0.046*** (4.712)					0.061 (1.620)	0.041*** (4.351)
Donation_01	0.579*** (33.930)	0.578*** (33.798)	0.578*** (33.904)	0.580*** (13.488)	0.572*** (30.304)	0.579*** (13.536)	0.571*** (30.107)	0.577*** (13.432)	0.572*** (30.268)
Board	0.062*** (3.883)	0.061*** (3.775)	0.058*** (3.620)	0.047 (1.285)	0.065*** (3.660)	0.045 (1.235)	0.064*** (3.572)	0.043 (1.172)	0.062*** (3.421)
Meeting	0.285** (2.307)	0.277** (2.241)	0.288** (2.330)	-0.205 (-0.590)	0.329** (2.491)	-0.194 (-0.562)	0.315** (2.369)	-0.170 (-0.486)	0.325** (2.449)
Size	-0.081 (-0.902)	-0.087 (-0.972)	-0.085 (-0.954)	0.344 (1.590)	-0.148 (-1.487)	0.339 (1.560)	-0.160 (-1.604)	0.328 (1.514)	-0.160 (-1.607)
Area	-0.315 (-1.049)	-0.321 (-1.069)	-0.330 (-1.108)	-0.891 (-0.890)	-0.281 (-0.886)	-0.877 (-0.879)	-0.310 (-0.987)	-0.679 (-0.675)	-0.330 (-1.060)
Offering	-0.041 (-0.150)	-0.064 (-0.231)	-0.032 (-0.115)	0.201 (0.289)	-0.052 (-0.171)	0.211 (0.306)	-0.091 (-0.296)	0.215 (0.312)	-0.050 (-0.167)

续表

变量	个人捐赠者决策（Donation_1）								
	模型 2_1	模型 2_2	模型 2_3	模型 2_4	模型 2_5	模型 2_6	模型 2_7	模型 2_8	模型 2_9
Type	0.153 (0.511)	0.197 (0.665)	0.228 (0.778)						
lnGover	0.017 (0.858)	0.017 (0.876)	0.019 (0.960)	0.063 (1.643)	0.001 (0.044)	0.063* (1.654)	0.001 (0.051)	0.065* (1.702)	0.003 (0.119)
Age	-0.017 (-1.004)	-0.018 (-1.074)	-0.016 (-0.979)	0.009 (0.235)	-0.026 (-1.399)	0.009 (0.224)	-0.028 (-1.461)	0.009 (0.243)	-0.026 (-1.356)
Edu	1.130*** (4.580)	1.123*** (4.544)	1.098*** (4.436)	0.749 (1.425)	1.281*** (4.584)	0.741 (1.409)	1.284*** (4.586)	0.710 (1.342)	1.262*** (4.502)
Year	yes	yes	yes	yes	yes	yes	yes	yes	yes
C	3.591** (2.375)	3.734** (2.470)	3.752** (2.479)	-2.461 (-0.654)	4.698*** (2.795)	-2.395 (-0.635)	4.967*** (2.971)	-2.367 (-0.632)	5.029*** (3.004)
R^2	0.384	0.383	0.384	0.386	0.387	0.386	0.387	0.387	0.387
adj. R^2	0.380	0.380	0.381	0.370	0.383	0.370	0.383	0.371	0.383
F	120.545	119.004	130.225	25.686	108.702	25.700	107.335	27.483	118.212
N	2694	2694	2694	517	2177	517	2177	517	2177
样本	全样本	全样本	全样本	全国性	地方性	全国性	地方性	全国性	地方性

注：括号内为 t 值，***、** 和 * 分别表示在 1%、5% 和 10% 的水平上显著相关。

表4-17 项目特征和机构捐赠者决策的回归结果

变量	机构捐赠者决策（Donation_2）								
	模型3_1	模型3_2	模型3_3	模型3_4	模型3_5	模型3_6	模型3_7	模型3_8	模型3_9
Project_1	0.092** (2.088)			0.077 (1.140)	0.099* (1.662)				
Project_2		0.055* (1.795)				0.083 (1.597)	0.043 (1.151)		
Project_3			0.053*** (4.999)					0.048 (1.577)	0.053*** (4.782)
Donation_02	0.548*** (27.948)	0.548*** (28.015)	0.545*** (27.780)	0.483*** (8.325)	0.556*** (26.793)	0.482*** (8.307)	0.555*** (26.694)	0.482*** (8.352)	0.552*** (26.411)
Board	0.016 (0.968)	0.014 (0.828)	0.012 (0.697)	0.053* (1.650)	-0.000 (-0.020)	0.038 (1.241)	0.001 (0.054)	0.048 (1.505)	-0.002 (-0.101)
Meeting	-0.092 (-0.740)	-0.104 (-0.836)	-0.088 (-0.710)	0.141 (0.449)	-0.146 (-1.086)	0.145 (0.464)	-0.168 (-1.235)	0.208 (0.670)	-0.159 (-1.176)
Size	-0.351*** (-3.769)	-0.360*** (-3.862)	-0.356*** (-3.824)	0.120 (0.482)	-0.403*** (-3.876)	0.114 (0.461)	-0.432*** (-4.187)	0.128 (0.516)	-0.433*** (-4.195)
Area	0.295 (0.950)	0.297 (0.961)	0.280 (0.909)	-0.147 (-0.155)	0.297 (0.906)	-0.165 (-0.175)	0.295 (0.914)	0.032 (0.032)	0.282 (0.878)
Offering	-0.191 (-0.705)	-0.222 (-0.815)	-0.179 (-0.663)	0.174 (0.297)	-0.260 (-0.851)	0.127 (0.219)	-0.241 (-0.783)	0.231 (0.395)	-0.202 (-0.661)

续表

变量	机构捐赠者决策（Donation_2）								
	模型 3_1	模型 3_2	模型 3_3	模型 3_4	模型 3_5	模型 3_6	模型 3_7	模型 3_8	模型 3_9
Type	1.622 *** (5.818)	1.663 *** (6.079)	1.713 *** (6.295)						
lnGover	0.014 (0.680)	0.014 (0.696)	0.016 (0.797)	-0.045 (-1.258)	0.024 (1.004)	-0.033 (-0.937)	0.023 (0.963)	-0.043 (-1.197)	0.026 (1.047)
Age	0.024 (1.487)	0.022 (1.400)	0.024 (1.509)	0.033 (1.117)	0.025 (1.329)	0.033 (1.133)	0.022 (1.162)	0.031 (1.069)	0.024 (1.262)
Edu	0.737 *** (3.030)	0.723 *** (2.968)	0.700 *** (2.862)	1.095 ** (2.434)	0.621 ** (2.179)	1.063 ** (2.349)	0.659 ** (2.318)	1.064 ** (2.361)	0.628 ** (2.202)
Year	yes	yes	yes	yes	yes	yes	yes	yes	yes
C	10.104 *** (6.424)	10.282 *** (6.539)	10.299 *** (6.552)	3.457 (0.857)	11.739 *** (6.678)	4.186 (1.062)	11.694 *** (6.699)	3.167 (0.793)	11.800 *** (6.762)
R^2	0.339	0.339	0.340	0.313	0.323	0.311	0.325	0.313	0.326
adj. R^2	0.336	0.336	0.337	0.296	0.319	0.296	0.321	0.295	0.322
F	76.395	75.766	80.274	9.123	65.687	10.401	62.083	9.529	68.254
N	2694	2694	2694	517	2177	517	2177	517	2177
样本	全样本	全样本	全样本	全国性	地方性	全国性	地方性	全国性	地方性

注：括号内为 t 值，***、** 和 * 分别表示在 1%、5% 和 10% 的水平上显著相关。

4.4　小　　结

本章基于理性选择理论考察慈善组织的公益项目特征对捐赠者捐赠决策的影响。基于2011～2014年基金会中心网公布的基金会数据，研究发现：(1) 济贫程度越高的基金会越可能得到较高的总捐赠收入；而且带来较多社会福利与实现捐赠者自身社会价值较高的基金会，得到的总捐赠收入也越高，但其影响效应均显著小于济贫程度的影响效应。(2) 在公益项目的济贫程度较高、带来的社会福利较多和捐赠者自身社会价值较高的基金会中，个人捐赠收入和机构捐赠收入均较高，但影响效应存在一定差异，对于个人捐赠收入来说，济贫程度的正向影响程度最大，而社会福利程度强于捐赠者自身社会价值；对于机构捐赠收入来说，济贫程度的正向影响程度最大，而捐赠者自身社会价值的正向影响程度大于社会福利程度。(3) 进一步考察不同的基金会性质的影响效应，研究发现在全国性基金会中，对于总捐赠收入来说，社会福利程度和捐赠者自身社会价值的影响效果最大，对于个人捐赠收入来说，捐赠者自身社会价值的正向作用最大，对于机构捐赠收入来说，提升自身社会价值的正向作用最大。在地方性基金会中，对于总捐赠收入来说，济贫程度的正向作用更大，对于个人捐赠收入来说，济贫程度的正向作用最大，社会福利程度的正向效应强于捐赠者自身社会价值，而对于机构捐赠收入来说，同样是济贫程度的正向作用最大，但捐赠者自身社会价值强于社会福利程度。二者之所以产生不同，是因为全国性基金会更容易选取百强的事务所，并且具有较好的信息披露质量，更能够得到捐赠者的信任，扩散面和影响力更广，所以他们更多关注于项目的社会价值，这对于注重声誉价值的个体捐赠者和机构捐赠者来说，更能够实现声誉价值，获取自我价值最大化；而地方性基金会仅能够在注册地区实施募捐活动，影响范围比较小，并且筹资对象比较单一，无法得到更多的捐赠者的关注，所以对于这样的基金会来讲，捐赠者更多地注重纯粹利他主义的实现，所以他们更多地关注于项目济贫程度，这样更能够实现社会福利最大化。

第 5 章

公益项目高管关联和捐赠者决策

5.1 理论分析和研究假设

5.1.1 理论分析

与营利性组织相比，慈善组织的特殊性主要表现为非营利性和公益性，慈善组织成员大多表现出自愿性的特性，那么在这一背景下，慈善组织高管就可能会得到比在营利性组织任职更少的薪酬甚至是无薪酬；另外，捐赠者也不希望自己的无偿捐赠成为高管的福利，艾默生（Emerson，2010）研究发现若是慈善组织给予高管较高的薪酬，那么外部捐赠者就可能会更改自己的捐赠决策，降低或停止捐赠，并通过调查 2008 年前 15 位慈善组织高管的薪酬，发现每位高管至少获得 80 万美元的薪酬待遇，这对于捐赠者来说是十分震惊的，因为他们认为慈善组织高管的工作就应该是免费或者最低限度薪酬，巴尔萨姆、哈里斯（2014）通过考察美国非营利组织中 7040 个高管样本观测值，结果指出在高管薪酬较高组织中，获得捐赠较少。因此，受到外界压力的慈善组织就尽可能地控制高管薪酬，导致高管获得较低的薪酬或者无薪酬（Frumkin，2001）。对于高管来说，他们是具有“自利性”的理性人，也就是说，他们不仅关注于自身的物质利益，还注重自身的声誉或自我实现的价值（Coleman，1990）。在慈善组织中，由于慈善的公益性以及捐赠者的偏好导致慈善组织高管在物质利益上得到的较少，再加上理性人的“利他”本性，使得高管会更加注重声誉或自我实现的价值，并且强调追求价值最大化。高管作为组织的主要决策者，他们的决策除实现组织价值最大化之外，还内含了高管的个人特征（Hambrick and Mason，1984），例如，卡尼曼和特维斯基（Kahneman and Tversky，1979）研究发现在高管个人决策过程中，个人偏好等方面会起到很大的影响作用。同样，高管在制定慈善组织决策时也会受到个人偏好等方面的影响。由于慈善组织的宗旨主要是通过募捐的方式获得外部资源，并将其分配给有需要的人，所以慈善组织的主要战略决策在于外部资源的分配上，即公益项目决策，那么在组织中起决策作用的高管，可能会受声誉或自我实现等个人偏好方面的影响，制定相应的项目决策。

5.1.2　研究假设

公益慈善项目是慈善组织将获得社会资源分配给有需要人的一种具体体现，再加上社会资源的稀缺性，如何最大化项目价值成为高管考虑的主要问题。古德（1997）指出人的社会行为是受到行为动机的驱使，不同的动机产生不同的选择结果，并且科尔曼（1990）依据理性选择理论指出人在主观上会对不同的选择结果存在不同的偏好。对于高管来讲，他们会受到声誉或自我实现等行为动机的影响，使得他们在制定项目决策时，更加偏重于对自己有利的决策行为。与投向其他地区相比，将公益项目投向自己家乡的话，能够为高管带来更大的价值收益。这主要是因为将项目投向自己的家乡，家乡父老会给予这位高管“感恩家乡、投身公益”“情系家乡、报效桑梓”等较高的社会评价，从而提高该高管在家乡中的社会声誉，这是高管在慈善组织中所获得的额外的价值收益，另外高管还能够得到因为自己在外有所成就而“反哺家乡”的自我实现的满足感，以上两点是项目投放在其他地方所感受不到的额外收益，也就是在公益事业中得到额外的收益，即为利他行为中的自我收益。从中可以看出作为理性人的高管，在慈善组织中，存在较高的自我利他主义。因此，偏好于“声誉或者自我实现”的高管，就会更大程度上制定有利于增加“声誉或者自我实现”价值等方面的决策，例如慈善组织的公益项目所在地是否为自己的家乡，然后制定相应的公益项目决策。因此，对于能够实现高管“报效桑梓”的公益项目，越可能实现高管的“声誉或者自我实现”价值，越可能得到更高的额外收益，高管就越可能制定支出较多的项目。反之，对于不能够实现高管“报效桑梓”的公益项目，高管所得的“声誉或者自我实现”价值的可能性越低，也就越不可能制定支出较多的项目决策。基于此，做出如下假设：

假设1：实现高管“报效桑梓”的可能性越低，公益项目支出越少，即，与高管祖籍同地的项目相比，与高管祖籍异地的公益项目支出越少。

慈善组织存在特殊的治理结构，捐赠者在实施捐赠之后就与慈善组织的资产脱离了所有权关系（李维安，2005），形成了一种“所有者缺位”和“剩余追索权缺失”组织状态，这种状态使得捐赠者无法有效监督慈善组织，容易产生代理成本。另外，高管对自己的家乡比较熟悉，在制定项目决策以及实施项目的过程中，更可能考虑的是自己的私利，例如能否最大化获得自己的“声誉或者自我实现”价值，甚至在实施项目过程中增加项目管理费用，并从中为自己谋取私利。而由于“所有者缺位”和“剩余追索权缺失”，导致无法有效监督高管，这就更加助长了高管的谋取私利行为，产生较高的代理成本。基于此，本书做出如下假设：

假设2：实现高管“报效桑梓”的可能性越低，管理费用率越低，即，与高管祖籍异地的公益项目支出越多，管理费用率越低。

高管的“报效桑梓”行为，表面上是为自己的家乡谋取福利，报效家乡，实质上是使用社会资源的捐赠者通过捐赠的方式提高自己“情系家乡、报效桑梓”的社会声誉价值，另外西肖尔斯和朱（Seasholes and Zhu，2010）的研究指出高管的地域偏好并未具有显著的信息优势，不能够降低管理费用，反而是高管可能会以这种方式增加像管理费用之类的支出谋取私有收益，这更加说明高管的这一行为是一种自利性的行为，与捐赠意愿和组织宗旨相悖。在慈善市场上，慈善捐赠作为一种“社会投资”的说法越来越得到认同，既然是一种投资，那么捐赠者更希望将社会资源给予更加需要的、能够实现捐赠者捐赠效用最大化且效率较高的组织（Beatty et al.，1991），而不是给予将资源用作为高管谋私利的组织。

由于慈善组织公益项目是捐赠者社会资源用途的主要体现以及捐赠者不能像营利组织的股东那样有效监督高管，所以捐赠者更多地关注于公益项目的使用情况。作为理性人的捐赠者，制定捐赠决策的目的是实现捐赠的最大化，提升更多需要者的福利水平，在增加他人社会福祉的过程中提高自己的满足感（Becker，1974），而这种满足感的实现离不开公益项目的运用，例如项目覆盖范围和涉及人口等，根据庇古（2009）的社会福利函数，得到福利的人越多，覆盖的范围越大，则社会福利越大，因此集中于某一地区的项目是无法达到这种效果的，所以说高管的“报效桑梓”与捐赠者的捐赠效果最大化是相悖的。另外，上述指出，高管的“报效桑梓”行为可能会提高管理费用，增加代理成本，更违背了捐赠者的本意。尽管一些研究学者（Chang and Tuckman，1991；Mayer et al.，2014）指出限制管理费用可能制约慈善组织发展能力，但是，管理费用的增加会降低公益项目的支出，那么捐赠者就会质疑慈善组织捐赠资源的合理使用，导致捐赠者降低甚至是取消慈善捐赠。因为捐赠者的目的是实现捐赠效应最大化，而不是成为高管谋取私利的工具。因此捐赠者在制定捐赠决策时，就会努力搜寻、整合、加工和处理那些有关公益项目覆盖范围是否为高管家乡等方面的信息，例如公益项目的地域信息，然后进行理性选择。因此，慈善组织的公益项目中出现地域信息和高管家乡相一致，尤其是集中于某一地区的项目，就越不可能实现捐赠者的目的。反之，公益项目覆盖范围与高管家乡越不一致，那么高管利用公益项目打着“报效桑梓”幌子为自己谋私利的机会主义行为的可能性就越小，就越可能实现捐赠者的目的，所以捐赠者就越可能实施捐赠。基于此，本书做出如下假设：

假设3：实现高管“报效桑梓”的可能性越低，捐赠者捐赠越高，即，与高管祖籍异地的项目支出越多，捐赠者捐赠越高。

5.2　研究设计

5.2.1　样本选择和数据来源

根据《中华人民共和国慈善法》（2016年）规定，慈善组织主要包括基金会、社会团体、社会服务机构等组织形式，但由于社会团体、社会服务机构等其他组织形式的统计数据严重缺失，而慈善基金会的统计数据还相对比较完善，因此本书主要选取慈善基金会作为考察对象。由于基金会中心网从2010年开始详细公布基金会数据，而仅详细公布到2014年，且理事会特征和项目特征数据还需要滞后一期，因此本章主要选取2011～2014年基金会为初始考察样本。

本章选用慈善组织作为考察对象，数据具体收集步骤如下：首先，根据基金会中心网数据中心每年发布的数据，在公募基金会和非公募基金会两类中，按照净资产、捐赠收入和捐赠支出进行排名，分别选取TOP 300

的基金会，共获得923家基金会名单；其次，根据基金会名单，从基金会中心网上手工收集每一家基金会每一年的基本信息数据、财务信息数据以及项目信息数据；最后，对于基金会中心网上公布不全面的数据通过中国慈善信息平台、每家基金会官方网站等进行补充。最终获得3246个观测值，具体观测样本年度分布见表5－1。

表5－1　　基金会和公益项目年度分布情况

项目	基金会分布情况					项目分布情况				
	2011年	2012年	2013年	2014年	合计	2011年	2012年	2013年	2014年	总计
公募性	380	408	429	450	1667	1983	2565	3000	3863	11411
非公募性	318	371	417	473	1579	1584	2004	3126	3931	10645
总计	698	779	846	923	3246	3567	4569	6126	7794	22056

数据来源：基金会中心网。

为考察假设1，本章选用慈善组织公益项目作为研究样本，采用如下处理方式：从基金会中心网公布的公益项目简介中获得，对于一些缺失的项目特征，例如项目覆盖领域等，根据项目名称，通过手工查询基金会官方网站、中国慈善信息平台和百度搜索引擎，进行补充，剔除数据缺失的项目，最终获得2011～2014年22056个项目样本观测值，具体观测样本年度分布见表5－1。关于假设2和假设3，本书主要使用慈善组织为考察样本。为避免异常值的影响，对主要变量进行0～1%和99%～100%的缩尾处理。

经济发展水平（人均GDP）数据来自WIND数据库的经济数据库中的“中国宏观经济数据”，其他数据通过基金会中心网手工获得。

5.2.2　研究模型和变量说明

为检验假设1，建立如下模型：

$$\begin{aligned} Expense_{i,t} = {} & \alpha_0 + \alpha_1 \times Allopatry_{i,t} + \alpha_2 \times Board_{i,t-1} + \alpha_3 \times Meeting_{i,t-1} + \alpha_4 \\ & \times Size_{i,t-1} + \alpha_5 \times Donation_{i,t-1} + \alpha_6 \times Debt_{i,t-1} + \alpha_7 \times Age_{i,t-1} \\ & + \alpha_8 \times Offering_{i,t} + \alpha_9 \times Charge_{i,t} + \alpha_{10} \times Area_{i,t} + \alpha_{11} \times Edu \\ & + \sum Year + \varepsilon_{i,t} \end{aligned} \tag{5-1}$$

为检验假设2和假设3，建立如下模型：

$$Admin_{i,t} = \beta_0 + \beta_1 \times Expense\_3_{i,t} + \beta_2 \times Board_{i,t} + \beta_3 \times Meeting_{i,t} + \beta_4 \times Size_{i,t} + \beta_5 \times Debt_{i,t} + \beta_6 \times Age_{i,t} + \beta_7 \times Offering_{i,t} + \beta_8 \times Charge_{i,t} + \beta_9 \times Edu_{i,t} + \sum Year + \varepsilon_{i,t} \quad (5-2)$$

$$Donation_{i,t} = \gamma_0 + \gamma_1 \times Expense\_3_{i,t-1} + \gamma_2 \times Board_{i,t-1} + \gamma_3 \times Meeting_{i,t-1} + \gamma_4 \times Size_{i,t-1} + \gamma_5 \times Age_{i,t-1} + \gamma_6 \times Offering_{i,t} + \gamma_7 \times Charge_{i,t} + \gamma_8 \times lnGover_{i,t-1} + \gamma_9 \times Area_{i,t} + \gamma_{10} \times Edu_{i,t} + \sum Year + \varepsilon_{i,t} \quad (5-3)$$

在模型（5－1）中，Expense为慈善组织公益项目特征，即项目绝对支出（Expense_1），使用某公益项目单个覆盖地支出的自然对数测量，项目相对支出（Expense_2），使用某公益项目单个覆盖地支出与该公益项目支出的比例测量；Allopatry为高管家乡或者祖籍与项目所在地的异地性，将其测量为高管的家乡或者祖籍与项目所在地处于不同地区为1，否则为0，“报效桑梓”主要是指项目所在地与高管家乡或者祖籍处于相同地区，越处于不同地区，报效桑梓的可能性越小，为进一步考察不同高管的影响效果，将高管分为理事长和秘书长，分别测量为当理事长的家乡或者祖籍与项目所在地处于不同地区为1（Allopatry_1）和当秘书长的家乡或者祖籍与项目所在地处于不同地区为1（Allopatry_2）。控制变量的具体情况如下：基金会规模（Size），测量为基金会总资产的自然对数，现有研究（Krishnan et al.，2002；Callen et al.，2003）指出理事会的规模可能会对项目支出产生影响；捐赠收入（Donation），测量为慈善组织获得捐赠收入的自然对数，现有研究（Krishnan et al.，2002；Balsam and Harris，2014；Harris et al.，2014）发现获得捐赠越多，项目支出也越高；资产负债率（Debt），测量为理事会负债与总资产的比例，奥尔森（2003）指出理事会的负债水平能够增加项目支出水平；基金会年龄（Age），测量为理事会成立年限，颜克高（2012）指出慈善组织年龄可能会降低项目支出水平；另外，还控制了慈善组织的其他特征变量，如Board为理事会规模变量，测量为理事会人数；Meeting为理事会会议，测量为理事会会议召开次数的平均值；Offering为基金会募集方式，当属于公募时取值为1，否则为0；业务主管部门（Charge），当基金会业务主管部门为国家机关时取1，否则为0；基金会注册所在地的经济发展水平（Area），使用所在地的人均GDP作为衡量指标，注册所在地区高于当年地区人均GDP中位数时，即为经济发达水平的地区时取为1，否则为0；基金会行业（Edu），当基金会属于教育行业时为1，否则为0；年度虚拟变量（Year），由于样本期为2011～2014年，需要设置三个虚拟变量（Year_01，…，Year_03）。

在模型（5－2）和模型（5－3）中，Admin为管理费用率，测量为管理费用与总支出的比例×100。Project为与高管祖籍异地的项目特征，具体包括：Number_1为组织项目数量，测量为与高管祖籍异地项目数量总和的自然对数，为分别考察不同高管的影响效果，将高管分为理事长和秘书长，测量为与理事长祖籍异地的项目数量总和的自然对数（Number_1_1）和与秘书长祖籍异地的项目数量总和的自然对数（Number_1_2）；Expense_3为组织项目支出，测量为与高管祖籍异地项目支出总和的自然对数，为分别考察不同高管的影响效果，将高管分为理事长和秘书长，测量为与理事长祖籍异地的项目支出总和的自然对数（Expense_3_1）和与秘书长祖籍异地的项目支出总和的自然对数（Expense_3_2）；借鉴卡伦等（2003）的做法，控制如下变量：理事会规模变量（Board）、理事会会议变量（Meeting）、基金会募集方式（Offering）、业务主管单位（Charge）、基金会规模（Size）、资产负债率（Debt）、基金会年龄（Age）以及行业虚拟变量（Edu）和年份虚拟变量（Year）。

Donation为捐赠者决策变量，测量为慈善组织获得捐赠收入的自然对数，Expense_2为组织项目支出，测量同上。借鉴现有研究（Brooks，2000；Olson，2000；张立民等，2012；陈丽红等，2014；刘丽珑，2015）的做法，还控制了如下变量：理事会规模变量（Board）；理事会会议变量（Meeting）；基金会规模变量（Size）；基金会成立年龄（Age）；基金会募集方式（Offering）；业务主管部门（Charge）；lnGover为政府补助收入，测量为Ln（政府补助收入+1）；基金会注册所在地的经济发展水平（Area）以及行业虚拟变量（Edu）和年份虚拟变量（Year）。

主要变量的定义说明如表5－2所示。

表5－2　主要变量的定义说明

变量名称	代码	变量说明	控制变量
项目支出	Expense_1	某公益项目单个覆盖地支出的自然对数	
	Expense_2	某公益项目单个覆盖地支出与该公益项目支出的比例	
	Expense_3	高管祖籍与组织每年项目覆盖所在地不一致的项目支出总和的自然对数	

续表

变量名称	代码	变量说明	控制变量
项目支出	Expense_3_1	理事长祖籍与组织每年项目覆盖所在地不一致的项目支出总和的自然对数	
	Expense_3_2	秘书长祖籍与组织每年项目覆盖所在地不一致的项目支出总和的自然对数	
管理费用率	Admin	管理费用与总支出的比例 ×100	
捐赠者决策	Donation	慈善组织获得捐赠收入的自然对数	假设 1
异地性	Allopatry	高管的家乡或者祖籍与项目所在地处于不同地区为 1，否则为 0	
	Allopatry_1	理事长的家乡或者祖籍与项目所在地处于不同地区为 1，否则为 0	
	Allopatry_2	秘书长的家乡或者祖籍与项目所在地处于不同地区为 1，否则为 0	
理事会规模	Board	理事会人数	假设 1 ~ 3
理事会会议次数	Meeting	理事会会议召开次数的平均值	假设 1 ~ 3
基金会规模	Size	基金会总资产的自然对数	假设 1 ~ 3
资产负债率	Debt	理事会负债与总资产的比例	假设 1 ~ 2
基金会年龄	Age	理事会成立年限	假设 1 ~ 3
募集方式	Offering	基金会募集方式属于公募时取值为 1，否则为 0	假设 1 ~ 3
业务主管部门	Charge	当基金会业务主管部门为国家机关时取 1，否则为 0	假设 1 ~ 3
政府补助收入	lnGover	ln（政府补助收入 +1）	假设 3
经济发达地区	Area	使用所在地的人均 GDP 作为衡量指标，注册所在地区高于当年地区人均 GDP 中位数时，即为经济发达水平的地区取为 1，否则为 0	假设 1、3
行业变量	Edu	当基金会属于教育行业时为 1，否则为 0	假设 1 ~ 3
年度变量	Year	由于样本期为 2011 ~ 2014 年，需要设置三个虚拟变量（Year_01，…，Year_03）	假设 1 ~ 3

5.2.3 描述性统计结果

1. 项目所在地描述性统计

表5－3给出的是2011～2014年项目所在地年度分布情况。从整体来看，2011～2014年间项目所在地数量逐年增长，年增长率为97.291%；从地域分布来看，东部地区所占的数量最多，达到42.833%，其次是西部地区，为35.436%，最后是中部地区，为20.680%，但年增长率最高的是中部地区，达到131.283%，其次是西部地域数量年增长率为116.289%，最后的东部地区为75.080%；从各省份的数量来看，东部地区增长率最大的省份为海南省，达到242.984%，中部地区增长率最大的省份为山西省，达到169.867%，西部地区年增长率最大的省份为西藏自治区，为190.242%。从中可以看出，慈善组织项目数量处于上升趋势，并且项目地域主要分布在东部地区，而对于经济较为不发达地区的项目分布较少。

表5－3　2011～2014年项目所在地年度分布情况

项目所在地		2011年	2012年	2013年	2014年	合计（个）	占比（%）	增长率（%）
东部	北京市	666	597	891	1880	4034	6.795	41.328
	天津市	38	115	300	1046	1499	2.525	201.937
	河北省	80	115	210	977	1382	2.328	130.286
	辽宁省	143	184	243	1037	1607	2.707	93.559
	上海市	371	691	804	1605	3471	5.847	62.942
	江苏省	462	567	693	1534	3256	5.485	49.186
	浙江省	203	332	466	1231	2232	3.760	82.356
	福建省	110	208	361	1106	1785	3.007	115.834
	山东省	78	142	327	1121	1668	2.810	143.129
	广东省	441	518	794	1569	3322	5.596	52.661
	海南省	23	66	155	928	1172	1.974	242.984
	合计（个）	2615	3535	5244	14034	25428	42.833	75.080

续表

项目所在地		2011年	2012年	2013年	2014年	合计（个）	占比（%）	增长率（%）
中部	山西省	52	102	208	1022	1384	2.331	169.867
	吉林省	127	112	196	946	1381	2.326	95.297
	黑龙江省	62	105	233	981	1381	2.326	151.049
	安徽省	57	117	267	1064	1505	2.535	165.270
	江西省	50	91	223	972	1336	2.250	168.884
	河南省	76	162	254	1041	1533	2.582	139.265
	湖北省	98	153	371	1192	1814	3.056	129.976
	湖南省	156	200	417	1170	1943	3.273	95.743
	合计（个）	678	1042	2169	8388	12277	20.680	131.283
西部	内蒙古自治区	83	133	267	1032	1515	2.552	131.669
	广西壮族自治区	162	196	331	1144	1833	3.088	91.854
	重庆市	159	182	344	1176	1861	3.135	94.836
	四川省	305	437	835	1607	3184	5.363	74.009
	贵州省	101	167	320	1182	1770	2.982	127.038
	云南省	140	192	395	1278	2005	3.377	108.994
	西藏自治区	40	92	194	978	1304	2.197	190.242
	陕西省	92	193	342	1128	1755	2.956	130.590
	甘肃省	80	107	308	1085	1580	2.661	138.477
	青海省	64	117	223	1020	1424	2.399	151.656
	宁夏回族自治区	41	117	218	984	1360	2.291	188.450
	新疆维吾尔自治区	78	146	227	995	1446	2.436	133.656
	合计（个）	1345	2079	4004	13609	21037	35.436	116.289
港澳台等其他地区		92	106	134	292	624	1.051	46.960
合计		4730	6762	11551	36323	59366	100	97.291

数据来源：基金会中心网。

2. 主要变量描述性统计和差异性检验

（1）检验假设1所用样本的描述性统计和差异性检验结果。

表5-4给出的是检验假设1所用样本的描述性统计情况。从项目支出方面可以看出，项目支出的绝对值（Expense_1）均值为11.259，项目支出的相对值（Expense_2）均值为0.371，并且在不同的慈善项目中支出分布差异较大，Expense_1的标准差为2.421，最小值为2.557，最大值为21.453，Expense_2的标准差为0.442，最小值为0.019，最大值为1，并且3/4分位数以上的均为1；从项目地域特征来看，与高管祖籍异地的项目占83.3%，与理事长祖籍异地的项目占86.5%，与秘书长祖籍异地的项目占91.7%，并且25%以上的项目处于与高管祖籍不一致的范围；从理事会特征来看，理事会人数均值为16.274，理事会会议次数捐赠为1.658，并未达到《基金会管理条例》（2004）中“理事会每年至少召开2次会议”的要求；从基金会特征方面来看，规模的均值为17.935，捐赠收入的均值为16.182，资产负债率的均值为0.042，年龄的均值为11.880，有60.9%的属于公募基金会，77.2%的基金会的主管部门为国家机关，91.2%的基金会处于经济发达地区，有53.3%的基金会关注于教育行业。

表5-4　　检验假设1所用样本的描述性统计情况

变量	均值	标准差	最小值	1/4分位数	1/2分位数	3/4分位数	最大值	观测值
Expense_1	11.259	2.421	2.557	9.688	11.298	12.846	21.453	59279
Expense_2	0.371	0.442	0.019	0.032	0.032	1	1	59279
Allopatry	0.833	0.373	0	1	1	1	1	59366
Allopatry_1	0.865	0.341	0	1	1	1	1	59366
Allopatry_2	0.917	0.277	0	1	1	1	1	59366
Board	16.274	7.103	5	11	17	22	39	55183
Meeting	1.658	0.729	0	1.400	1.684	2	4.500	55183
Size	17.935	1.373	8.213	17.086	17.869	18.787	21.897	55084
Donation	16.182	4.116	0	15.820	17.112	18.048	21.990	55183
Debt	0.042	0.107	0	0	0.003	0.023	0.636	55084
Age	11.880	8.929	1.583	4.417	7.917	20.333	30.750	55183

续表

变量	均值	标准差	最小值	1/4 分位数	1/2 分位数	3/4 分位数	最大值	观测值
Offering	0. 609	0. 488	0	0	1	1	1	59366
Charge	0. 772	0. 419	0	1	1	1	1	59366
Area	0. 912	0. 284	0	1	1	1	1	59366
Edu	0. 533	0. 499	0	0	1	1	1	59366

表5－5给出的是根据高管祖籍和项目所在地是否异地的差异性检验结果。从结果中可以看出项目支出的绝对值（Expense_1）在与高管祖籍异地的项目样本中的均值为11. 044，而在高管祖籍同地的项目样本中的均值为12. 334，差异性检验的系数为－53. 906，且在1%的水平上显著，项目支出的相对值（Expense_2）在高管祖籍异地的项目样本中的均值为0. 284，而在高管祖籍同地的样本中的均值为0. 807，差异性检验的系数为－128. 149，且在1%的水平上显著，这说明与高管祖籍异地的项目对慈善项目支出有显著负向影响。

表5－5　根据高管祖籍和项目所在地是否异地的差异性检验结果

变量	高管祖籍和项目异地		高管祖籍和项目同地		T值
	观测值	均值	观测值	均值	
Expense_1	49379	11. 044	9900	12. 334	－53. 906***
Expense_2	49379	0. 284	9900	0. 807	－128. 149***
Board	46194	16. 325	8989	16. 013	3. 795***
Meeting	46194	1. 675	8989	1. 573	10. 630***
Size	46140	17. 995	8944	17. 622	25. 753***
Donation	46194	16. 244	8989	15. 865	8. 852***
Debt	46140	0. 043	8944	0. 036	5. 902***
Age	46194	12. 093	8989	10. 786	13. 678***
Offering	49451	0. 613	9915	0. 586	5. 016***
Charge	49451	0. 774	9915	0. 765	1. 864*
Area	49451	0. 932	9915	0. 811	29. 540***
Edu	49451	0. 500	9915	0. 696	－38. 121***

注：***、**、*分别表示在1%、5%、10%的水平上显著相关。

表5－6给出的是根据理事长祖籍和项目是否异地的差异性检验结果。从结果中可以看出项目支出的绝对值（Expense_1）在与理事长祖籍异地的项目样本中的均值为11.081，而在理事长祖籍同地项目样本中的均值为12.402，差异性检验的系数为－51.147，且在1%的水平上显著，项目支出的相对值（Expense_2）在理事长祖籍异地项目样本中的均值为0.303，而在理事长祖籍同地项目样本中的均值为0.807，差异性检验的系数为－113.262，且在1%的水平上显著，这说明与理事长祖籍异地的项目对慈善项目支出有显著负向影响。

表5－6　　根据理事长祖籍和项目所在地是否异地的差异性检验结果

变量	理事长祖籍和项目异地		理事长祖籍和项目同地		T值
	观测值	均值	观测值	均值	
Expense_1	51298	11.081	7981	12.402	－51.147***
Expense_2	51298	0.303	7981	0.807	－113.262***
Board	47890	16.334	7293	15.878	5.060***
Meeting	47890	1.669	7293	1.589	7.590***
Size	47833	17.979	7251	17.643	21.863***
Donation	47890	16.249	7293	15.744	10.381***
Debt	47833	0.042	7251	0.041	0.924
Age	47890	12.047	7293	10.783	12.053***
Offering	51373	0.607	7993	0.621	－2.431**
Charge	51373	0.775	7993	0.757	3.544***
Area	51373	0.928	7993	0.807	26.489***
Edu	51373	0.511	7993	0.677	－29.282***

注：***、**分别表示在1%、5%的水平上显著相关。

表5－7给出的是根据秘书长祖籍和项目所在地是否异地的差异性检验结果。从结果中可以看出项目支出的绝对值（Expense_1）在秘书长祖籍异地项目样本中的均值为11.165，而在秘书长祖籍同地项目样本中的均值为12.288，差异性检验的系数为－35.789，且在1%的水平上显著，项目支出的相对值（Expense_2）在秘书长祖籍异地项目样本中的均值为0.326，而在秘书长祖籍同地项目样本中的均值为0.865，差异性检验的系

数为 -112.421，且在1%的水平上显著，这说明与秘书长祖籍异地的项目对慈善项目支出有显著负向影响。

表 5-7　根据秘书长祖籍和项目所在地是否异地的差异性检验结果

变量	秘书长祖籍和项目异地		秘书长祖籍和项目同地		T 值
	观测值	均值	观测值	均值	
Expense_1	54330	11.165	4949	12.288	-35.789***
Expense_2	54330	0.326	4949	0.865	-112.421***
Board	50740	16.359	4443	15.307	9.608***
Meeting	50740	1.670	4443	1.518	11.814***
Size	50665	17.969	4419	17.543	22.639***
Donation	50740	16.216	4443	15.794	7.288***
Debt	50665	0.043	4419	0.033	6.495***
Age	50740	12.037	4443	10.094	15.974***
Offering	54409	0.619	4957	0.495	16.781***
Charge	54409	0.772	4957	0.781	-1.580
Area	54409	0.919	4957	0.832	16.062***
Edu	54409	0.512	4957	0.762	-38.927***

注：*** 表示在1%的水平上显著相关。

（2）检验假设2和假设3所用样本的描述性统计。

表5-8给出的是检验假设2所用样本的描述性统计情况，从中可以看出：管理费用率的变异程度较大，标准差为13.401，最小值为0，最大值为100；从慈善组织项目特征来看，与高管祖籍异地的项目数量均值为1.280，与理事长祖籍异地的项目数量均值为1.376，与秘书长祖籍异地的项目数量均值为1.570，与高管祖籍异地的项目支出均值为3.665，与理事长祖籍异地项目支出均值为3.973，与秘书长祖籍异地项目支出均值为4.668。控制变量情况如表5-8所示。

表 5－8　　检验假设 2 所用样本的描述性统计情况

变量	均值	标准差	最小值	1/4 分位数	1/2 分位数	3/4 分位数	最大值	观测值
Admin	5. 929	13. 401	0	0. 608	2. 641	6. 277	100	3135
Number_1	1. 280	1. 449	0	0	0. 693	2. 079	6. 743	3246
Number_1_1	1. 376	1. 444	0	0	1. 099	2. 197	6. 773	3246
Number_1_2	1. 570	1. 388	0	0	1. 609	2. 303	6. 782	3246
Expense_3	3. 665	3. 451	0	0	4. 281	6. 821	12. 250	3246
Expense_3_1	3. 973	3. 432	0	0	5. 120	6. 921	12. 367	3246
Expense_3_2	4. 668	3. 263	0	0	5. 825	7. 171	12. 250	3246
Board	14. 441	7. 067	3	8	14	21	36	3122
Meeting	1. 707	0. 900	0	1	1. 720	2	6	3064
Size	17. 420	1. 355	8. 213	16. 66	17. 420	18. 270	22. 205	3218
Debt	0. 038	0. 107	0	0	0. 001	0. 017	0. 684	3217
Age	8. 933	7. 970	0. 083	2. 917	5. 833	15. 833	28. 750	3246
Offering	0. 514	0. 500	0	0	1	1	1	3246
Charge	0. 806	0. 395	0	1	1	1	1	3233
Edu	0. 590	0. 492	0	0	1	1	1	3246

表 5－9 给出的是检验假设 3 所用样本的描述性统计情况，从中可以看出：捐赠收入的变异程度较大，标准差为 4. 666，最小值为 0，最大值为 21. 990；从慈善组织项目特征来看，与高管祖籍异地的项目数量均值为 1. 072，与理事长祖籍异地的项目数量均值为 1. 161，与秘书长祖籍异地的项目数量均值为 1. 352，与高管祖籍异地的项目支出均值为 3. 369，与理事长祖籍异地的项目支出均值为 3. 653，与秘书长祖籍异地的项目支出均值为 4. 302。控制变量情况如表 5－9 所示。

表 5－9　　检验假设 3 所用样本的描述性统计情况

变量	均值	标准差	最小值	1/4 分位数	1/2 分位数	3/4 分位数	最大值	观测值
Donation	14. 952	4. 703	0. 000	15. 124	16. 293	17. 148	21. 990	3246
Number_1	1. 072	1. 209	0	0	0. 693	1. 792	6. 423	2941
Number_1_1	1. 161	1. 216	0	0	1. 099	1. 946	6. 455	2941

续表

变量	均值	标准差	最小值	1/4 分位数	1/2 分位数	3/4 分位数	最大值	观测值
Number_1_2	1.352	1.189	0	0	1.386	2.079	6.455	2941
Expense_3	3.369	3.371	0	0	3.434	6.502	12.250	2941
Expense_3_1	3.653	3.374	0	0	4.283	6.655	12.250	2941
Expense_3_2	4.302	3.272	0	0	5.303	6.939	12.250	2941
Board	14.860	7.331	3	8	14	21	36	2816
Meeting	1.680	0.930	0	1	1.714	2	6	2720
Size	17.347	1.352	8.213	16.555	17.361	18.197	21.897	2908
Age	8.739	7.923	0.083	2.583	5.417	16.333	28.750	2941
lnGover	2.716	5.593	0	0	0	0	20.593	2941
Area	0.826	0.379	0	1	1	1	1	3246

注：表5－9的自变量以及控制变量为滞后一期。

（3）相关性检验。

表5－10给出的是检验假设1所用样本的项目支出主要变量的相关性检验结果。从结果中可以看出，无论是Pearson检验还是Spearman检验，当与高管（包括理事长和秘书长）祖籍异地的项目与项目支出（绝对值或者相对值）存在显著的负相关关系，这说明与高管祖籍异地的项目支出越低。虽然理事会规模和基金会年龄、基金会规模和捐赠收入、公募基金会和基金会年龄的相关性系数高于0.5，但在检验中发现并未影响回归结果。其他变量之间的系数均未超过0.5，说明所选变量之间并未存在严重的多重共线性。

表5－11给出的是检验假设2所用样本的项目支出主要变量的相关性检验结果。从结果中可以看出，无论是Pearson检验还是Spearman检验，与高管（包括理事长和秘书长）祖籍异地的项目数量和项目支出（绝对值或者相对值）同管理费用率均出现显著的负相关关系，这说明与高管祖籍异地的项目数量和支出越多，管理费用率越低。虽然自变量之间的相关性系数高于0.5，但在随后的实证检验中采用分开检验的方法，另外其他变量之间的系数也均未超过0.5，说明所选变量之间并未存在严重的多重共线性。

表5－12给出的是检验假设3所用样本的项目支出主要变量的相关性检验结果。从结果中可以看出，无论是Pearson检验还是Spearman检验，

表 5－10　　项目支出主要变量的相关性检验

变量	1	2	3	4	5	6	7	8	9	10	11	12	13	14	15
1. Expense_1	1.00	0.50**	−0.20**	−0.19**	−0.13**	0.12**	0.03**	0.18**	0.18**	−0.02**	0.10**	0.06**	−0.08**	−0.12**	0.07**
2. Expense_2	0.43**	1.00	−0.42**	−0.38**	−0.32**	−0.07**	−0.0[illegible]**	−0.17**	−0.19**	−0.11**	−0.13**	−0.14**	0.07**	−0.27**	0.20**
3. Allopatry	−0.20**	−0.44**	1.00	0.88**	0.67**	0.02**	0.03**	0.12**	0.13**	0.11**	0.04**	0.02**	0.01	0.16**	−0.15**
4. Allopatry_1	−0.19**	−0.39**	0.88**	1.00	0.42**	0.02**	0.02**	0.09**	0.12**	0.09**	0.04**	−0.01*	0.02**	0.15**	−0.11**
5. Allopatry_2	−0.13**	−0.34**	0.67**	0.42**	1.00	0.04**	0.03**	0.10**	0.10**	0.09**	0.04**	0.07**	−0.01	0.09**	−0.14**
6. Board	0.14**	−0.05**	0.02**	0.02**	0.04**	1.00	−0.1[illegible]**	0.34**	0.37**	0.15**	0.51**	0.44**	−0.22**	0.10**	0.04**
7. Meeting	0.03**	−0.01**	0.05**	0.04**	0.06**	−0.09**	1.0[illegible]	0.04**	0.04**	0.08**	−0.01**	−0.12**	−0.05**	−0.06**	−0.06**
8. Size	0.23**	−0.16**	0.10**	0.08**	0.08**	0.33**	0.02*	1.00	0.59**	0.04**	0.40**	0.19**	−0.16**	0.17**	0.09**
9. Donation	0.18**	−0.07**	0.03**	0.04**	0.03**	0.29**	0.03*	0.25**	1.00	0.08**	0.31**	0.30**	−0.17**	0.14**	0.12**
10. Debt	0.07**	−0.01	0.02**	0.00	0.03**	0.01**	0.01*	0.05**	−0.04**	1.00	0.25**	0.17**	−0.02**	0.02**	−0.10**
11. Age	0.11**	−0.15**	0.05**	0.05**	0.06**	0.43**	−0.0[illegible]**	0.39**	0.23**	0.14**	1.00	0.56**	−0.29**	0.04**	0.06**
12. Offering	0.06**	−0.16**	0.02**	−0.01*	0.07**	0.41**	−0.1[illegible]**	0.21**	0.27**	0.05**	0.55**	1.00	−0.29**	−0.06**	−0.05**
13. Charge	−0.08**	0.07**	0.01	0.01**	−0.01	−0.20**	−0.0[illegible]**	−0.15**	−0.12**	0.04**	−0.31**	−0.29**	1.00	0.04**	0.00
14. Area	−0.11**	−0.26**	0.16**	0.15**	0.09**	0.10**	−0.0[illegible]**	0.16**	0.01**	0.01**	0.04**	−0.06**	0.04**	1.00	−0.09**
15. Edu	0.08**	0.20**	−0.15**	−0.11**	−0.14**	0.04**	−0.0[illegible]**	0.08**	0.12**	−0.09**	0.01	−0.05**	0.00	−0.09**	1.00

注：左下方为 Pearson 检验，右上方为 Spearman 检验，** 和 * 分别表示在 [illegible]% 与 5% 水平（双侧）上显著相关。

表 5-11　　管理费用率主要变量的相关性检验

变量	1	2	3	4	5	6	7	8	9	10	11	12	13	14	15
1. Admin	1.00	-0.09**	-0.07**	-0.08**	0.00	-0.04*	-0.09**	0.06**	-0.13**	-0.01	0.20**	0.16**	0.21**	-0.12**	-0.21**
2. Number_1	-0.08**	1.00	0.93**	0.83**	0.90**	0.81**	0.65**	0.02	0.08**	0.10**	0.16**	0.12**	0.03	-0.05**	-0.04*
3. Number_1_1	-0.09**	0.95**	1.00	0.75**	0.82**	0.87**	0.55**	0.03	0.08**	0.12**	0.16**	0.13**	0.01	-0.04*	-0.01
4. Number_1_2	-0.11**	0.89**	0.82**	1.00	0.70**	0.60**	0.79**	0.07**	0.08**	0.13**	0.17**	0.16**	0.07**	-0.08**	-0.02
5. Expense_3	-0.12**	0.83**	0.77**	0.68**	1.00	0.92**	0.77**	0.03	0.09**	0.17**	0.16**	0.13**	0.06**	-0.07**	-0.03
6. Expense_3_1	-0.14**	0.76**	0.81**	0.59**	0.92**	1.00	0.63**	0.04*	0.09**	0.20**	0.15**	0.15**	0.04*	-0.05**	0.01
7. Expense_3_2	-0.18**	0.63**	0.55**	0.78**	0.76**	0.65**	1.00	0.09**	0.09**	0.23**	0.15**	0.18**	0.09**	-0.09**	0.01
8. Board	-0.02	0.04*	0.05**	0.08**	0.02	0.03	0.08**	1.00	-0.21**	0.22**	0.08**	0.29**	0.28**	-0.11**	-0.03
9. Meeting	-0.08**	0.08**	0.07**	0.07**	0.09**	0.09**	0.08**	-0.19**	1.00	0.01	-0.01	-0.08**	-0.16**	0.09**	0.08**
10. Size	-0.05*	0.14**	0.15**	0.16**	0.16**	0.18**	0.19**	0.26**	0.00	1.00	0.09**	0.31**	0.05**	0.06**	0.07**
11. Debt	0.03	0.03*	0.03	0.04*	0.04*	0.04*	0.04*	-0.01	-0.02	-0.05**	1.00	0.24**	0.14**	-0.10**	-0.03
12. Age	-0.01	0.11**	0.12**	0.14**	0.12**	0.13**	0.14**	0.27**	-0.12**	0.26**	0.05**	1.00	0.45**	-0.21**	0.06**
13. Offering	0.04*	0.03	0.02	0.07**	0.05**	0.04*	0.09**	0.27**	-0.16**	0.08**	0.05**	0.49**	1.00	-0.28**	-0.23**
14. Charge	0.01	-0.04*	-0.03	-0.07**	-0.07**	-0.05**	-0.09**	-0.10**	0.10**	0.03	-0.07**	-0.25**	-0.28**	1.00	0.14**
15. Edu	-0.11**	-0.05**	-0.03	-0.03	-0.04*	0.00	-0.01	-0.03	0.05**	0.08**	-0.05**	-0.01	-0.23**	0.14**	1.00

注：左下方为 Pearson 检验，右上方为 Spearman 检验，** 和 * 分别表示在 1% 和 5% 水平（双侧）上显著相关。

表 5－12　　捐赠者决策主要变量的相关性检验

变量	1	2	3	4	5	6	7	8	9	10	11	12	13	14	15	16
1. Donation	1.00	0.20**	0.21**	0.19**	0.29**	0.32**	0.33**	0.14**	0.07**	0.24**	0.03	-0.01	-0.02	0.04*	0.02	0.12**
2. Number_1	0.16**	1.00	0.93**	0.81**	0.91**	0.83**	0.67**	0.00	0.07**	0.10**	0.10**	0.03	-0.04	0.02	0.02	-0.02
3. Number_1_1	0.17**	0.94**	1.00	0.73**	0.84**	0.89**	0.58**	0.01	0.07**	0.12**	0.11**	0.00	-0.02	0.01	0.03	0.01
4. Number_1_2	0.18**	0.85**	0.77**	1.00	0.70**	0.60**	0.82**	0.05**	0.08**	0.13**	0.14**	0.07**	-0.07**	0.05*	-0.02	0.00
5. Expense_3	0.18**	0.86**	0.80**	0.69**	1.00	0.92**	0.78**	0.01	0.09**	0.17**	0.11**	0.06**	-0.05**	0.04*	0.03	-0.01
6. Expense_3_1	0.20**	0.79**	0.85**	0.60**	0.92**	1.00	0.69**	0.02	0.09**	0.20**	0.13**	0.04*	-0.04*	0.05**	0.05*	0.02
7. Expense_3_2	0.20**	0.66**	0.57**	0.82**	0.78**	0.67**	1.00	0.07**	0.10**	0.22**	0.14**	0.09**	-0.07**	0.08**	0.00	0.01
8. Board	0.09**	0.02	0.03	0.06**	0.01	0.02	0.05**	1.00	-0.21**	0.22**	0.29**	0.28**	-0.12**	0.18**	-0.01	-0.06**
9. Meeting	0.07**	0.08**	0.07**	0.09**	0.10**	0.09**	0.10**	-0.18**	1.00	0.01	-0.09**	-0.15**	0.09**	-0.03	-0.03	0.09**
10. Size	0.02	0.14**	0.15**	0.16**	0.17**	0.20**	0.21**	0.26**	0.00	1.00	0.31**	0.05**	0.04*	0.08**	0.15**	0.07**
11. Age	0.00	0.09**	0.10**	0.11**	0.10**	0.11**	0.11**	0.27**	-0.12**	0.26**	1.00	0.45**	-0.22**	0.18**	-0.01	0.02
12. Offering	0.02	0.03	0.01	0.07**	0.06**	0.03	0.09**	0.27**	-0.16**	0.07**	0.49**	1.00	-0.28**	0.34**	-0.19**	-0.23**
13. Charge	0.01	-0.03	-0.02	-0.06**	-0.06**	-0.04*	-0.07**	-0.11**	0.10**	0.01	-0.26**	-0.28**	1.00	-0.07**	0.10**	0.14**
14. lnGover	0.05*	0.02	0.02	0.05**	0.05*	0.05**	0.08**	0.18**	-0.04*	0.10**	0.19**	0.34**	-0.06**	1.00	-0.07**	-0.18**
15. Area	-0.01	0.03	0.03	-0.01	0.03	0.04*	-0.01	-0.01	-0.03	0.13**	-0.02	-0.19**	0.10**	-0.06**	1.00	-0.01
16. Edu	0.11**	-0.02	0.00	0.00	-0.02	0.01	0.00	-0.06**	0.06**	0.08**	-0.03	-0.23**	0.14**	-0.18**	-0.01	1.00

注：左下方为 Pearson 检验，右上方为 Spearman 检验，** 和 * 分别表示在 1% 和 5% 水平（双侧）上显著相关。

当与高管（包括理事长和秘书长）祖籍异地的项目数量和项目支出（绝对值或者相对值）同捐赠收入均出现显著的正相关关系，这说明与高管祖籍异地的项目数量和支出越多，捐赠收入越多。虽然自变量之间的相关性系数高于0.5，但在随后的实证检验中采用分开检验的方法，另外其他变量之间的系数也均未超过0.5，说明所选变量之间并未存在严重的多重共线性。

5.3　实证结果与分析

5.3.1　高管特征和慈善组织公益项目

表5－13给出的是与高管祖籍异地的项目特征和公益项目支出的回归结果。基准1和基准2是未加入考察变量的回归结果，从结果中可以看出，理事会规模（Board）的回归系数显著为正，这意味着理事会人数越多，公益项目支出越多；理事会会议次数（Meeting）的回归系数显著为正，这意味着理事会会议次数越多，公益项目支出越多；基金会规模（Size）的回归系数显著为正，这说明在较大的基金会中，公益项目的绝对支出越多，这与现有研究（Krishnan et al.，2002；Callen et al.，2003）的结论相类似；捐赠收入（Donation）的回归系数为0.070，且在1%的水平上显著，这说明获得的外部捐赠越多，实施的公益项目支出越多，这与现有研究（Krishnan et al.，2002；Balsam and Harris，2014；Harris et al.，2014）的结论相一致；资产负债率（Debt）的回归系数显著为正，这表示在较高资产负债率的基金会中，项目支出较大；基金会年龄（Age）的回归系数显著为正，这表示在成立时间较长的基金会中，公益项目支出较高，这与颜克高（2012）的结论相反，这可能是由于样本选择导致的差异，颜克高（2012）仅选用2007～2008年71家基金会的样本，本书选用2011～2014年跨度较大，样本量较多；另外还发现，在公募基金会（Offering）中公益项目支出较低，国家机关管制（Charge）的基金会中公益项目支出较低，而处于经济发达地区（Area）的基金会公益项目支出也较低。

表 5-13 与高管祖籍异地的项目特征和公益项目支出的回归结果

变量	公益项目支出（Expense_1）				公益项目支出（Expense_2）			
	基准 1	模型 1_1	模型 1_2	模型 1_3	基准 2	模型 2_1	模型 2_2	模型 2_3
Allopatry		-0.979*** (-36.775)				-0.374*** (-80.835)		
Allopatry_1			-1.009*** (-35.585)				-0.365*** (-73.969)	
Allopatry_2				-0.869*** (-25.048)				-0.375*** (-65.139)
Board	0.018*** (11.366)	0.016*** (10.564)	0.017*** (11.177)	0.018*** (11.388)	0.005*** (15.858)	0.004*** (14.463)	0.004*** (15.760)	0.005*** (15.981)
Meeting	0.114*** (8.934)	0.134*** (10.553)	0.126*** (9.867)	0.132*** (10.300)	-0.001 (-0.488)	0.006*** (2.744)	0.003 (1.248)	0.006*** (2.604)
Size	0.406*** (50.668)	0.422*** (52.945)	0.416*** (52.189)	0.416*** (51.909)	-0.021*** (-15.831)	-0.015*** (-11.649)	-0.017*** (-13.529)	-0.017*** (-12.933)
Donation	0.077*** (28.904)	0.079*** (30.389)	0.080*** (30.678)	0.077*** (29.319)	-0.003*** (-7.449)	-0.002*** (-5.920)	-0.002*** (-5.124)	-0.003*** (-7.353)
Debt	1.131*** (14.505)	1.186*** (15.389)	1.125*** (14.504)	1.162*** (15.044)	0.000 (0.021)	0.022 (1.587)	-0.002 (-0.129)	0.014 (0.952)

续表

变量	公益项目支出（Expense_1）				公益项目支出（Expense_2）			
	基准1	模型1_1	模型1_2	模型1_3	基准2	模型2_1	模型2_2	模型2_3
Age	0.006 *** (4.369)	0.006 *** (4.567)	0.007 *** (5.171)	0.006 *** (4.097)	−0.000 (−1.114)	−0.000 (−0.841)	0.000 (0.507)	−0.000 * (−1.945)
Offering	−0.357 *** (−14.231)	−0.332 *** (−13.446)	−0.368 *** (−14.888)	−0.316 *** (−12.621)	−0.152 *** (−34.541)	−0.142 *** (−34.343)	−0.155 *** (−37.329)	−0.134 *** (−31.299)
Charge	−0.322 *** (−13.555)	−0.290 *** (−12.291)	−0.291 *** (−12.344)	−0.306 *** (−12.897)	0.014 *** (3.645)	0.026 *** (7.076)	0.025 *** (6.801)	0.021 *** (5.537)
Area	−0.880 *** (−24.935)	−0.715 *** (−20.235)	−0.743 *** (−21.157)	−0.823 *** (−23.330)	−0.316 *** (−48.460)	−0.253 *** (−38.872)	−0.267 *** (−41.257)	−0.292 *** (−44.239)
Edu	−0.001 (−0.041)	−0.081 *** (−4.234)	−0.059 *** (−3.073)	−0.056 *** (−2.936)	0.112 *** (34.772)	0.082 *** (26.958)	0.091 *** (29.904)	0.088 *** (28.099)
Year	Yes	Yes	Yes	Yes	Yes	Yes	Yes	Yes
C	4.583 *** (32.567)	4.810 *** (34.510)	5.000 *** (35.833)	5.077 *** (36.057)	1.306 *** (55.912)	1.392 *** (62.607)	1.456 *** (64.572)	1.518 *** (66.541)
R^2	0.201	0.221	0.219	0.210	0.300	0.390	0.374	0.351
adj. R^2	0.201	0.220	0.219	0.209	0.300	0.390	0.374	0.351
F	995.396	1034.132	1019.752	967.146	2029.670	3094.983	2738.735	2568.141
N	54998	54998	54998	54998	54998	54998	54998	54998

注：括号内为t值，***、**、*分别表示在1%、5%、10%的水平上显著相关。

模型 1_1 ~ 模型 1_3 和模型 2_1 ~ 模型 2_3 给出的是在基准 1 和基准 2 的基础上加入待考察变量后的回归结果，从慈善组织项目绝对支出的回归结果中可以看出：与高管祖籍异地的项目系数为 -0.979，且在 1% 的水平上显著，这说明与高管祖籍同地的项目相比，与高管祖籍异地的项目支出较低；将高管分为理事长和秘书长之后，研究指出与理事长祖籍异地的项目系数为 -1.009，且在 1% 的水平上显著，这表示与理事长祖籍同地的项目相比，与理事长祖籍异地的项目支出较低；与秘书长祖籍异地的项目系数为 -0.869，且在 1% 的水平上显著，这意味着与秘书长祖籍同地的项目相比，与秘书长祖籍异地的项目支出较低。从慈善组织项目相对支出的回归结果中可以看出：与高管祖籍异地的项目系数为 -0.374，且在 1% 的水平上显著，这说明与高管祖籍同地的项目相比，与高管祖籍异地的项目支出较低；将高管分为理事长和秘书长之后，研究指出与理事长祖籍异地的项目系数为 -0.365，且在 1% 的水平上显著，这表示与理事长祖籍同地的项目相比，与理事长祖籍异地的项目支出较低；与秘书长祖籍异地的项目系数为 -0.375，且在 1% 的水平上显著，这意味着与秘书长祖籍同地的项目相比，与秘书长祖籍异地的项目支出较低。上述结果指出与高管（理事长或秘书长）祖籍异地的项目和项目支出显著负相关，即无论是慈善组织项目的绝对支出还是相对支出，与高管（理事长或秘书长）祖籍同地的项目相比，与高管（理事长或秘书长）祖籍同地的项目支出较低，说明实现高管“报效桑梓”的可能性越低，公益项目支出越少，从而验证假设 1。

另外，通过对比理事长还是秘书长的影响程度，结果指出与理事长祖籍异地的项目系数为 -1.009，与秘书长祖籍异地的项目系数为 -0.869，可以看出前者系数的绝对值要高于后者的，这说明在对项目决策的影响程度上，理事长的影响程度要高于秘书长，这也与《基金会管理条例》（2004）规定理事会为基金会的决策机构相一致。

5.3.2 慈善组织公益项目和代理成本

表 5 -14 给出的是与高管祖籍异地的项目特征和管理费用率的回归结果。基准 3 是未加入考察变量的回归结果，从结果中可以看出，理事会会议次数的回归系数为 -1.149，且在 1% 的水平上显著，这表示理事会会议次数越多，管理费用率越低，这意味着理事会会议能够有效降低管理费用；主管部门为国家机关的回归系数为 1.122，且在 5% 的水平上显著，

表示受国家机关控制的基金会具有较高的管理费用率；教育行业的回归系数为 -2.698，且在1%的水平上显著，这表示教育行业具有较低的管理费用率。

表5-14　与高管祖籍异地的项目特征和管理费用率的回归结果

变量	管理费用率（Admin）						
	基准3	模型3_1	模型3_2	模型3_3	模型3_4	模型3_5	模型3_6
Number_1		-0.540*** (-4.048)					
Number_1_1			-0.639*** (-4.540)				
Number_1_2				-0.851*** (-4.943)			
Expense_3					-0.397*** (-6.023)		
Expense_3_1						-0.452*** (-6.401)	
Expense_3_2							-0.703*** (-7.409)
Board	-0.049 (-1.292)	-0.047 (-1.223)	-0.045 (-1.186)	-0.041 (-1.079)	-0.051 (-1.353)	-0.051 (-1.341)	-0.040 (-1.055)
Meeting	-1.149*** (-3.530)	-1.076*** (-3.313)	-1.074*** (-3.319)	-1.034*** (-3.205)	-0.999*** (-3.111)	-0.998*** (-3.117)	-0.910*** (-2.889)
Size	-0.189 (-0.859)	-0.129 (-0.585)	-0.116 (-0.523)	-0.096 (-0.437)	-0.058 (-0.265)	-0.022 (-0.099)	0.051 (0.233)
Debt	2.606 (1.081)	2.850 (1.186)	2.847 (1.186)	2.934 (1.225)	3.008 (1.258)	3.021 (1.266)	3.081 (1.303)
Age	-0.027 (-0.703)	-0.019 (-0.510)	-0.017 (-0.450)	-0.016 (-0.428)	-0.016 (-0.431)	-0.012 (-0.323)	-0.014 (-0.378)
Offering	0.838 (1.380)	0.774 (1.274)	0.726 (1.194)	0.818 (1.352)	0.805 (1.333)	0.739 (1.224)	0.912 (1.524)
Charge	1.122** (2.023)	1.047* (1.895)	1.051* (1.905)	0.945* (1.710)	0.882 (1.604)	0.914* (1.669)	0.616 (1.126)

续表

变量	管理费用率（Admin）						
	基准 3	模型 3_1	模型 3_2	模型 3_3	模型 3_4	模型 3_5	模型 3_6
Edu	-2.698*** (-5.177)	-2.801*** (-5.345)	-2.775*** (-5.316)	-2.776*** (-5.323)	-2.819*** (-5.410)	-2.724*** (-5.266)	-2.724*** (-5.309)
Year	Yes	Yes	Yes	Yes	Yes	Yes	Yes
C	13.543*** (3.595)	12.965*** (3.442)	12.848*** (3.412)	12.836*** (3.421)	12.528*** (3.350)	12.114*** (3.243)	12.124*** (3.279)
R^2	0.028	0.032	0.033	0.036	0.039	0.042	0.056
adj. R^2	0.025	0.028	0.029	0.032	0.035	0.038	0.052
F	5.949	6.776	7.219	7.321	8.001	8.583	9.627
N	2956	2956	2956	2956	2956	2956	2956

注：括号内为 t 值，***、**、*分别表示在 1%、5%、10%的水平上显著相关。

模型 3_1 ~ 模型 3_6 是在基准 3 的基础上加入考察变量的回归结果，从中可以看出与高管祖籍异地项目数量的回归系数为 -0.540，且在 1%的水平上显著，说明与高管祖籍异地的项目数量越多，基金会的管理费用率越低；将高管分为理事长和秘书长之后发现，与理事长祖籍异地的项目数量的回归系数为 -0.639，且在 1%的水平上显著，说明与理事长祖籍异地的项目数量越多，基金会的管理费用率越低；与秘书长祖籍异地的项目数量的回归系数为 -0.851，且在 1%的水平上显著，说明与秘书长祖籍异地的项目数量越多，基金会的管理费用率越低。与高管异地的项目支出的回归系数为 -0.397，且在 1%的水平上显著，说明与高管祖籍异地的项目支出越多，基金会的管理费用率越低；将高管分为理事长和秘书长之后发现，与理事长祖籍异地的项目支出的回归系数为 -0.452，且在 1%的水平上显著，说明与理事长祖籍异地的项目支出越多，基金会的管理费用率越低；与秘书长祖籍异地的项目支出的回归系数为 -0.703，且在 1%的水平上显著，说明与秘书长祖籍异地的项目支出越多，基金会的管理费用率越低。上述结果说明，与高管祖籍异地的项目（无论是项目数量还是项目支出）均显著负相关于管理费用率，表示与高管异地的项目能够有效降低高管的管理费用率，即实现高管“报效桑梓”的可能性越低，管理费用率越低，验证假设 2。

通过与理事长异地的项目系数和与秘书长祖籍异地的项目数量和支出系数的对比发现，与秘书长异地的项目数量和支出系数均高于与理事长异地的项目数量和支出的回归系数，这说明，与理事长异地的项目数量和支出对管理费用率的影响程度相比，与秘书长异地的项目数量和支出对管理费用率的影响程度更强。这可能是因为因代理关系的缘故，理事会将决策管理权下放给管理层（主要是秘书长），因此秘书长在管理费用上具有比理事长更高的决策管理权，从而具有更高的影响程度。

5.3.3　慈善组织公益项目和捐赠者决策

表 5－15 给出的是与高管祖籍异地的项目特征和捐赠者决策的回归结果。基准 4 给出的是未加入考察变量的回归结果，从中可以看出理事会规模变量的回归系数为正，且在 1% 的水平上显著，表示理事会规模越大，更可能获得捐赠者较多的捐赠，这与现有研究（刘丽珑，2015）的结论相一致；理事会会议次数变量的回归系数为正，且在 1% 的水平上显著，意味着理事会会议召开次数越多，更可能获得捐赠者较多的捐赠，这与奥尔森（2000）的研究结论相类似；募集方式变量的回归系数为正，且在 5% 的水平上显著，说明公募基金会更容易获得较多的捐赠，这与现有文献（张立民等，2012；陈丽红等，2014）的研究相一致；政府补助收入变量的回归系数为正，且在 5% 的水平上显著，说明政府补助收入越多，越可能增加补助收入，这表示政府补助产生了吸引效应（Brooks，2000）；基金会行业变量的回归系数为正，且在 1% 的水平上显著，表示关注于教育领域的基金会更容易获得较多的捐赠，这与陈丽红等（2014）的研究相一致。

表 5－15　与高管祖籍异地的项目特征和捐赠者决策的回归结果

变量	捐赠者决策（Donation）						
	基准 4	模型 4_1	模型 4_2	模型 4_3	模型 4_4	模型 4_5	模型 4_6
Number_1		0.646*** (10.046)					
Number_1_1			0.670*** (10.257)				

续表

变量	捐赠者决策（Donation）						
	基准 4	模型 4_1	模型 4_2	模型 4_3	模型 4_4	模型 4_5	模型 4_6
Number_1_2				0. 716*** (10. 381)			
Expense_3					0. 265*** (10. 356)		
Expense_3_1						0. 282*** (10. 742)	
Expense_3_2							0. 295*** (10. 200)
Board	0. 059*** (4. 422)	0. 059*** (4. 463)	0. 058*** (4. 407)	0. 056*** (4. 199)	0. 063*** (4. 791)	0. 063*** (4. 792)	0. 058*** (4. 414)
Meeting	0. 449*** (4. 578)	0. 376*** (3. 873)	0. 383*** (3. 957)	0. 360*** (3. 712)	0. 351*** (3. 639)	0. 356*** (3. 708)	0. 333*** (3. 456)
Size	−0. 070 (−0. 960)	−0. 131* (−1. 772)	−0. 136* (−1. 845)	−0. 141* (−1. 900)	−0. 170** (−2. 288)	−0. 188** (−2. 522)	−0. 191** (−2. 547)
Age	−0. 022 (−1. 608)	−0. 028** (−2. 102)	−0. 030** (−2. 215)	−0. 027** (−1. 975)	−0. 027** (−2. 036)	−0. 029** (−2. 219)	−0. 024* (−1. 797)
Offering	0. 520** (2. 053)	0. 543** (2. 183)	0. 590** (2. 374)	0. 481* (1. 934)	0. 488* (1. 960)	0. 545** (2. 204)	0. 443* (1. 776)
Charge	−0. 051 (−0. 204)	0. 015 (0. 063)	0. 004 (0. 017)	0. 073 (0. 300)	0. 092 (0. 382)	0. 073 (0. 305)	0. 134 (0. 553)
lnGover	0. 042** (2. 563)	0. 044*** (2. 700)	0. 043*** (2. 663)	0. 042*** (2. 632)	0. 041** (2. 534)	0. 039** (2. 379)	0. 038** (2. 381)
Area	0. 075 (0. 329)	0. 012 (0. 054)	0. 018 (0. 080)	0. 070 (0. 310)	−0. 007 (−0. 029)	−0. 030 (−0. 133)	0. 092 (0. 410)
Edu	1. 383*** (6. 663)	1. 429*** (7. 005)	1. 392*** (6. 821)	1. 366*** (6. 712)	1. 418*** (6. 990)	1. 362*** (6. 708)	1. 358*** (6. 689)
Year	Yes	Yes	Yes	Yes	Yes	Yes	Yes
C	13. 829*** (12. 245)	14. 413*** (12. 738)	14. 446*** (12. 786)	14. 383*** (12. 730)	14. 836*** (13. 105)	15. 078*** (13. 337)	14. 891*** (13. 176)
R^2	0. 037	0. 066	0. 068	0. 070	0. 074	0. 078	0. 077

续表

变量	捐赠者决策（Donation）						
	基准 4	模型 4_1	模型 4_2	模型 4_3	模型 4_4	模型 4_5	模型 4_6
adj. R^2	0.033	0.061	0.064	0.065	0.069	0.073	0.073
F	7.142	15.273	15.520	14.629	16.625	17.010	15.222
N	2692	2692	2692	2692	2692	2692	2692

注：括号内为 t 值，***、**、* 分别表示在 1%、5%、10% 的水平上显著相关。

模型 4_1 ~ 模型 4_6 是在基准 4 的基础上加入考察变量的回归结果，从中可以看出，与高管祖籍异地项目数量的回归系数为 0.646，且在 1% 的水平上显著，说明与高管祖籍异地的项目数量越多，捐赠者越可能实施更多的慈善捐赠；将高管分为理事长和秘书长之后发现，与理事长祖籍异地的项目数量的回归系数为 0.670，且在 1% 的水平上显著，说明与理事长祖籍异地的项目数量越多，捐赠者越可能实施更多的慈善捐赠；与秘书长祖籍异地的项目数量的回归系数为 0.716，且在 1% 的水平上显著，说明与秘书长祖籍异地的项目数量越多，捐赠者越可能实施更多的慈善捐赠。与高管祖籍异地的项目支出的回归系数为 0.265，且在 1% 的水平上显著，说明与高管祖籍异地的项目支出越多，捐赠者越可能实施更多的慈善捐赠；将高管分为理事长和秘书长之后发现，与理事长祖籍异地的项目支出的回归系数为 0.282，且在 1% 的水平上显著，说明与理事长祖籍异地的项目支出越多，捐赠者越可能实施更多的慈善捐赠；与秘书长祖籍异地的项目支出的回归系数为 0.295，且在 1% 的水平上显著，说明与秘书长祖籍异地的项目支出越多，捐赠者越可能实施更多的慈善捐赠。上述结果说明，与高管祖籍异地的项目（无论是项目数量还是项目支出）均显著正相关于捐赠者捐赠，表示与高管祖籍异地的项目能够有效获得捐赠者的认可，进而提高慈善捐赠，即实现高管“报效桑梓”的可能性越低，基金会获得的慈善捐赠越多，验证假设 3。

通过对与理事长祖籍异地的项目系数和与秘书长祖籍异地的项目数量和支出的系数对比发现，与秘书长祖籍异地的项目数量和支出系数均高于与理事长祖籍异地的项目数量和支出的回归系数，这说明，与理事长祖籍异地的项目数量和支出对捐赠收入的影响程度相比，与秘书长异地的项目数量和支出对捐赠收入的影响程度更强。这可能是因为在基金会中管理层（尤其是秘书长）在进行筹资活动中拥有较大的决策权，那么他们更有可能与捐赠者进行接触，那么捐赠者更有可能根据管理层（尤其是秘书长）与项目的关系来实施捐赠者决策，所以秘书长与项目之间的管理更可能对捐赠者决策实施更强的影响。

5.3.4 中介效应

对于中介效应的检验，本章根据巴伦、肯尼（Baron and Kenny，1987）和温忠麟、叶宝娟（2014）的步骤进行检验，具体检验模型如下：

$$Y = a \times X + Control_{i,t-1}$$

$$M_{i,t-1} = \beta \times X + Control_{i,t-1}$$

$$Y = \gamma \times X + \delta \times M + Control_{i,t-1}$$

a、β、δ、γ 为检验系数，第一步检验 X 对 Y 的影响，若 a 显著，则进行第二步，若 β、δ 都不显著，则不存在中介效应，若 β、δ 显著，则说明 X 至少存在有一部分对 Y 的影响，是通过 M 实现的，并且若 γ 不显著则说明是完全中介，即 X 都是通过 M 对 Y 产生影响，若 γ 显著则说明是部分中介，也即 X 对 Y 的影响部分通过 M 实现的。

（1）捐赠者声誉价值的中介效应。

为检验捐赠者声誉价值的中介效应，本书设定模型如下：

$$Donation_{i,t} = a \times Project_{i,t-1} + Control_{i,t-1}$$

$$Project\_3_{i,t} = \beta \times Project_{i,t} + Control_{i,t-1}$$

$$Donation_{i,t} = \gamma \times Project_{i,t-1} + \delta \times Project\_3_{i,t-1} + Control_{i,t-1}$$

Project_3 为捐赠者社会价值，也即在公益项目中出现捐赠者姓名或单位名称等信息为 1，否则为 0，本章认为如果在公益项目中出现捐赠者姓名等情况下，会弱化高管声誉价值，因为出现捐赠者姓名的时候，受益者会认为这属于捐赠者的馈赠，而非高管的馈赠，人们更倾向于对直接捐赠者感恩，所以捐赠者社会价值越高，高管的声誉价值越低。

第一步检验 Project 对 Donation 的影响，a 显著，则进行第二步。

表 5－16 给出的是捐赠者声誉价值的中介效应检验结果，从结果可以看出，若与高管祖籍异地的项目特征的系数 β 和捐赠者声誉价值的系数 δ 均显著，则说明 Project 至少存在有一部分对 Donation 的影响，是通过 Project_3 实现的，另外模型 5_7 ~ 模型 5_12 中，与高管祖籍异地的项目特征（包括项目数量和项目支出）系数均达到 1% 的水平上显著，也即 γ 显著则说明是部分中介，这意味着 Project 对 Donation 的影响部分通过 Project_3 实现的。

表 5 – 16　　捐赠者社会价值的中介效应

变量	捐赠者社会价值（Project_3）						捐赠者决策（Donation）					
	模型 5_1	模型 5_2	模型 5_3	模型 5_4	模型 5_5	模型 5_6	模型 5_7	模型 5_8	模型 5_9	模型 5_10	模型 5_11	模型 5_12
Number_1	0.791 *** (3.906)						0.622 *** (9.627)					
Number_1_1		0.951 *** (4.720)						0.645 *** (9.696)				
Number_1_2			0.915 *** (4.193)						0.691 *** (9.882)			
Expense_3				0.138 *** (3.003)						0.260 *** (10.213)		
Expense_3_1					0.165 *** (3.875)						0.276 *** (10.527)	
Expense_3_2						0.101 ** (2.169)						0.291 *** (10.085)
Project_3							0.041 *** (4.460)	0.031 *** (3.676)	0.034 *** (3.860)	0.052 *** (5.508)	0.046 *** (5.307)	0.053 *** (5.486)
Board							0.056 *** (4.230)	0.056 *** (4.224)	0.053 *** (4.010)	0.060 *** (4.495)	0.060 *** (4.522)	0.055 *** (4.120)
Meeting							0.376 *** (3.884)	0.384 *** (3.970)	0.361 *** (3.727)	0.349 *** (3.635)	0.355 *** (3.710)	0.332 *** (3.447)
Size	0.299 ** (2.310)	0.277 ** (2.132)	0.275 ** (2.178)	0.341 ** (2.477)	0.326 ** (2.343)	0.347 ** (2.521)	−0.133 * (−1.802)	−0.137 * (−1.857)	−0.142 * (−1.917)	−0.174 ** (−2.340)	−0.191 ** (−2.555)	−0.195 *** (−2.601)

续表

变量	捐赠者社会价值（Project_3）						捐赠者决策（Donation）					
	模型 5_1	模型 5_2	模型 5_3	模型 5_4	模型 5_5	模型 5_6	模型 5_7	模型 5_8	模型 5_9	模型 5_10	模型 5_11	模型 5_12
Age	−0.025 * (−1.887)	−0.028 ** (−2.049)	−0.025 * (−1.846)	−0.021 (−1.585)	−0.022 * (−1.652)	−0.020 (−1.497)	−0.027 ** (−2.047)	−0.029 ** (−2.164)	−0.026 * (−1.930)	−0.026 ** (−1.982)	−0.029 ** (−2.165)	−0.023 * (−1.745)
Offering	−0.249 (−0.710)	−0.200 (−0.580)	−0.329 (−0.921)	−0.299 (−0.834)	−0.285 (−0.798)	−0.319 (−0.883)	0.548 ** (2.207)	0.592 ** (2.383)	0.487 ** (1.961)	0.496 ** (1.996)	0.551 ** (2.232)	0.452 * (1.814)
Charge	0.298 (1.366)	0.287 (1.372)	0.378 * (1.676)	0.272 (1.260)	0.261 (1.236)	0.266 (1.208)	0.009 (0.036)	−0.001 (−0.004)	0.065 (0.268)	0.085 (0.351)	0.066 (0.275)	0.126 (0.521)
lnGover							0.045 *** (2.772)	0.044 *** (2.718)	0.043 *** (2.693)	0.043 *** (2.634)	0.040 ** (2.471)	0.040 ** (2.486)
Area	−1.011 *** (−3.135)	−1.047 *** (−3.297)	−0.927 *** (−2.907)	−0.892 *** (−2.736)	−0.912 *** (−2.801)	−0.836 ** (−2.551)	0.039 (0.169)	0.039 (0.170)	0.090 (0.400)	0.025 (0.111)	−0.001 (−0.003)	0.123 (0.548)
Edu	1.450 *** (6.073)	1.418 *** (6.138)	1.396 *** (6.078)	1.325 *** (5.978)	1.295 *** (5.969)	1.287 *** (5.932)	1.389 *** (6.795)	1.362 *** (6.662)	1.334 *** (6.538)	1.368 *** (6.742)	1.319 *** (6.491)	1.308 *** (6.439)
Year	Yes	Yes	Yes	Yes	Yes	Yes	Yes	Yes	Yes	Yes	Yes	Yes
_cons	−5.078 ** (−2.126)	−4.899 ** (−2.054)	−5.141 ** (−2.134)	−5.486 ** (−2.208)	−5.311 ** (−2.140)	−5.591 ** (−2.234)	14.490 *** (12.782)	14.499 *** (12.804)	14.446 *** (12.763)	14.944 *** (13.170)	15.163 *** (13.376)	15.003 *** (13.245)
R^2	0.042	0.051	0.046	0.024	0.025	0.022	0.068	0.069	0.071	0.077	0.080	0.080
adj. R^2	0.038	0.047	0.042	0.021	0.022	0.019	0.063	0.064	0.066	0.072	0.076	0.076
F	6.018	6.364	6.304	5.784	5.955	5.821	15.961	16.515	15.665	17.530	18.199	16.204
N	2906	2906	2906	2906	2906	2906	2692	2692	2692	2692	2692	2692

注：括号内为 t 值，***、**、* 分别表示在 1%、5%、10% 的水平上显著相关。

上述结果说明捐赠者声誉价值在与高管祖籍异地项目特征和捐赠者决策的影响过程中起着中介作用，与高管（包括理事长和秘书长）祖籍异地的项目特征（包括项目数量和项目支出）能够通过提高捐赠者声誉价值增加捐赠者的认同，提高捐赠收入，也就是说捐赠者更加认同能够提高自身声誉价值的与高管祖籍异地的项目。

（2）慈善组织管理费用率的中介效应。

为检验慈善组织管理费用率的中介效应，本书设定模型如下：

$$Donation_{i,t} = a \times Project_{i,t-1} + Control_{i,t-1}$$

$$Admin_{i,t} = \beta \times Project_{i,t} + Control_{i,t}$$

$$Donation_{i,t} = \gamma \times Project_{i,t-1} + \delta \times Admin_{i,t-1} + Control_{i,t-1}$$

第一步检验 Project 对 Donation 的影响，a 显著，则进行第二步。由表 5－17 所示，检验 Project 对 Admin 的影响，β 显著，则说明 Project 至少存在有一部分对 Donation 的影响，是通过 Admin 实现的，另外模型 6_1 ~ 模型 6_6 中，与高管祖籍异地的项目特征（包括项目数量和项目支出）系数均达到 1% 的水平上显著，也即 γ 显著则说明是部分中介，这意味着 Project 对 Donation 的影响部分通过 Admin 实现的。

表 5－17　　慈善组织管理费用率的中介效应

变量	捐赠者决策（Donation）					
	模型 6_1	模型 6_2	模型 6_3	模型 6_4	模型 6_5	模型 6_6
Number_1	0.624*** (9.689)					
Number_11		0.645*** (9.822)				
Number_12			0.693*** (9.824)			
Expense_3				0.251*** (9.768)		
Expense_31					0.267*** (10.121)	
Expense_32						0.278*** (9.303)

续表

变量	捐赠者决策（Donation）					
	模型6_1	模型6_2	模型6_3	模型6_4	模型6_5	模型6_6
Admin	-0.039*** (-4.715)	-0.038*** (-4.627)	-0.037*** (-4.405)	-0.037*** (-4.434)	-0.036*** (-4.312)	-0.033*** (-3.904)
Board	0.059*** (4.392)	0.058*** (4.370)	0.056*** (4.154)	0.063*** (4.728)	0.063*** (4.762)	0.059*** (4.396)
Meeting	0.329*** (3.319)	0.340*** (3.428)	0.317*** (3.194)	0.312*** (3.158)	0.321*** (3.259)	0.302*** (3.055)
Size	-0.081 (-1.106)	-0.086 (-1.169)	-0.087 (-1.185)	-0.115 (-1.567)	-0.132* (-1.787)	-0.130* (-1.757)
Age	-0.033** (-2.420)	-0.034** (-2.510)	-0.031** (-2.271)	-0.031** (-2.332)	-0.033** (-2.483)	-0.028** (-2.066)
Offering	0.617** (2.448)	0.666*** (2.644)	0.552** (2.191)	0.565** (2.237)	0.622** (2.480)	0.520** (2.054)
Charge	0.045 (0.186)	0.036 (0.147)	0.101 (0.414)	0.112 (0.459)	0.093 (0.384)	0.149 (0.612)
lnGover	0.040** (2.484)	0.039** (2.426)	0.039** (2.439)	0.038** (2.325)	0.035** (2.155)	0.035** (2.200)
Area	0.040 (0.173)	0.049 (0.214)	0.090 (0.391)	0.025 (0.107)	0.005 (0.020)	0.107 (0.469)
Edu	1.327*** (6.367)	1.298*** (6.224)	1.277*** (6.128)	1.327*** (6.408)	1.281*** (6.182)	1.288*** (6.198)
Year	Yes	Yes	Yes	Yes	Yes	Yes
_cons	13.960*** (12.132)	13.957*** (12.151)	13.840*** (12.028)	14.273*** (12.438)	14.464*** (12.645)	14.190*** (12.381)
R^2	0.083	0.085	0.087	0.089	0.093	0.091
adj. R^2	0.078	0.080	0.082	0.084	0.088	0.086
F	16.167	16.177	15.654	17.284	17.517	15.870
N	2607	2607	2607	2607	2607	2607

注：括号内为t值，***、**、*分别表示在1%、5%、10%的水平上显著相关。

上述结果说明慈善组织管理费用率在与高管祖籍异地项目特征和捐赠者决策的影响过程中起着中介作用，与高管（包括理事长和秘书长）祖籍异地的项目特征（包括项目数量和项目支出）能够通过降低慈善组织管理费用率增加捐赠者的认同，提高捐赠收入，也就是说捐赠者更加认同能够降低慈善组织管理费用率的与高管祖籍异地的项目。

5.3.5　稳健性检验

为保证前面的稳健性，本章还做了如下检验：其一，本章主要考察捐赠者的理性选择决策，而对于定向慈善项目的样本未做剔除。所谓的定向慈善项目是指根据捐赠者意愿有指定用途和覆盖区域的项目。在检验中将属于定向的慈善项目进行剔除后按照上述模型进行回归，结果并未发生实质性变化（见表5-18~表5-20）。其二，本章考察项目特征影响捐赠者决策，可能会存在内生性问题。一方面异地项目数量较多和支出较大，基金会获得捐赠收入越高；另一方面还可能存在获得捐赠收入越高的基金会更容易获得数量较多支出较高的异地项目。为解决内生性问题，借鉴哈利斯等（2014）的做法，在模型中加入滞后一期的捐赠收入，重复上述模型进行回归，结果并未发生实质性变化（见表5-21）。

5.4　小　　结

在慈善组织中，高管存在“报效桑梓”行为，也就是将捐赠资源投向自己的家乡，从而间接提高家乡社会福利水平的行为。然而，对于捐赠者来说，他们是否认同高管的这种行为？基于此，本章主要选取2011~2014年基金会为研究样本，根据理性选择理论，来考察高管的“报效桑梓”行为以及高管的这种行为对捐赠者决策的影响，研究指出在慈善组织中高管确实存在“报效桑梓”行为，即与高管祖籍同地的公益项目获得支出越多，并且还发现与秘书长对慈善公益项目的影响程度相比，理事长对慈善公益项目的影响程度更大；本书还考察了高管的这种“报效桑梓”行为是否会产生代理成本，结果指出与高管祖籍异地的项目支出越多，管理费用率越低，这说明与高管祖籍异地的公益项目能够有效降低高管的管理费用率，降低了代理成本，这也说明高管的“报效桑梓”行为可能会产生代

表 5－18　与高管祖籍异地的项目特征和公益项目支出的回归结果

变量	公益项目支出（Expense_1）				公益项目支出（Expense_2）			
	基准 1	模型 1_1	模型 1_2	模型 1_3	基准 2	模型 2_1	模型 2_2	模型 2_3
Allopatry		－0. 983 *** （－36. 400）				－0. 376 *** （－79. 705）		
Allopatry_1			－1. 019 *** （－35. 425）				－0. 367 *** （－72. 868）	
Allopatry_2				－0. 846 *** （－23. 993）				－0. 378 *** （－64. 557）
Board	0. 018 *** （11. 435）	0. 016 *** （10. 524）	0. 017 *** （11. 129）	0. 018 *** （11. 446）	0. 005 *** （16. 450）	0. 004 *** （14. 837）	0. 005 *** （16. 132）	0. 005 *** （16. 570）
Meeting	0. 107 *** （8. 227）	0. 126 *** （9. 726）	0. 117 *** （9. 047）	0. 124 *** （9. 508）	－0. 005 * （－1. 812）	0. 003 （1. 067）	－0. 001 （－0. 395）	0. 003 （1. 142）
Size	0. 414 *** （51. 198）	0. 431 *** （53. 607）	0. 426 *** （52. 887）	0. 424 *** （52. 391）	－0. 020 *** （－15. 090）	－0. 013 *** （－10. 531）	－0. 016 *** （－12. 386）	－0. 016 *** （－12. 181）
Donation	0. 076 *** （28. 581）	0. 078 *** （30. 058）	0. 079 *** （30. 387）	0. 076 *** （28. 975）	－0. 003 *** （－7. 582）	－0. 002 *** （－6. 067）	－0. 002 *** （－5. 233）	－0. 003 *** （－7. 471）
Debt	1. 091 *** （13. 869）	1. 143 *** （14. 706）	1. 082 *** （13. 833）	1. 121 *** （14. 383）	0. 003 （0. 175）	0. 023 * （1. 663）	－0. 000 （－0. 030）	0. 016 （1. 106）
Age	0. 007 *** （4. 935）	0. 007 *** （5. 142）	0. 008 *** （5. 726）	0. 006 *** （4. 664）	－0. 000 （－0. 429）	－0. 000 （－0. 110）	0. 000 （1. 180）	－0. 000 （－1. 270）

续表

变量	公益项目支出（Expense_1）				公益项目支出（Expense_2）			
	基准 1	模型 1_1	模型 1_2	模型 1_3	基准 2	模型 2_1	模型 2_2	模型 2_3
Offering	-0.370 *** (-14.679)	-0.343 *** (-13.813)	-0.379 *** (-15.238)	-0.331 *** (-13.138)	-0.157 *** (-35.553)	-0.146 *** (-35.202)	-0.159 *** (-38.153)	-0.139 *** (-32.375)
Charge	-0.323 *** (-13.501)	-0.291 *** (-12.205)	-0.291 *** (-12.245)	-0.309 *** (-12.930)	0.012 *** (3.115)	0.025 *** (6.591)	0.024 *** (6.330)	0.019 *** (4.813)
Area	-0.918 *** (-25.537)	-0.758 *** (-21.113)	-0.788 *** (-22.068)	-0.860 *** (-23.921)	-0.314 *** (-47.322)	-0.253 *** (-38.056)	-0.267 *** (-40.469)	-0.288 *** (-42.990)
Edu	-0.010 (-0.523)	-0.091 *** (-4.752)	-0.069 *** (-3.591)	-0.065 *** (-3.365)	0.109 *** (33.603)	0.078 *** (25.636)	0.088 *** (28.650)	0.084 *** (26.745)
Year	Yes	Yes	Yes	Yes	Yes	Yes	Yes	Yes
C	4.895 *** (34.296)	5.060 *** (35.699)	5.268 *** (37.186)	5.352 *** (37.455)	1.350 *** (57.235)	1.413 *** (62.867)	1.484 *** (65.007)	1.554 *** (67.423)
R^2	0.203	0.223	0.222	0.212	0.297	0.388	0.372	0.349
adj. R^2	0.203	0.223	0.222	0.212	0.297	0.388	0.372	0.349
F	994.883	1033.137	1019.614	963.342	1944.628	2991.178	2634.041	2485.960
N	54032	54032	54032	54032	54032	54032	54032	54032

注：括号内为 t 值，***、**、* 分别表示在 1%、5%、10% 的水平上显著相关。

表 5－19　与高管祖籍异地的项目特征和管理费用率的回归结果

变量	管理费用率（Admin）						
	基准 3	模型 3_1	模型 3_2	模型 3_3	模型 3_4	模型 3_5	模型 3_6
Number_1		－0.524*** （－3.932）					
Number_1_1			－0.620*** （－4.421）				
Number_1_2				－0.819*** （－4.801）			
Expense_3					－0.389*** （－5.906）		
Expense_3_1						－0.443*** （－6.274）	
Expense_3_2							－0.683*** （－7.278）
Board	－0.049 （－1.292）	－0.047 （－1.225）	－0.045 （－1.189）	－0.041 （－1.082）	－0.052 （－1.356）	－0.051 （－1.342）	－0.040 （－1.065）
Meeting	－1.149*** （－3.530）	－1.082*** （－3.332）	－1.081*** （－3.341）	－1.044*** （－3.233）	－1.005*** （－3.130）	－1.005*** （－3.138）	－0.923*** （－2.924）
Size	－0.189 （－0.859）	－0.129 （－0.582）	－0.115 （－0.520）	－0.097 （－0.438）	－0.059 （－0.267）	－0.022 （－0.101）	0.051 （0.232）
Debt	2.606 （1.081）	2.845 （1.184）	2.845 （1.186）	2.931 （1.224）	3.009 （1.260）	3.027 （1.269）	3.107 （1.315）
Age	－0.027 （－0.703）	－0.019 （－0.505）	－0.017 （－0.446）	－0.015 （－0.418）	－0.015 （－0.415）	－0.011 （－0.308）	－0.013 （－0.349）
Offering	0.838 （1.380）	0.768 （1.264）	0.721 （1.186）	0.801 （1.323）	0.792 （1.310）	0.727 （1.205）	0.887 （1.481）
Charge	1.122** （2.023）	1.046* （1.892）	1.049* （1.900）	0.941* （1.703）	0.873 （1.586）	0.903* （1.647）	0.597 （1.089）
Edu	－2.698*** （－5.177）	－2.801*** （－5.342）	－2.776*** （－5.316）	－2.780*** （－5.325）	－2.821*** （－5.412）	－2.728*** （－5.270）	－2.728*** （－5.311）
Year	Yes	Yes	Yes	Yes	Yes	Yes	Yes

续表

变量	管理费用率（Admin）						
	基准3	模型3_1	模型3_2	模型3_3	模型3_4	模型3_5	模型3_6
C	13.543*** (3.595)	12.947*** (3.435)	12.822*** (3.404)	12.814*** (3.413)	12.521*** (3.348)	12.099*** (3.238)	12.061*** (3.260)
R^2	0.028	0.032	0.033	0.035	0.038	0.041	0.054
adj. R^2	0.025	0.028	0.029	0.031	0.034	0.037	0.050
F	5.949	6.690	7.112	7.193	7.871	8.423	9.438
N	2956	2956	2956	2956	2956	2956	2956

注：括号内为t值，***、**、*分别表示在1%、5%、10%的水平上显著相关。

表5－20　与高管祖籍异地的项目特征和捐赠者决策的回归结果

变量	捐赠者决策（Donation）						
	基准4	模型4_1	模型4_2	模型4_3	模型4_4	模型4_5	模型4_6
Number_1		0.646*** (10.046)					
Number_1_1			0.670*** (10.257)				
Number_1_2				0.716*** (10.381)			
Expense_3					0.265*** (10.356)		
Expense_3_1						0.282*** (10.742)	
Expense_3_2							0.295*** (10.200)
Board	0.059*** (4.422)	0.059*** (4.463)	0.058*** (4.407)	0.056*** (4.199)	0.063*** (4.791)	0.063*** (4.792)	0.058*** (4.414)
Meeting	0.449*** (4.578)	0.376*** (3.873)	0.383*** (3.957)	0.360*** (3.712)	0.351*** (3.639)	0.356*** (3.708)	0.333*** (3.456)
Size	－0.070 (－0.960)	－0.131* (－1.772)	－0.136* (－1.845)	－0.141* (－1.900)	－0.170** (－2.288)	－0.188** (－2.522)	－0.191** (－2.547)

续表

变量	捐赠者决策（Donation）						
	基准 4	模型 4_1	模型 4_2	模型 4_3	模型 4_4	模型 4_5	模型 4_6
Age	-0.022 (-1.608)	-0.028** (-2.102)	-0.030** (-2.215)	-0.027** (-1.975)	-0.027** (-2.036)	-0.029** (-2.219)	-0.024* (-1.797)
Offering	0.520** (2.053)	0.543** (2.183)	0.590** (2.374)	0.481* (1.934)	0.488* (1.960)	0.545** (2.204)	0.443* (1.776)
Charge	-0.051 (-0.204)	0.015 (0.063)	0.004 (0.017)	0.073 (0.300)	0.092 (0.382)	0.073 (0.305)	0.134 (0.553)
lnGover	0.042** (2.563)	0.044*** (2.700)	0.043*** (2.663)	0.042*** (2.632)	0.041** (2.534)	0.039** (2.379)	0.038** (2.381)
Area	0.075 (0.329)	0.012 (0.054)	0.018 (0.080)	0.070 (0.310)	-0.007 (-0.029)	-0.030 (-0.133)	0.092 (0.410)
Edu	1.383*** (6.663)	1.429*** (7.005)	1.392*** (6.821)	1.366*** (6.712)	1.418*** (6.990)	1.362*** (6.708)	1.358*** (6.689)
Year	Yes	Yes	Yes	Yes	Yes	Yes	Yes
C	13.829*** (12.245)	14.413*** (12.738)	14.446*** (12.786)	14.383*** (12.730)	14.836*** (13.105)	15.078*** (13.337)	14.891*** (13.176)
R^2	0.037	0.066	0.068	0.070	0.074	0.078	0.077
adj. R^2	0.033	0.061	0.064	0.065	0.069	0.073	0.073
F	7.142	15.273	15.520	14.629	16.625	17.010	15.222
N	2692	2692	2692	2692	2692	2692	2692

注：括号内为 t 值，***、**、* 分别表示在 1%、5%、10% 的水平上显著相关。

表 5-21　与高管祖籍异地的项目特征和捐赠者决策的回归结果

变量	捐赠者决策（Donation）						
	基准 4	模型 4_1	模型 4_2	模型 4_3	模型 4_4	模型 4_5	模型 4_6
Number_1		0.308*** (6.169)					
Number_1_1			0.313*** (6.152)				

续表

变量	捐赠者决策（Donation）						
	基准4	模型4_1	模型4_2	模型4_3	模型4_4	模型4_5	模型4_6
Number_1_2				0.319*** (5.681)			
Expense_3					0.119*** (5.781)		
Expense_3_1						0.122*** (5.774)	
Expense_3_2							0.118*** (4.816)
Donation_0	0.615*** (20.630)	0.602*** (20.001)	0.601*** (19.956)	0.601*** (19.872)	0.599*** (19.735)	0.597*** (19.624)	0.598*** (19.557)
Board	0.031*** (2.946)	0.032*** (3.018)	0.032*** (2.984)	0.030*** (2.871)	0.034*** (3.208)	0.034*** (3.199)	0.032*** (3.000)
Meeting	0.116 (1.450)	0.087 (1.101)	0.092 (1.164)	0.084 (1.050)	0.080 (1.011)	0.085 (1.074)	0.079 (0.987)
Size	-0.316*** (-4.972)	-0.340*** (-5.309)	-0.342*** (-5.326)	-0.342*** (-5.317)	-0.355*** (-5.525)	-0.360*** (-5.588)	-0.358*** (-5.512)
Age	0.002 (0.207)	-0.001 (-0.114)	-0.002 (-0.177)	-0.000 (-0.029)	-0.001 (-0.063)	-0.002 (-0.158)	0.001 (0.080)
Offering	0.143 (0.759)	0.162 (0.864)	0.184 (0.981)	0.135 (0.716)	0.139 (0.739)	0.165 (0.881)	0.123 (0.652)
Charge	0.017 (0.098)	0.048 (0.272)	0.041 (0.238)	0.071 (0.406)	0.080 (0.457)	0.069 (0.396)	0.089 (0.508)
lnGover	0.017 (1.484)	0.019 (1.590)	0.018 (1.568)	0.018 (1.538)	0.018 (1.501)	0.017 (1.412)	0.016 (1.411)
Area	0.161 (0.948)	0.129 (0.760)	0.133 (0.780)	0.157 (0.924)	0.122 (0.717)	0.113 (0.664)	0.165 (0.973)
Edu	0.570*** (3.453)	0.608*** (3.687)	0.591*** (3.599)	0.581*** (3.532)	0.606*** (3.687)	0.584*** (3.560)	0.582*** (3.539)
Year	Yes	Yes	Yes	Yes	Yes	Yes	Yes

续表

变量	捐赠者决策（Donation）						
	基准 4	模型 4_1	模型 4_2	模型 4_3	模型 4_4	模型 4_5	模型 4_6
C	10.312*** (9.979)	10.662*** (10.240)	10.677*** (10.255)	10.640*** (10.221)	10.855*** (10.385)	10.953*** (10.445)	10.832*** (10.337)
R^2	0.393	0.400	0.400	0.400	0.400	0.401	0.399
adj. R^2	0.390	0.396	0.397	0.396	0.397	0.397	0.396
F	41.334	44.840	44.442	42.298	45.862	45.593	42.276
N	2692	2692	2692	2692	2692	2692	2692

注：括号内为 t 值，***、**、* 分别表示在 1%、5%、10% 的水平上显著相关。

理成本；最后研究指出捐赠者并不认同高管的“报效桑梓”行为，即高管实施“报效桑梓”行为程度越低，捐赠者捐赠就会越高，并且研究证实与理事长相比，秘书长对捐赠者决策的影响程度更大，这可能是由于秘书长作为管理层在慈善组织筹资行为过程中更可能接触捐赠者的缘故，使得捐赠者更可能看重秘书长的特征。另外，还发现，与高管祖籍异地的项目特征能够通过提高捐赠者声誉价值和降低高管管理费用率的方式获得捐赠者的认同，从而提高捐赠收入，也就是说，捐赠者倾向于偏好能够提高捐赠者声誉价值和降低高管管理费用率的与高管祖籍异地的项目。

第6章

慈善组织治理机制和捐赠者决策

6.1 理论分析和研究假设

6.1.1 理论分析

慈善组织是指涉及公共利益领域的基于慈善目的而设立的从事各种慈善活动的一种非营利组织，具有公益性和利他性的特点，其组织活动目标并非是追求利益，而是着眼于提高少数特殊社会群体的福利，例如救济贫民、扶持弱小等特殊的社会使命。这一使命决定了慈善组织治理结构的特殊性（见图6-1）。承载着主要收入来源于捐赠者的慈善捐赠，但是捐赠之后，捐赠者就失去了捐赠资产的所有权，“所有者”的缺位产生不存在明确的人格化所有者，捐赠者和受益者的分离使得慈善组织“所有权”和“受益权”不一致，捐赠者没有索取权，却承担着风险，索取权的对象是捐赠资源的受益群体，但是他们并不具有监督权，在治理结构中处于弱势地位。再者慈善组织的公益性和非营利性决定了追求的目标和绩效难以精确量化，再加上利润等绩效评估指标的缺乏，也使得慈善组织缺乏高效的竞争机制。对于捐赠者来说，慈善捐赠行为属于人的社会行为的一种，并且，也具有目的性，例如改善他人福祉（Becker，1974）、提高个人社会价值（Bereczkei et al.，2007）、优化资源配置、缓解贫富差距、促进社会良性运行与和谐发展（高功敬、高鉴国，2010）等，但是一旦实施捐赠之后，由于存在信息不对称、时间和空间的限制，导致人们无法准确有效地监控和督导慈善组织是否按照他们的意愿或者慈善公益使命来使用捐赠资源，虽然捐赠者能够根据慈善公益项目特征来判断慈善组织是否达到捐赠效用最大化，但是如果在治理机制好的组织中，捐赠者更可能会实施更多的捐赠。这主要是因为，治理机制能够在一定程度上改善慈善组织治理现状，提高治理效率，例如信息披露机制能够降低信息不对称、提高慈善组织信息透明度、增加信息披露的社会公信力；监督与激励机制通过内部监督激励、外部监督主体来监督慈善组织管理者，抑制他们的机会主义行为，降低代理成本，保证管理者的行为和慈善组织目标相一致，更为有效地实现组织使命，使得捐赠者捐赠资源价值最大化；声誉机制，作为一种公共舆论，声誉具有较强的信号功能，若是存在信息准确的声誉机制，捐赠者更可能愿意将其作为解决信息不对称的工具（吴元元，2012）。这三种机制的有效发挥不仅使得捐赠者更放心地将资源捐赠给治理机制好的慈善组织，而且还能够保证捐赠资源得到有效利用，实现捐赠者价值最大化。

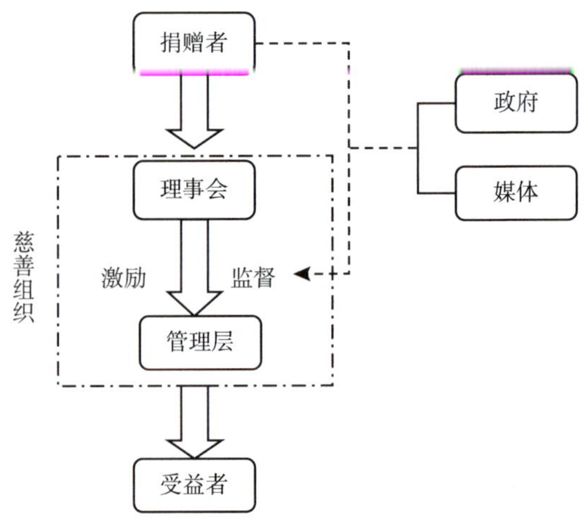

图 6－1　慈善组织治理结构

6.1.2　研究假设

在慈善市场上，慈善公益项目的使用是捐赠资源的最终体现，在治理机制好的慈善组织中，会更真实有效地进行信息披露，降低信息不对称，限制高管的机会主义行为，减少代理成本，提高组织声誉，这对于公益项目信息的披露就会更加真实可靠，更不可能引发高管的自利行为。作为理性的高管，他们追求的是个人利益最大化，虽然慈善组织的公益性使得他们具有较少的薪酬，但是他们能够通过将公益项目投向自己祖籍实现自身声誉的方式提升自身价值，并从中获得更大的收益，而作为理性的捐赠者，他们的目的主要是实现社会福利最大化，更可能倾向于代理成本较低的慈善组织。有效的治理机制有助于缓解尴尬的机会主义行为，实现捐赠者捐赠资源的价值最大化。因此，在制定慈善捐赠决策过程中，对于偏好于与高管祖籍异地公益项目的捐赠者来说，他就会努力搜寻、整合、加工和处理那些有利于支持高管祖籍异地项目等方面的信息，尤其是在治理机制较好的慈善组织中，因为较好治理机制的慈善组织信息更真实有效、高管的机会主义行为更不可能发生，与高管祖籍异地的公益项目更可能实现捐赠者的价值最大化。因此在治理机制好的慈善组织中，捐赠者更会偏好于与高管祖籍异地的公益项目。基于此，做出如下假设：

假设1：捐赠者更加关注于治理机制较好的与高管祖籍异地的项目数量，即与治理机制差的慈善组织相比，在治理机制好的慈善组织中，与高管祖籍异地项目数量和慈善捐赠之间的正向影响关系更强。

假设1a：捐赠者更加关注于信息披露机制较好的与高管祖籍异地的项目数量，即与信息披露机制差的慈善组织相比，在信息披露机制好的慈善组织中，与高管祖籍异地项目数量和慈善捐赠之间的正向影响关系更强。

假设1b：捐赠者更加关注于监督激励机制较好的与高管祖籍异地的项目数量，即与监督激励机制差的慈善组织相比，在监督激励机制好的慈善组织中，与高管祖籍异地项目数量和慈善捐赠之间的正向影响关系更强。

假设1c：捐赠者更加关注于声誉机制较好的与高管祖籍异地的项目数量，即与声誉机制差的慈善组织相比，在声誉机制好的慈善组织中，与高管祖籍异地的项目数量和慈善捐赠之间的正向影响关系更强。

假设2：捐赠者更加关注于治理机制较好的与高管祖籍异地的项目支出，即与治理机制差的慈善组织相比，在治理机制好的慈善组织中，与高管祖籍异地项目支出和慈善捐赠之间的正向影响关系更强。

假设2a：捐赠者更加关注于信息披露机制较好的与高管祖籍异地的项目支出，即与信息披露机制差的慈善组织相比，在信息披露机制好的慈善组织中，与高管祖籍异地项目支出和慈善捐赠之间的正向影响关系更强。

假设2b：捐赠者更加关注于监督激励机制较好的与高管祖籍异地的项目支出，即与监督激励机制差的慈善组织相比，在监督激励机制好的慈善组织中，与高管祖籍异地项目支出和慈善捐赠之间的正向影响关系更强。

假设 2c：捐赠者更加关注于声誉机制较好的与高管祖籍异地的项目支出，即与声誉机制差的慈善组织相比，在声誉机制好的慈善组织中，与高管祖籍异地项目支出和慈善捐赠之间的正向影响关系更强。

6.2 研究设计

6.2.1 样本选择和数据来源

根据《中华人民共和国慈善法》（2016 年）规定，慈善组织主要包括基金会、社会团体、社会服务机构等组织形式，但由于社会团体、社会服务机构等其他组织形式的统计数据严重缺失，而慈善基金会的统计数据还相对比较完善，因此本章主要选取慈善基金会作为考察对象。由于基金会中心网从 2010 年开始详细公布基金会数据，而仅详细公布到 2014 年，并且理事会特征和项目特征数据还需要滞后一期，因此本章主要选取 2011 ~ 2014 年基金会为初始考察样本。选用慈善组织作为考察对象，数据具体收集步骤如下：首先，根据基金会中心网数据中心每年发布的数据，在公募基金会和非公募基金会两类中，按照净资产、捐赠收入和捐赠支出进行排名，分别选取 TOP 300 的基金会，共获得 923 家基金会名单；其次，根据基金会名单，从基金会中心网上手工收集每一家基金会每一年的基本信息数据、财务信息数据以及项目信息数据；最后，对于基金会中心网上公布不全面的数据通过中国慈善信息平台、每家基金会官方网站等进行补充。最终获得 3246 个观测值，具体观测样本年度分布见表 6 - 1。

表 6 - 1　基金会年度分布情况

项目	2011 年	2012 年	2013 年	2014 年	总计
公募	380	408	429	450	1667
非公募	318	371	417	473	1579
总计	698	779	846	923	3246

数据来源：基金会中心网。

为考察假设1，本章选用慈善组织公益项目作为研究样本，采用如下处理方式：从基金会中心网公布的公益项目简介中获得，对于一些缺失的项目特征，例如项目覆盖领域等，根据项目名称，通过手工查询基金会官方网站、中国慈善信息平台和百度搜索引擎，进行补充，剔除数据缺失的项目，最终获得22056个项目样本观测值，具体观测样本年度分布见表6－1。为避免异常值的影响，对主要变量进行上下1%的缩尾处理。经济发展水平（人均GDP）数据来自《WIND数据库的经济数据库》中的“中国宏观经济数据”，媒体治理数据主要来源于CNKI的《中国重要报纸全文数据库》，该数据库收录了2000年慈善组织的连续动态更新的新闻报道，按照篇名或者主题的搜索方式搜寻2010～2013年包含慈善组织基金会名称或者简称的所有新闻报道信息，从中我们获得有关组织新闻报道的题目、发表日期以及报刊名称等信息。审计机构数据获得步骤如下：首先，根据基金会中心网，获得每一家基金会的官方网站，其次，针对每家基金会官方网站公布的审计或者工作年报；再次，在上述渠道无法查找的前提下，从公益时报—新闻—年检报告（http：//www. gongyishibao. com/html/nianjianbaogao/）根据每家基金会的名称查找其相应的年度报告；最后，根据年报或者审计报告手工查询审计机构的名称。其他数据通过基金会中心网手工获得。

6.2.2　研究模型和变量说明

为检验前面假设，建立如下模型：

$$
\begin{aligned}
Donation_{i,t} = {} & \alpha_0 + \alpha_1 \times Number_{i,t-1} \times G\_index_{i,t-1} + \alpha_2 \times Number_{i,t-1} \\
& + \alpha_3 \times G\_index_{i,t-1} + \alpha_4 \times Board_{i,t-1} + \alpha_5 \times Meeting_{i,t-1} \\
& + \alpha_6 \times Size_{i,t-1} + \alpha_7 \times Age_{i,t-1} + \alpha_8 \times Offering_{i,t} + \alpha_9 \\
& \times Charge_{i,t} + \alpha_{10} \times lnGover_{i,t-1} + \alpha_{11} \times Area_{i,t} + \alpha_{12} \\
& \times Edu_{i,t} + \sum Year + \varepsilon_{i,t}
\end{aligned}
\tag{6-1}
$$

$$
\begin{aligned}
Donation_{i,t} = {} & \beta_0 + \beta_1 \times Expense_{i,t-1} \times G_{i,t-1} + \beta_2 \times Expense_{i,t-1} + \beta_3 \\
& \times G\_index_{i,t-1} + \beta_4 \times Board_{i,t-1} + \beta_5 \times Meeting_{i,t-1} \\
& + \beta_6 \times Size_{i,t-1} + \beta_7 \times Age_{i,t-1} + \beta_8 \times Offering_{i,t} \\
& + \beta_9 \times Charge_{i,t} + \beta_{10} \times lnGover_{i,t-1} + \beta_{11} \times Area_{i,t} \\
& + \beta_{12} \times Edu_{i,t} + \sum Year + \varepsilon_{i,t}
\end{aligned}
\tag{6-2}
$$

Donation 为捐赠者决策变量，测量为慈善组织获得捐赠收入的自然对数，Number_1 为组织公益项目数量，测量为与高管祖籍异地项目数量总和的自然对数，为分别考察不同高管的影响效果，将高管分为理事长和秘书长，测量为与理事长祖籍异地的项目数量总和的自然对数（Number_1_1）和与秘书长祖籍异地的项目数量总和的自然对数（Number_1_2），Expense_3 为组织公益项目支出，测量为与高管祖籍异地项目支出总和的自然对数，为分别考察不同高管的影响效果，将高管分为理事长和秘书长，测量为与理事长祖籍异地的项目支出总和的自然对数（Expense_3_1）和与秘书长祖籍异地的项目支出总和的自然对数（Expense_3_2）。

G 为慈善组织治理机制指标。主要包括三个部分：信息披露机制、监督和激励机制以及声誉机制，具体包含如下：

（1）信息披露机制（FTI）。信息披露机制主要使用基金会中心网披露的“中基透明指数”指标测量，分为四个子指标，包括基本信息指标、财务信息指标、项目信息指标和捐赠及内部建设信息指标（指标分布见表 6-2）。具体计算过程如下：中基透明指数包括指标是否披露 T_i、指标权重 W_i、信息披露渠道 S_i 和信息披露的完整程度 C_i。某家基金会的透明度分数 FTI_n 等于单个指标对应的四个参数的乘积的合计，即为：$FTI_n = \sum(T_i \times W_i \times S_i \times C_i)$。其中，n 为基金会序号，如 1，2，…，n；i 为指标序号，取值为［1，41］；T_i 为第 i 个三级指标是否披露，值为 0 或 1；W_i 为第 i 个三级指标的权重，取值为［1，6］；S_i 为第 i 个指标的信息来源，信息来自官方网站取值为 1.2，其他渠道时为 0.8；C_i 为第 i 个指标信息披露完整度，取值为［0，1］，完整度越高值越接近 1（该参数仅用于计算项目信息指标）。

表 6-2　　“中基透明指数”指标

名称	基本信息	财务信息	项目信息	内部建设信息	透明指数
指标总分	13.2	24	39.2	23.6	100

数据来源：基金会中心网。

（2）监督和激励机制（G_index），主要包括理事会规模（Board）、理事会会议次数（Meeting），理事会激励（Com），若理事会中存在薪酬则为 1，否则为 0；媒体监督（Media），测量为 ln（媒体关注的次数 +1），业务主管部门（Charge），审计部门（Audit），如果基金会采用百强事务所进行审计，则为1，否则为0。然后采用主成分分析方法，将这六个指标合成一个总的监督机制指标（G_index）。

（3）声誉机制（Reputation），使用民政部对基金会的评级作为声誉机制的指标，借鉴张立民等（2012）的做法，当评级为3A级以上说明具有较好的声誉，未进入3A级以上名单的这可能具有较低的声誉，因此本书将评级超过3A（包含3A）的基金会设定为高声誉机制的基金会，即为被民政部评为3A以上的基金会，为1，否则为0。

借鉴现有研究（Brooks，2000；Olson，2000；张立民等，2012；陈丽红等，2014；刘丽珑，2015）的做法，还控制了如下变量：理事会规模变量（Board）；理事会会议变量（Meeting）；基金会规模变量（Size）；基金会成立年龄（Age）；基金会募集方式（Offering）；业务主管部门（Charge）；lnGover为政府补助收入，测量为ln（政府补助收入+1）；基金会注册所在地的经济发展水平（Area）以及行业虚拟变量（Edu）和年份虚拟变量（Year）。主要变量的定义说明如表6-3所示。

表6-3　　　　主要变量的定义说明

变量	字符	变量说明	参考文献	符号
捐赠者决策	Donation	捐赠收入的自然对数	—	—
公益项目特征	Number_1	与高管祖籍异地的项目数量总和的自然对数	—	—
	Number_1_1	与理事长祖籍异地的项目数量总和的自然对数	—	—
	Number_1_2	与秘书长祖籍异地的项目数量总和的自然对数	—	—
	Expense_3	与高管祖籍异地的项目支出总和的自然对数	—	—
	Expense_3_1	与理事长祖籍异地的项目支出总和的自然对数	—	—
	Expense_3_2	与秘书长祖籍异地的项目支出总和的自然对数	—	—

续表

变量	字符	变量说明	参考文献	符号
治理机制	FTI	信息披露机制，使用中基透明指数测量	—	—
	G_index	监督与激励机制，采用主成分分析方法，将监督与激励的分指标合成一个总的机制指标	—	—
	Reputation	声誉机制，民政部评为3A以上的基金会为1，否则为0	—	—
理事会规模	Board	理事会人数	刘丽珑，2015	+
理事会会议次数	Meeting	理事会会议召开次数的平均值	奥尔森，2000	+
基金会规模	Size	基金会总资产的自然对数	张立民等，2012	+
基金会年龄	Age	理事会成立年限	张立民等，2012	-
募集方式	Offering	基金会募集方式属于公募时取值为1，否则为0	张立民等，2012；陈丽红等，2014	+
业务主管部门	Charge	当基金会业务主管部门为国家机关时取1，否则为0	张立民等，2012	+
政府补助收入	lnGover	ln（政府补助收入+1）	布鲁克斯，2000	+
经济发达地区	Area	基金会所在地为经济发达水平的地区，取为1，否则为0	陈丽红等，2014	-
行业变量	Edu	当基金会属于教育行业时为1，否则为0	陈丽红等，2014	+
年度变量	Year	由于样本期为2011~2014年，需要设置三个虚拟变量（Year_01，…，Year_03）	—	—

6.2.3 描述性统计结果

表6-4给出的是相关变量的描述性统计结果，从结果中可以看出，有52.5%的基金会具有较高的信息披露机制，监督激励机制的平均值为0.018，这意味着基金会的监督激励机制较好，但是基金会之间的差异较

大，标准差为0.598，最小值为-1.063，最高的为2.207，有48.4%的基金会具有较高的声誉机制。

表6-4　　相关变量的描述性统计结果

变量	均值	标准差	最小值	1/4 分位数	1/2 分位数	3/4 分位数	最大值	观测值
FTI	0.525	0.499	0	0	1	1	1	3243
G_index	0.018	0.598	-1.063	-0.437	-0.189	0.457	2.207	2718
Reputation	0.484	0.500	0	0	0	1	1	3246

6.3　实证检验与分析

6.3.1　信息披露机制的调节效应

表6-5为信息披露机制调节公益项目特征和捐赠者决策的回归结果，从结果中可以看出，信息披露机制和与高管祖籍异地项目个数的乘积项（Number_1×FTI）的系数为0.320，但未达到10%的水平上显著；将高管分为理事长和秘书长之后，发现信息披露机制和与理事长祖籍异地项目个数的乘积项（Number_1_1×FTI）的系数为0.300，但未达到10%的水平上显著；信息披露机制和与秘书长祖籍异地项目个数的乘积项（Number_1_2×FTI）的系数为-0.061，但未达到10%的水平上显著；信息披露机制和与高管祖籍异地项目支出的乘积项（Expense_3×FTI）的系数为0.136，且在5%的水平上显著，这说明信息披露机制显著正向调节与高管祖籍异地项目支出和捐赠收入的关系，即与信息披露较差的基金会相比，在信息披露机制较好的基金会中，与高管祖籍异地的项目支出和捐赠收入的正向影响关系更强；将高管分为理事长和秘书长之后，发现信息披露机制和与理事长祖籍异地项目支出的乘积项（Expense_3_1×FTI）的系数为0.147，且在1%的水平上显著，这说明信息披露机制显著正向调节与理事长祖籍异地项目支出和捐赠收入的关系，即与信息披露较差的基金会相比，在信息披露机制较好的基金会中，与理事长祖籍异地的项目支出和捐赠收入的正向影响关系更强；信

息披露机制和与秘书长祖籍异地项目支出的乘积项（Expense_3_2 × FTI）的系数为0.066，但未达到10%的水平上显著。

表6－5 信息披露机制调节公益项目特征和捐赠者决策的回归结果

变量	捐赠者决策（Donation）					
	模型1_1	模型1_2	模型1_3	模型1_4	模型1_5	模型1_6
FTI	2.878*** (12.127)	2.844*** (11.509)	3.212*** (11.092)	2.669*** (11.024)	2.552*** (10.055)	2.780*** (9.114)
Number_1	0.012 (0.061)					
Number_1_1		0.056 (0.293)				
Number_1_2			0.411** (2.217)			
Expense_3				0.044 (0.745)		
Expense_3_1					0.057 (1.001)	
Expense_3_2						0.139** (2.433)
Number_1 × FTI	0.320 (1.582)					
Number_1_1 × FTI		0.300 (1.536)				
Number_1_2 × FTI			−0.071 (−0.374)			
Expense_3 × FTI				0.136** (2.218)		
Expense_3_1 × FTI					0.147** (2.447)	

续表

变量	捐赠者决策（Donation）					
	模型 1_1	模型 1_2	模型 1_3	模型 1_4	模型 1_5	模型 1_6
Expense_3_2 × FTI						0.070 (1.148)
Board	0.046*** (3.817)	0.046*** (3.770)	0.046*** (3.804)	0.048*** (3.993)	0.048*** (3.950)	0.047*** (3.872)
Meeting	0.385*** (4.263)	0.384*** (4.270)	0.360*** (3.995)	0.359*** (4.011)	0.357*** (4.001)	0.337*** (3.774)
Offering	0.577** (2.439)	0.598** (2.530)	0.534** (2.267)	0.556** (2.344)	0.589** (2.498)	0.505** (2.145)
Charge	0.398* (1.756)	0.392* (1.728)	0.438* (1.937)	0.451** (2.004)	0.436* (1.939)	0.486** (2.164)
Area	0.028 (0.128)	0.034 (0.160)	0.069 (0.321)	0.010 (0.047)	0.001 (0.003)	0.068 (0.317)
lnGover	0.038** (2.504)	0.038** (2.504)	0.038** (2.554)	0.037** (2.427)	0.035** (2.339)	0.035** (2.348)
Size	−0.207*** (−2.972)	−0.209*** (−3.001)	−0.212*** (−3.009)	−0.241*** (−3.428)	−0.254*** (−3.621)	−0.259*** (−3.632)
Age	−0.037*** (−2.944)	−0.038*** (−3.002)	−0.036*** (−2.895)	−0.037*** (−2.966)	−0.039*** (−3.106)	−0.035*** (−2.827)
Edu	0.956*** (5.069)	0.943*** (5.007)	0.917*** (4.858)	0.973*** (5.186)	0.951*** (5.068)	0.936*** (4.982)
Year	Yes	Yes	Yes	Yes	Yes	Yes
C	14.440*** (13.425)	14.450*** (13.435)	14.109*** (12.792)	14.915*** (13.856)	15.146*** (14.074)	14.845*** (13.384)
R^2	0.169	0.170	0.172	0.174	0.176	0.178
adj. R^2	0.164	0.165	0.167	0.169	0.172	0.174
F	30.561	31.154	30.860	32.807	34.034	33.627
N	2691	2691	2691	2691	2691	2691

注：括号内为 t 值，***、** 和 * 分别表示在 1%、5% 和 10% 的水平上显著相关。

上述结果指出，与信息披露机制较低的基金会相比，在信息披露较好的基金会中，与高管祖籍异地的项目支出与捐赠收入的正向影响关系更强。也就是说，捐赠者更倾向于信息披露机制好的基金会中与高管祖籍异地的项目特征（主要是项目支出），并且将高管分为理事长和秘书长之后，发现在信息披露机制较好的基金会中，与理事长祖籍异地的项目特征（主要是项目支出）和捐赠收入的正向影响关系更强，而与秘书长祖籍异地的项目特征（包括项目数量和项目支出）和捐赠收入之间不存在调节作用。从而验证文章假设 1a 和假设 2a。

6.3.2 监督机制的调节效应

表 6－6 为监督机制调节公益项目特征和捐赠者决策的回归结果，从结果中可以看出，监督机制和与高管祖籍异地项目个数的乘积项（Number_1 × G_index）的系数为 0.123，但未达到 10% 的水平上显著；将高管分为理事长和秘书长之后，发现监督机制和与理事长祖籍异地项目个数的乘积项（Number_1_1 × G_index）的系数为 0.135，但未达到 10% 的水平上显著；监督机制和与秘书长祖籍异地项目个数的乘积项（Number_1_2 × G_index）的系数为 0.078，但未达到 10% 的水平上显著；监督机制和与高管祖籍异地项目支出的乘积项（Expense_3 × G_index）的系数为 0.088，且在 5% 的水平上显著，这说明监督机制显著正向调节与高管祖籍异地项目支出和捐赠收入的关系，即与监督较差的基金会相比，在监督机制较好的基金会中，与高管祖籍异地的项目支出和捐赠收入的正向影响关系更强；将高管分为理事长和秘书长之后，发现监督机制和与理事长祖籍异地项目支出的乘积项（Expense_3_1 × G_index）的系数为 0.105，且在 1% 的水平上显著，这说明监督机制显著正向调节与理事长祖籍异地项目支出和捐赠收入的关系，即与监督较差的基金会相比，在监督机制较好的基金会中，与理事长祖籍异地的项目支出和捐赠收入的正向影响关系更强；监督机制和与秘书长祖籍异地项目支出的乘积项（Expense_3_2 × G_index）的系数为 0.084，且在 10% 的水平上显著，这说明监督机制显著正向调节与秘书长祖籍异地项目支出和捐赠收入的关系，即与监督较差的基金会相比，在监督机制较好的基金会中，与秘书长祖籍异地的项目支出和捐赠收入的正向影响关系更强。

表6－6　　监督机制调节公益项目特征和捐赠者决策的回归结果

变量	捐赠者决策（Donation）					
	模型2_1	模型2_2	模型2_3	模型2_4	模型2_5	模型2_6
G_index	0.681*** (2.780)	0.652*** (2.598)	0.712** (2.523)	0.409 (1.422)	0.307 (1.030)	0.383 (1.080)
Number_1	0.520*** (7.356)					
Number_1_1		0.553*** (7.754)				
Number_1_2			0.617*** (8.300)			
Expense_3				0.223*** (8.458)		
Expense_3_1					0.244*** (9.075)	
Expense_3_2						0.265*** (9.015)
Number_1 × G_index	0.123 (1.330)					
Number_1_1 × G_index		0.135 (1.448)				
Number_1_2 × G_index			0.078 (0.760)			
Expense_3 × G_index				0.088** (2.202)		
Expense_3_1 × G_index					0.105** (2.561)	
Expense_3_2 × G_index						0.084* (1.751)

续表

变量	捐赠者决策（Donation）					
	模型 2_1	模型 2_2	模型 2_3	模型 2_4	模型 2_5	模型 2_6
Size	-0.137* (-1.931)	-0.145** (-2.040)	-0.149** (-2.088)	-0.171** (-2.385)	-0.195*** (-2.705)	-0.202*** (-2.767)
Age	-0.027** (-2.076)	-0.028** (-2.190)	-0.026** (-2.019)	-0.026** (-2.004)	-0.028** (-2.195)	-0.023* (-1.821)
Offering	0.442* (1.790)	0.479* (1.942)	0.381 (1.541)	0.415* (1.687)	0.470* (1.926)	0.350 (1.417)
lnGover	0.039** (2.391)	0.038** (2.365)	0.037** (2.343)	0.036** (2.227)	0.034** (2.091)	0.033** (2.056)
Area	-0.111 (-0.490)	-0.110 (-0.483)	-0.049 (-0.215)	-0.135 (-0.595)	-0.159 (-0.701)	-0.039 (-0.175)
Edu	1.469*** (7.201)	1.439*** (7.052)	1.420*** (6.988)	1.462*** (7.201)	1.414*** (6.959)	1.413*** (6.968)
Year	Yes	Yes	Yes	Yes	Yes	Yes
C	16.269*** (14.431)	16.338*** (14.481)	16.243*** (14.332)	16.662*** (14.727)	16.977*** (14.969)	16.821*** (14.707)
R^2	0.065	0.068	0.070	0.073	0.078	0.078
adj. R^2	0.061	0.063	0.066	0.069	0.074	0.074
F	18.686	19.345	19.231	20.042	21.344	19.683
N	2692	2692	2692	2692	2692	2692

注：括号内为 t 值，***、** 和 * 分别表示在 1%、5% 和 10% 的水平上显著相关。

上述结果指出，与监督机制较差的基金会相比，在监督机制较好的基金会中，与高管（包括理事长和秘书长）祖籍异地的项目支出与捐赠收入的正向影响关系更强，也就是说，捐赠者更倾向于监督机制好的基金会中与高管祖籍异地的项目支出。从而验证文章假设 1b 和假设 2b。

然后分别考察每个监督指标的调节效应：

（1）理事会规模的监督机制。

表 6-7 为理事会规模调节公益项目特征和捐赠者决策的回归结果，

从结果中可以看出，理事会规模和与高管祖籍异地项目个数的乘积项（Number_1 × Board）的系数为0.018，且在5%的水平上显著，这说明理事会规模显著正向调节与高管祖籍异地项目个数和捐赠收入的关系，即与理事会规模较低的基金会相比，在理事会规模较高的基金会中，与高管祖籍异地的项目个数和捐赠收入的正向影响关系更强；随后将高管分为理事长和秘书长之后，发现，理事会规模和与理事长祖籍异地项目个数的乘积项（Number_1_1 × Board）的系数为0.019，且在5%的水平上显著，这说明理事会规模显著正向调节与理事长祖籍异地项目个数和捐赠收入的关系，即与理事会规模较低的基金会相比，在理事会规模较高的基金会中，与理事长祖籍异地的项目个数和捐赠收入的正向影响关系更强；理事会规模和与秘书长祖籍异地项目个数的乘积项（Number_1_2 × Board）的系数为0.017，且在5%的水平上显著，这说明理事会规模显著正向调节与秘书长祖籍异地项目个数和捐赠收入的关系，即与理事会规模较低的基金会相比，在理事会规模较高的基金会中，与秘书长祖籍异地的项目个数和捐赠收入的正向影响关系更强。理事会规模和与高管祖籍异地项目支出的乘积项（Expense_3 × Board）的系数为0.008，且在1%的水平上显著，这说明理事会规模显著正向调节与高管祖籍异地项目支出和捐赠收入的关系，即与理事会规模较低的基金会相比，在理事会规模较高的基金会中，与高管祖籍异地的项目支出和捐赠收入的正向影响关系更强；随后将高管分为理事长和秘书长之后，发现，理事会规模和与理事长祖籍异地项目支出的乘积项（Expense_3_1 × Board）的系数为0.008，且在1%的水平上显著，这说明理事会规模显著正向调节与理事长祖籍异地项目支出和捐赠收入的关系，即与理事会规模较低的基金会相比，在理事会规模较高的基金会中，与理事长祖籍异地的项目支出和捐赠收入的正向影响关系更强；理事会规模和与秘书长祖籍异地项目支出的乘积项（Expense_3_2 × Board）的系数为0.009，且在5%的水平上显著，这说明理事会规模显著正向调节与秘书长祖籍异地项目支出和捐赠收入的关系，即与理事会规模较低的基金会相比，在理事会规模较高的基金会中，与秘书长祖籍异地的项目支出和捐赠收入的正向影响关系更强。

从上述可以看出，与理事会规模较低的基金会相比，在理事会规模较高的基金会中，与高管（包括理事长和秘书长）祖籍异地的公益项目特征（包括项目数量和项目支出）和捐赠收入的正向影响关系更强，这意味着捐赠者更倾向于理事会规模较高的基金会的与高管祖籍异地的公益项目。

表 6 –7　　理事会规模调节公益项目特征和捐赠者决策的回归结果

变量	捐赠者决策（Donation）					
	模型 2_7	模型 2_8	模型 2_9	模型 2_10	模型 2_11	模型 2_12
Number_1	0. 364 ** （2. 404）					
Number_1_1		0. 381 ** （2. 468）				
Number_1_2			0. 445 *** （2. 761）			
Expense_3				0. 141 ** （2. 501）		
Expense_3_1					0. 153 *** （2. 680）	
Expense_3_2						0. 158 ** （2. 553）
Number_1 × Board	0. 018 ** （2. 194）					
Number_1_1 × Board		0. 019 ** （2. 226）				
Number_1_2 × Board			0. 017 * （1. 953）			
Expense_3 × Board				0. 008 ** （2. 549）		
Expense_3_1 × Board					0. 008 *** （2. 623）	
Expense_3_2 × Board						0. 009 ** （2. 491）
Board	0. 040 ** （2. 372）	0. 037 ** （2. 084）	0. 032 （1. 627）	0. 036 ** （1. 990）	0. 032 * （1. 681）	0. 019 （0. 872）

续表

变量	捐赠者决策（Donation）					
	模型2_7	模型2_8	模型2_9	模型2_10	模型2_11	模型2_12
Meeting	0.380*** (3.928)	0.388*** (4.015)	0.363*** (3.745)	0.354*** (3.683)	0.360*** (3.758)	0.333*** (3.463)
Size	-0.135* (-1.825)	-0.141* (-1.908)	-0.143* (-1.932)	-0.179** (-2.388)	-0.199*** (-2.651)	-0.199*** (-2.636)
Age	-0.029** (-2.178)	-0.031** (-2.304)	-0.027** (-2.038)	-0.028** (-2.146)	-0.031** (-2.355)	-0.025* (-1.874)
Offering	0.534** (2.142)	0.578** (2.324)	0.469* (1.884)	0.485* (1.949)	0.545** (2.211)	0.435* (1.746)
Charge	0.016 (0.067)	0.000 (0.001)	0.081 (0.331)	0.097 (0.399)	0.071 (0.297)	0.150 (0.621)
lnGover	0.043*** (2.668)	0.043*** (2.647)	0.041*** (2.586)	0.040** (2.451)	0.037** (2.300)	0.036** (2.262)
Area	-0.015 (-0.066)	0.016 (-0.069)	0.049 (0.215)	-0.047 (-0.207)	-0.074 (-0.325)	0.058 (0.257)
Edu	1.420*** (6.992)	1.380*** (6.793)	1.366*** (6.721)	1.406*** (6.965)	1.349*** (6.668)	1.361*** (6.713)
Year	Yes	Yes	Yes	Yes	Yes	Yes
C	14.828*** (12.540)	14.917*** (12.661)	14.811*** (12.477)	15.468*** (12.852)	15.804*** (13.168)	15.654*** (12.774)
R^2	0.067	0.069	0.071	0.076	0.080	0.079
adj. R^2	0.062	0.065	0.066	0.071	0.075	0.074
F	15.818	16.126	14.890	17.015	17.400	15.400
N	2692	2692	2692	2692	2692	2692

注：括号内为t值，***、**和*分别表示在1%、5%和10%的水平上显著相关。

（2）理事会激励的监督机制。

表6-8为理事会激励调节公益项目特征和捐赠者决策的回归结果，从结果中可以看出，理事会激励和与高管祖籍异地项目个数的乘积项

（Number_1 × Board）的系数为 0. 247，且在 10% 的水平上显著，这说明理事会激励显著正向调节与高管祖籍异地项目个数和捐赠收入的关系，即与不存在理事会激励的基金会相比，在存在理事会激励的基金会中，与高管祖籍异地的项目个数和捐赠收入的正向影响关系更强；随后将高管分为理事长和秘书长之后，发现，理事会激励和与理事长祖籍异地项目个数的乘积项（Number_1_1 × Board）的系数为 0. 265，且在 5% 的水平上显著，这说明理事会激励显著正向调节与理事长祖籍异地项目个数和捐赠收入的关系，即与不存在理事会激励的基金会相比，在存在理事会激励的基金会中，与理事长祖籍异地的项目个数和捐赠收入的正向影响关系更强；理事会激励和与秘书长祖籍异地项目个数的乘积项（Number_1_2 × Board）的系数为 0. 245，且在 10% 的水平上显著，这说明理事会激励显著正向调节与秘书长祖籍异地项目个数和捐赠收入的关系，即与不存在理事会激励的基金会相比，在存在理事会激励的基金会中，与秘书长祖籍异地的项目个数和捐赠收入的正向影响关系更强。理事会激励和与高管祖籍异地项目支出的乘积项（Expense_3 × Com）的系数为 0. 140，且在 1% 的水平上显著，这说明理事会激励显著正向调节与高管祖籍异地项目支出和捐赠收入的关系，即与不存在理事会激励的基金会相比，在存在理事会激励的基金会中，与高管祖籍异地的项目支出和捐赠收入的正向影响关系更强；随后将高管分为理事长和秘书长之后，发现，理事会激励和与理事长祖籍异地项目支出的乘积项（Expense_3_1 × Com）的系数为 0. 157，且在 1% 的水平上显著，这说明理事会激励显著正向调节与理事长祖籍异地项目支出和捐赠收入的关系，即与不存在理事会激励的基金会相比，在存在理事会激励的基金会中，与理事长祖籍异地的项目支出和捐赠收入的正向影响关系更强；理事会激励和与秘书长祖籍异地项目支出的乘积项（Expense_3_2 × Com）的系数为 0. 166，且在 5% 的水平上显著，这说明理事会激励显著正向调节与秘书长祖籍异地项目支出和捐赠收入的关系，即与不存在理事会激励的基金会相比，在存在理事会激励的基金会中，与秘书长祖籍异地的项目支出和捐赠收入的正向影响关系更强。

从上述可以看出，与不存在理事会激励的基金会相比，在存在理事会激励的基金会中，与高管（包括理事长和秘书长）祖籍异地的公益项目特征（包括项目数量和项目支出）和捐赠收入的正向影响关系更强，这意味着捐赠者更倾向于存在理事会激励的基金会的与高管祖籍异地的公益项目。

表6-8 理事会激励调节公益项目特征和捐赠者决策的回归结果

变量	捐赠者决策（Donation）					
	模型2_13	模型2_14	模型2_15	模型2_16	模型2_17	模型2_18
Number_1	0.531*** (6.323)					
Number_1_1		0.551*** (6.482)				
Number_1_2			0.608*** (6.949)			
Expense_3				0.211*** (6.834)		
Expense_3_1					0.223*** (7.064)	
Expense_3_2						0.240*** (7.240)
Number_1 × Com	0.247* (1.861)					
Number_1_1 × Com		0.265** (1.967)				
Number_1_2 × Com			0.245* (1.671)			
Expense_3 × Com				0.140*** (2.592)		
Expense_3_1 × Com					0.157*** (2.853)	
Expense_3_2 × Com						0.166** (2.564)
Com	-0.111 (-0.376)	-0.146 (-0.478)	-0.226 (-0.635)	-0.401 (-1.217)	-0.499 (-1.445)	-0.674 (-1.571)

续表

变量	捐赠者决策（Donation）					
	模型 2_13	模型 2_14	模型 2_15	模型 2_16	模型 2_17	模型 2_18
Board	0. 058 *** （4. 389）	0. 058 *** （4. 339）	0. 055 *** （4. 155）	0. 062 *** （4. 699）	0. 062 *** （4. 678）	0. 059 *** （4. 415）
Meeting	0. 382 *** （3. 916）	0. 390 *** （4. 004）	0. 365 *** （3. 766）	0. 361 *** （3. 734）	0. 368 *** （3. 824）	0. 341 *** （3. 545）
Size	−0. 131 * （−1. 777）	−0. 138 * （−1. 874）	−0. 142 * （−1. 916）	−0. 171 ** （−2. 311）	−0. 192 *** （−2. 586）	−0. 197 *** （−2. 631）
Age	−0. 029 ** （−2. 167）	−0. 031 ** （−2. 279）	−0. 027 ** （−2. 009）	−0. 027 ** （−2. 053）	−0. 030 ** （−2. 245）	−0. 024 * （−1. 762）
Offering	0. 486 * （1. 910）	0. 529 ** （2. 083）	0. 431 * （1. 691）	0. 436 * （1. 709）	0. 492 * （1. 947）	0. 376 （1. 463）
Charge	−0. 041 （−0. 166）	−0. 055 （−0. 224）	0. 034 （0. 138）	0. 023 （0. 094）	−0. 002 （−0. 008）	0. 087 （0. 358）
lnGover	0. 042 *** （2. 613）	0. 042 *** （2. 586）	0. 041 ** （2. 549）	0. 039 ** （2. 384）	0. 037 （2. 242）	0. 033 （2. 177）
Area	0. 002 （0. 007）	0. 006 （0. 028）	0. 054 （0. 238）	−0. 016 （−0. 071）	−0. 038 （−0. 168）	0. 073 （0. 325）
Edu	1. 435 *** （7. 014）	1. 401 *** （6. 846）	1. 369 *** （6. 703）	1. 414 *** （6. 944）	1. 359 *** （6. 668）	1. 343 *** （6. 576）
Year	Yes	Yes	Yes	Yes	Yes	Yes
C	14. 554 *** （12. 890）	14. 628 *** （12. 985）	14. 553 *** （12. 859）	15. 072 *** （13. 223）	15. 395 *** （13. 524）	15. 265 *** （13. 244）
R^2	0. 067	0. 070	0. 071	0. 076	0. 081	0. 080
adj. R^2	0. 062	0. 064	0. 066	0. 071	0. 076	0. 075
F	13. 711	13. 993	13. 453	14. 997	15. 567	14. 014
N	2692	2692	2692	2692	2692	2692

注：括号内为 t 值，*** 、** 和 * 分别表示在 1% 、5% 和 10% 的水平上显著相关。

（3）理事会会议的监督机制。

表6-9为理事会会议调节公益项目特征和捐赠者决策的回归结果，从结果中可以看出，理事会会议和与高管祖籍异地项目个数的乘积项（Number_1 × Meeting）的系数为-0.082，并未达到10%的水平上显著；随后将高管分为理事长和秘书长之后，发现理事会会议和与理事长祖籍异地项目个数的乘积项（Number_1_1 × Meeting）的系数为-0.046，并未达到10%的水平上显著；理事会会议和与秘书长祖籍异地项目个数的乘积项（Number_1 × Board）的系数为-0.168，且在5%的水平上显著，这说明理事会会议显著负向调节与秘书长祖籍异地项目个数和捐赠收入的关系，即与理事会会议较高的基金会相比，在理事会会议较低的基金会中，与秘书长祖籍异地的项目个数和捐赠收入的正向影响关系更强。理事会会议和与高管祖籍异地项目支出的乘积项（Expense_3 × Meeting）的系数为-0.034，并未达到10%的水平上显著；随后将高管分为理事长和秘书长之后，发现，理事会会议和与理事长祖籍异地项目支出的乘积项（Expense_3_1 × Meeting）的系数为-0.027，并未达到10%的水平上显著；理事会会议和与秘书长祖籍异地项目支出的乘积项（Expense_3_2 × Meeting）的系数为-0.066，且在5%的水平上显著，这说明理事会会议显著负向调节与秘书长祖籍异地项目支出和捐赠收入的关系，即与理事会会议次数较低的基金会相比，在理事会会议较多的基金会中，与秘书长祖籍异地的项目支出和捐赠收入的正向影响关系更弱。

表6-9　　理事会会议调节公益项目特征和捐赠者决策的回归结果

变量	捐赠者决策（Donation）					
	模型2_19	模型2_20	模型2_21	模型2_22	模型2_23	模型2_24
Number_1	0.782*** (5.967)					
Number_1_1		0.747*** (5.627)				
Number_1_2			0.989*** (7.223)			
Expense_3				0.323*** (5.828)		

续表

变量	捐赠者决策（Donation）					
	模型 2_19	模型 2_20	模型 2_21	模型 2_22	模型 2_23	模型 2_24
Expense_3_1					0.326*** (5.919)	
Expense_3_2						0.402*** (6.753)
Number_1 × Meeting	-0.082 (-1.262)					
Number_1_1 × Meeting		-0.046 (-0.700)				
Number_1_2 × Meeting			-0.168** (-2.446)			
Expense_3 × Meeting				-0.034 (-1.263)		
Expense_3_1 × Meeting					-0.027 (-0.985)	
Expense_3_2 × Meeting						-0.066** (-2.221)
Board	0.059*** (4.457)	0.058*** (4.403)	0.056*** (4.203)	0.063*** (4.781)	0.063*** (4.784)	0.058*** (4.409)
Meeting	0.474*** (3.397)	0.442*** (3.084)	0.615*** (3.775)	0.472*** (3.217)	0.456*** (3.018)	0.625*** (3.568)
Offering	0.537** (2.155)	0.587** (2.358)	0.476* (1.915)	0.479* (1.917)	0.539** (2.176)	0.442* (1.773)
Charge	0.018 (0.075)	0.005 (0.021)	0.075 (0.308)	0.098 (0.407)	0.077 (0.321)	0.145 (0.600)
Area	0.015 (0.064)	0.018 (0.081)	0.065 (0.288)	-0.004 (-0.015)	-0.028 (-0.126)	0.092 (0.412)

续表

变量	捐赠者决策（Donation）					
	模型 2_19	模型 2_20	模型 2_21	模型 2_22	模型 2_23	模型 2_24
lnGover	0.044 *** (2.741)	0.043 *** (2.682)	0.044 *** (2.746)	0.042 ** (2.563)	0.039 ** (2.385)	0.040 ** (2.462)
Size	-0.129 * (-1.743)	-0.135 * (-1.824)	-0.137 * (-1.849)	-0.166 ** (-2.239)	-0.185 ** (-2.480)	-0.182 ** (-2.437)
Age	-0.028 ** (-2.118)	-0.030 ** (-2.230)	-0.027 ** (-2.032)	-0.027 ** (-2.061)	-0.030 ** (-2.250)	-0.025 * (-1.898)
Edu	1.429 *** (7.007)	1.392 *** (6.821)	1.367 *** (6.729)	1.416 *** (6.986)	1.362 *** (6.704)	1.359 *** (6.704)
Year	Yes	Yes	Yes	Yes	Yes	Yes
C	14.222 *** (12.374)	14.333 *** (12.398)	13.925 *** (12.103)	14.580 *** (12.729)	14.869 *** (12.905)	14.294 *** (12.365)
R^2	0.066	0.068	0.072	0.074	0.078	0.079
adj. R^2	0.061	0.063	0.067	0.069	0.073	0.074
F	14.384	14.775	13.654	15.534	15.941	14.270
N	2692	2692	2692	2692	2692	2692

注：括号内为 t 值，*** 、** 和 * 分别表示在 1%、5% 和 10% 的水平上显著相关。

上述结果指出，理事会会议负向调节与秘书长祖籍异地项目特征（包括项目数量、项目支出）和捐赠收入的关系，即与理事会会议次数较低的基金会相比，在理事会会议次数较多的基金会中，与秘书长祖籍异地的项目特征和捐赠收入的正向影响关系越弱，这意味着捐赠者更不倾向于理事会会议次数过多的基金会中的与秘书长祖籍异地的项目。

（4）媒体关注的监督机制。

表 6-10 为媒体关注调节公益项目特征和捐赠者决策的回归结果，从结果中可以看出，媒体关注和与高管祖籍异地项目个数的乘积项（Number_1 × Media）的系数为 0.087，且在 10% 的水平上显著，这说明媒体关注显著正向调节与高管祖籍异地项目个数和捐赠收入的关系，即与媒体关注程度较低的基金会相比，在媒体关注程度较高的基金会中，与高管祖籍异地的项目个数和捐赠收入的正向影响关系更强；随后将高管分为理事长和秘

书长之后，发现，媒体关注和与理事长祖籍异地项目个数的乘积项（Number_1_1 × Media）的系数为0.084，且在10%的水平上显著，这说明媒体关注显著正向调节与理事长祖籍异地项目个数和捐赠收入的关系，即与媒体关注程度较低的基金会相比，在媒体关注程度较高的基金会中，与理事长祖籍异地的项目个数和捐赠收入的正向影响关系更强；媒体关注和与秘书长祖籍异地项目个数的乘积项（Number_1_2 × Media）的系数为0.065，并未达到10%的水平上显著。媒体关注和与高管祖籍异地项目支出的乘积项（Expense_3 × Media）的系数为0.053，且在5%的水平上显著，这说明媒体关注显著正向调节与高管祖籍异地项目支出和捐赠收入的关系，即与媒体关注程度较低的基金会相比，在媒体关注程度较高的基金会中，与高管祖籍异地的项目支出和捐赠收入的正向影响关系更强；随后将高管分为理事长和秘书长之后，发现媒体关注和与理事长祖籍异地项目支出的乘积项（Expense_3_1 × Media）的系数为0.063，且在5%的水平上显著，这说明媒体关注显著正向调节与理事长祖籍异地项目支出和捐赠收入的关系，即与媒体关注程度较低的基金会相比，在媒体关注程度较高的基金会中，与理事长祖籍异地的项目支出和捐赠收入的正向影响关系更强，媒体关注和与秘书长祖籍异地项目支出的乘积项（Expense_3_2 × Media）的系数为0.047，且在5%的水平上显著，这说明媒体关注显著正向调节与秘书长祖籍异地项目支出和捐赠收入的关系，即与媒体关注程度较低的基金会相比，在媒体关注程度较高的基金会中，与秘书长祖籍异地的项目支出和捐赠收入的正向影响关系更强。

表6-10　媒体关注调节公益项目特征和捐赠者决策的回归结果

变量	捐赠者决策（Donation）					
	模型2_25	模型2_26	模型2_27	模型2_28	模型2_29	模型2_30
Number_1	0.412*** (5.043)					
Number_1_1		0.451*** (5.488)				
Number_1_2			0.520*** (6.036)			

续表

变量	捐赠者决策（Donation）					
	模型2_25	模型2_26	模型2_27	模型2_28	模型2_29	模型2_30
Expense_3				0.179 *** (6.118)		
Expense_3_1					0.195 *** (6.584)	
Expense_3_2						0.221 *** (6.749)
Number_1 × Media	0.087 * (1.892)					
Number_1_1 × Media		0.084 * (1.801)				
Number_1_2 × Media			0.065 (1.323)			
Expense_3 × Media				0.053 ** (2.471)		
Expense_3_1 × Media					0.063 *** (2.805)	
Expense_3_2 × Media						0.047 ** (2.027)
Media	0.391 *** (2.818)	0.387 *** (2.720)	0.425 *** (2.859)	0.208 (1.188)	0.138 (0.753)	0.250 (1.313)
Board	0.056 *** (4.229)	0.055 *** (4.182)	0.053 *** (4.018)	0.059 *** (4.489)	0.059 *** (4.477)	0.055 *** (4.180)
Meeting	0.380 *** (3.932)	0.384 *** (3.981)	0.366 *** (3.783)	0.351 *** (3.631)	0.353 *** (3.674)	0.334 *** (3.468)
Offering	0.469 * (1.891)	0.509 ** (2.055)	0.425 * (1.715)	0.440 * (1.777)	0.496 ** (2.016)	0.400 (1.615)

续表

变量	捐赠者决策（Donation）					
	模型 2_25	模型 2_26	模型 2_27	模型 2_28	模型 2_29	模型 2_30
Charge	0. 076 (0. 315)	0. 072 (0. 302)	0. 127 (0. 529)	0. 152 (0. 638)	0. 144 (0. 606)	0. 200 (0. 839)
Area	−0. 122 (−0. 538)	−0. 112 (−0. 493)	−0. 073 (−0. 321)	−0. 148 (−0. 654)	−0. 165 (−0. 726)	−0. 067 (−0. 299)
lnGover	0. 031 ** (1. 969)	0. 031 * (1. 950)	0. 030 * (1. 900)	0. 029 * (1. 816)	0. 027 * (1. 668)	0. 026 (1. 642)
Size	−0. 231 *** (−3. 104)	−0. 236 *** (−3. 161)	−0. 241 *** (−3. 230)	−0. 266 *** (−3. 544)	−0. 288 *** (−3. 811)	−0. 293 *** (−3. 854)
Age	−0. 035 *** (−2. 584)	−0. 036 *** (−2. 687)	−0. 034 ** (−2. 526)	−0. 033 ** (−2. 476)	−0. 036 *** (−2. 653)	−0. 032 ** (−2. 361)
Edu	1. 519 *** (7. 429)	1. 492 *** (7. 293)	1. 476 *** (7. 249)	1. 495 *** (7. 322)	1. 451 *** (7. 102)	1. 461 *** (7. 177)
Year	Yes	Yes	Yes	Yes	Yes	Yes
C	16. 126 *** (14. 073)	16. 139 *** (14. 078)	16. 092 *** (14. 011)	16. 593 *** (14. 290)	16. 917 *** (14. 511)	16. 730 *** (14. 360)
R^2	0. 078	0. 080	0. 082	0. 086	0. 090	0. 090
adj. R^2	0. 073	0. 075	0. 077	0. 080	0. 085	0. 085
F	19. 903	20. 217	19. 667	20. 894	21. 940	20. 048
N	2692	2692	2692	2692	2692	2692

注：括号内为 t 值，***、** 和 * 分别表示在 1%、5% 和 10% 的水平上显著相关。

从上述可以看出，与媒体关注程度较低的基金会相比，在媒体关注程度较高的基金会中，与高管（主要是理事长）祖籍异地的公益项目特征（包括项目数量和项目支出）和捐赠收入的正向影响关系更强，并且与秘书长祖籍异地的公益项目支出和捐赠收入的正向影响关系更强，这意味着捐赠者更倾向于媒体关注程度较高的基金会的与高管祖籍异地的公益项目。

（5）政府监督机制。

表6-11为政府监督程度调节公益项目特征和捐赠者决策的回归结果，从结果中可以看出，政府监督程度和与高管祖籍异地项目个数的乘积项（Number_1 × Charge）的系数为-0.669，且在1%的水平上显著，这说明政府监督程度显著负向调节与高管祖籍异地项目个数和捐赠收入的关系，即与政府监督程度较高的基金会相比，在政府监督程度较低的基金会中，与高管祖籍异地的项目个数和捐赠收入的正向影响关系更强；随后将高管分为理事长和秘书长之后，发现，政府监督程度和与理事长祖籍异地项目个数的乘积项（Number_1_1 × Charge）的系数为-0.601，且在1%的水平上显著，这说明政府监督程度显著负向调节与理事长祖籍异地项目个数和捐赠收入的关系，即与政府监督程度较高的基金会相比，在政府监督程度较低的基金会中，与理事长祖籍异地的项目个数和捐赠收入的正向影响关系更强；政府监督程度和与秘书长祖籍异地项目个数的乘积项（Number_1_2 × Charge）的系数为-0.572，且在1%的水平上显著，这说明政府监督程度显著负向调节与秘书长祖籍异地项目个数和捐赠收入的关系，即与政府监督程度较高的基金会相比，在政府监督程度较低的基金会中，与秘书长祖籍异地的项目个数和捐赠收入的正向影响关系更强。政府监督程度和与高管祖籍异地项目支出的乘积项（Expense_3 × Charge）的系数为-0.259，且在1%的水平上显著，这说明政府监督程度显著负向调节与高管祖籍异地项目支出和捐赠收入的关系，即与政府监督程度较高的基金会相比，在政府监督程度较低的基金会中，与高管祖籍异地的项目支出和捐赠收入的正向影响关系更强；随后将高管分为理事长和秘书长之后，发现，政府监督程度和与理事长祖籍异地项目支出的乘积项（Expense_3_1 × Charge）的系数为-0.240，且在1%的水平上显著，这说明政府监督程度显著负向调节与理事长祖籍异地项目支出和捐赠收入的关系，即与政府监督程度较高的基金会相比，在政府监督程度较低的基金会中，与理事长祖籍异地的项目支出和捐赠收入的正向影响关系更强；政府监督程度和与秘书长祖籍异地项目支出的乘积项（Expense_3_2 × Charge）的系数为-0.246，且在1%的水平上显著，这说明政府监督程度显著负向调节与秘书长祖籍异地项目支出和捐赠收入的关系，即与政府监督程度较高的基金会相比，在政府监督程度较低的基金会中，与秘书长祖籍异地的项目支出和捐赠收入的正向影响关系更强。

表 6-11　政府监督调节公益项目特征和捐赠者决策的回归结果

变量	捐赠者决策（Donation）					
	模型 2_31	模型 2_32	模型 2_33	模型 2_34	模型 2_35	模型 2_36
Number_1	1.100 *** (7.543)					
Number_1_1		1.077 *** (7.440)				
Number_1_2			1.124 *** (6.965)			
Expense_3				0.450 *** (8.072)		
Expense_3_1					0.459 *** (8.014)	
Expense_3_2						0.497 *** (7.192)
Number_1 × Charge	-0.669 *** (-4.247)					
Number_1_1 × Charge		-0.601 *** (-3.823)				
Number_1_2 × Charge			-0.572 *** (-3.282)			
Expense_3 × Charge				-0.259 *** (-4.321)		
Expense_3_1 × Charge					-0.240 *** (-3.897)	
Expense_3_2 × Charge						-0.246 *** (-3.329)
Board	0.046 *** (3.415)	0.045 *** (3.377)	0.041 *** (3.095)	0.050 *** (3.743)	0.050 *** (3.768)	0.044 *** (3.317)

续表

变量	捐赠者决策（Donation）					
	模型 2_31	模型 2_32	模型 2_33	模型 2_34	模型 2_35	模型 2_36
Meeting	0. 487 *** (5. 006)	0. 492 *** (5. 060)	0. 460 *** (4. 749)	0. 462 *** (4. 796)	0. 464 *** (4. 840)	0. 430 *** (4. 486)
Offering	0. 578 ** (2. 346)	0. 631 ** (2. 569)	0. 527 ** (2. 148)	0. 531 ** (2. 166)	0. 589 ** (2. 419)	0. 486 ** (1. 984)
Charge	0. 752 ** (2. 019)	0. 706 * (1. 847)	0. 889 ** (2. 051)	1. 029 ** (2. 479)	0. 988 ** (2. 300)	1. 288 ** (2. 492)
Area	-0. 237 (-1. 077)	-0. 217 (-0. 988)	-0. 190 (-0. 873)	-0. 253 (-1. 156)	-0. 268 (-1. 226)	-0. 167 (-0. 778)
lnGover	0. 042 *** (2. 757)	0. 041 *** (2. 682)	0. 040 *** (2. 655)	0. 040 *** (2. 591)	0. 037 ** (2. 391)	0. 036 ** (2. 351)
Size	0. 337 *** (4. 309)	0. 335 *** (4. 294)	0. 335 *** (4. 324)	0. 297 *** (3. 771)	0. 282 *** (3. 566)	0. 276 *** (3. 533)
Age	-0. 043 *** (-3. 189)	-0. 044 *** (-3. 304)	-0. 042 *** (-3. 139)	-0. 044 *** (-3. 293)	-0. 046 *** (-3. 477)	-0. 041 *** (-3. 129)
Edu	1. 306 *** (6. 477)	1. 282 *** (6. 365)	1. 273 *** (6. 369)	1. 283 *** (6. 415)	1. 245 *** (6. 238)	1. 248 *** (6. 293)
Year	Yes	Yes	Yes	Yes	Yes	Yes
C	5. 825 *** (4. 745)	5. 803 *** (4. 725)	5. 597 *** (4. 481)	6. 103 *** (4. 918)	6. 290 *** (5. 046)	5. 941 *** (4. 675)
R^2	0. 083	0. 085	0. 088	0. 094	0. 099	0. 102
adj. R^2	0. 079	0. 081	0. 083	0. 089	0. 094	0. 097
F	19. 694	19. 775	16. 928	22. 853	23. 282	19. 248
N	2692	2692	2692	2692	2692	2692

注：括号内为 t 值，*** 、** 和 * 分别表示在 1% 、5% 和 10% 的水平上显著相关。

从上述可以看出，与政府监督程度较高的基金会相比，在理事会规模较低的基金会中，与高管（包括理事长和秘书长）祖籍异地的公益项目特征（包括项目数量和项目支出）和捐赠收入的正向影响关系更强，这意味着捐赠者更倾向于政府监督程度较低的基金会中的与高管祖籍异地的公益项目。这可能由于在政府监督程度较高的基金会中，受到政府干预程度也会较大，这就可能不利于基金会宗旨和捐赠者价值最大化的实现。

（6）审计机构的调节作用。

表6－12为审计机构调节公益项目特征和捐赠者决策的回归结果，从结果中可以看出，审计机构和与高管祖籍异地项目个数的乘积项（Number_1 × Audit）的系数为0.217，并未达到10%的水平上显著；随后将高管分为理事长和秘书长之后，发现，审计机构和与理事长祖籍异地项目个数的乘积项（Number_1_1 × Audit）的系数为0.181，并未达到10%的水平上显著；审计机构和与秘书长祖籍异地项目个数的乘积项（Number_1_2 × Audit）的系数为－0.044，并未达到10%的水平上显著。审计机构和与高管祖籍异地项目支出的乘积项（Expense_3 × Audit）的系数为0.218，且在5%的水平上显著，这说明审计机构显著正向调节与高管祖籍异地项目支出和捐赠收入的关系，即与不存在审计机构的基金会相比，在存在审计机构的基金会中，与高管祖籍异地的项目支出和捐赠收入的正向影响关系更强；随后将高管分为理事长和秘书长之后，发现审计机构和与理事长祖籍异地项目支出的乘积项（Expense_3_1 × Audit）的系数为0.210，且在5%的水平上显著，这说明审计机构显著正向调节与理事长祖籍异地项目支出和捐赠收入的关系，即与不存在审计机构的基金会相比，在存在审计机构的基金会中，与理事长祖籍异地的项目支出和捐赠收入的正向影响关系更强；审计机构和与秘书长祖籍异地项目支出的乘积项（Expense_3_2 × Audit）的系数为0.052，并未达到10%的水平上显著。

表6－12　　审计机构调节公益项目特征和捐赠者决策的回归结果

变量	捐赠者决策（Donation）					
	模型2_37	模型2_38	模型2_39	模型2_40	模型2_41	模型2_42
Number_1	0.487*** (7.104)					
Number_1_1		0.530*** (7.640)				
Number_1_2			0.627*** (8.495)			

续表

变量	捐赠者决策（Donation）					
	模型2_37	模型2_38	模型2_39	模型2_40	模型2_41	模型2_42
Expense_3				0.213 *** (8.276)		
Expense_3_1					0.240 *** (9.070)	
Expense_3_2						0.281 *** (9.530)
Number_1 × Audit	0.217 (1.078)					
Number_1_1 × Audit		0.181 (0.888)				
Number_1_2 × Audit			-0.044 (-0.259)			
Expcnse_3 × Audit				0.218 ** (2.043)		
Expense_3_1 × Audit					0.210 * (1.909)	
Expense_3_2 × Audit						0.052 (0.618)
Audit	0.476 (0.818)	0.547 (0.919)	1.046 ** (1.997)	-0.450 (-0.566)	-0.411 (-0.498)	0.609 (0.930)
Board	0.044 *** (3.261)	0.043 *** (3.220)	0.041 *** (3.074)	0.047 *** (3.503)	0.047 *** (3.512)	0.043 *** (3.252)
Meeting	0.485 *** (4.971)	0.489 *** (5.025)	0.465 *** (4.786)	0.455 *** (4.692)	0.456 *** (4.742)	0.430 *** (4.476)
Offering	0.624 ** (2.545)	0.664 *** (2.714)	0.583 ** (2.383)	0.576 ** (2.351)	0.626 ** (2.574)	0.540 ** (2.208)

续表

变量	捐赠者决策（Donation）					
	模型 2_37	模型 2_38	模型 2_39	模型 2_40	模型 2_41	模型 2_42
Charge	-0.044 (-0.183)	-0.051 (-0.211)	0.017 (0.072)	0.033 (0.137)	0.021 (0.088)	0.087 (0.367)
Area	-0.255 (-1.158)	-0.250 (-1.138)	-0.208 (-0.952)	-0.272 (-1.242)	-0.291 (-1.330)	-0.189 (-0.879)
lnGover	0.040*** (2.624)	0.040*** (2.600)	0.039*** (2.594)	0.038** (2.493)	0.036** (2.345)	0.035** (2.345)
Size	0.323*** (4.107)	0.318*** (4.039)	0.313*** (3.991)	0.276*** (3.463)	0.257*** (3.214)	0.254*** (3.198)
Age	-0.043*** (-3.222)	-0.045*** (-3.337)	-0.043*** (-3.186)	-0.043*** (-3.222)	-0.045*** (-3.409)	-0.040*** (-3.059)
Edu	1.351*** (6.726)	1.322*** (6.580)	1.294*** (6.470)	1.358*** (6.805)	1.310*** (6.563)	1.290*** (6.483)
Year	Yes	Yes	Yes	Yes	Yes	Yes
C	6.730*** (5.377)	6.756*** (5.407)	6.647*** (5.328)	7.328*** (5.810)	7.567*** (6.000)	7.286*** (5.822)
R^2	0.082	0.084	0.088	0.092	0.098	0.101
adj. R^2	0.077	0.079	0.083	0.087	0.093	0.096
F	18.815	19.302	18.028	21.119	22.101	19.153
N	2692	2692	2692	2692	2692	2692

注：括号内为 t 值，***、** 和 * 分别表示在 1%、5% 和 10% 的水平上显著相关。

从上述可以看出，与不存在审计机构的基金会相比，在存在审计机构的基金会中，与高管（主要是理事长）祖籍异地的公益项目特征（项目支出）和捐赠收入的正向影响关系更强，这意味着捐赠者更倾向于存在审计机构的基金会的与高管祖籍异地的公益项目。

6.3.3 声誉机制的调节效应

表 6-13 给出的是声誉机制调节公益项目特征和捐赠者决策的回归结

果，从结果中可以看出，声誉机制和与高管祖籍异地项目个数的乘积项（Number_1 × Reputation）的系数为 -0.085，并未达到10%的水平上显著；随后将高管分为理事长和秘书长之后，发现声誉机制和与理事长祖籍异地项目个数的乘积项（Number_1_1 × Reputation）的系数为 -0.114，并未达到10%的水平上显著；声誉机制和与秘书长祖籍异地项目个数的乘积项（Number_1 × Reputation）的系数为 -0.190，并未达到10%的水平上显著。声誉机制和与高管祖籍异地项目支出的乘积项（Expense_3 × Reputation）的系数为 -0.053，并未达到10%的水平上显著；随后将高管分为理事长和秘书长之后，发现声誉机制和与理事长祖籍异地项目支出的乘积项（Expense_3_1 × Reputation）的系数为 -0.062，并未达到1%的水平上显著；声誉机制和与秘书长祖籍异地项目支出的乘积项（Expense_3_2 × Reputation）的系数为 -0.050，并未达到10%的水平上显著。

表 6-13　　声誉机制调节公益项目特征和捐赠者决策的回归结果

变量	捐赠者决策（Donation）					
	模型 3_1	模型 3_2	模型 3_3	模型 3_4	模型 3_5	模型 3_6
Reputation	1.719*** (7.099)	1.736*** (6.857)	1.864*** (6.415)	1.768*** (6.874)	1.786*** (6.524)	1.822*** (5.621)
Number_1	0.489*** (3.614)					
Number_1_1		0.537*** (4.050)				
Number_1_2			0.656*** (4.751)			
Expense_3				0.233*** (5.257)		
Expense_3_1					0.261*** (5.888)	
Expense_3_2						0.288*** (6.125)
Number_1 × Reputation	-0.085 (-0.594)					

续表

变量	捐赠者决策（Donation）					
	模型 3_1	模型 3_2	模型 3_3	模型 3_4	模型 3_5	模型 3_6
Number_1_1 × Reputation		-0.114 (-0.799)				
Number_1_2 × Reputation			-0.190 (-1.271)			
Expense_3 × Reputation				-0.053 (-1.065)		
Expense_3_1 × Reputation					-0.062 (-1.243)	
Expense_3_2 × Reputation						-0.050 (-0.915)
Board	0.032** (2.381)	0.031** (2.374)	0.029** (2.200)	0.035*** (2.666)	0.036*** (2.725)	0.031** (2.354)
Meeting	0.459*** (4.728)	0.463*** (4.778)	0.436*** (4.513)	0.435*** (4.526)	0.437*** (4.568)	0.406*** (4.271)
Offering	0.722*** (2.970)	0.755*** (3.112)	0.684*** (2.819)	0.680*** (2.796)	0.722*** (2.986)	0.642*** (2.649)
Charge	-0.012 (-0.052)	-0.020 (-0.087)	0.038 (0.164)	0.048 (0.206)	0.033 (0.144)	0.097 (0.418)
Area	-0.136 (-0.624)	-0.130 (-0.600)	-0.099 (-0.458)	-0.156 (-0.721)	-0.174 (-0.804)	-0.077 (-0.360)
lnGover	0.030** (1.980)	0.030** (1.970)	0.029* (1.924)	0.029* (1.894)	0.027* (1.779)	0.026* (1.716)
Size	0.267*** (3.351)	0.263*** (3.309)	0.254*** (3.197)	0.236*** (2.943)	0.221*** (2.750)	0.203** (2.520)
Age	-0.060*** (-4.582)	-0.061*** (-4.665)	-0.059*** (-4.505)	-0.060*** (-4.557)	-0.061*** (-4.719)	-0.057*** (-4.441)
Edu	1.342*** (6.798)	1.321*** (6.683)	1.296*** (6.592)	1.343*** (6.843)	1.303*** (6.627)	1.286*** (6.592)
Year	Yes	Yes	Yes	Yes	Yes	Yes

续表

变量	捐赠者决策（Donation）					
	模型 3_1	模型 3_2	模型 3_3	模型 3_4	模型 3_5	模型 3_6
C	7.071 *** (5.638)	7.060 *** (5.637)	7.029 *** (5.626)	7.333 *** (5.811)	7.495 *** (5.932)	7.544 *** (5.964)
R^2	0.106	0.108	0.112	0.115	0.120	0.125
adj. R^2	0.101	0.103	0.107	0.110	0.115	0.120
F	25.294	25.883	25.783	26.897	28.184	28.325
N	2692	2692	2692	2692	2692	2692

注：括号内为 t 值，*** 、** 和 * 分别表示在 1% 、5% 和 10% 的水平上显著相关。

上述结果指出，声誉机制并未调节与高管祖籍异地项目特征（包括项目数量、项目支出）和捐赠收入的关系，这说明声誉机制在基金会中并未发生作用，也意味着捐赠者还未意识到基金会声誉机制的作用。无法验证假设 1c 和假设 2c。

6.3.4　稳健性检验

为保证前文的稳健性，本书还做了如下检验：本书主要考察捐赠者的理性选择决策，而对于定向慈善项目的样本未做剔除。所谓的定向慈善项目是指根据捐赠者意愿有指定用途和覆盖区域的项目。在检验中将属于定向的慈善项目进行剔除后按照上述模型进行回归，结果并未发生实质性变化（见表 6 – 14 ~ 表 6 – 22）。

表 6 – 14　信息披露机制调节公益项目特征和捐赠者决策的回归结果

变量	捐赠者决策（Donation）					
	模型 1_1	模型 1_2	模型 1_3	模型 1_4	模型 1_5	模型 1_6
FTI	2.830 *** (12.010)	2.789 *** (11.369)	3.129 *** (10.932)	2.619 *** (10.880)	2.495 *** (9.887)	2.699 *** (8.951)
Number_1	–0.038 (–0.187)					

续表

变量	捐赠者决策（Donation）					
	模型 1_1	模型 1_2	模型 1_3	模型 1_4	模型 1_5	模型 1_6
Number_1_1		0.004 (0.019)				
Number_1_2			0.353* (1.890)			
Expense_3				0.029 (0.485)		
Expense_3_1					0.042 (0.716)	
Expense_3_2						0.122** (2.120)
Number_1 × FTI	0.385* (1.871)					
Number_1_1 × FTI		0.367* (1.846)				
Number_1_2 × FTI			0.000 (0.002)			
Expense_3 × FTI				0.156** (2.498)		
Expense_3_1 × FTI					0.168*** (2.747)	
Expense_3_2 × FTI						0.091 (1.492)
Board	0.046*** (3.795)	0.045*** (3.744)	0.046*** (3.776)	0.048*** (3.979)	0.047*** (3.933)	0.047*** (3.870)
Meeting	0.389*** (4.308)	0.388*** (4.316)	0.365*** (4.059)	0.362*** (4.038)	0.359*** (4.030)	0.341*** (3.822)
Offering	0.582** (2.462)	0.603** (2.555)	0.542** (2.301)	0.564** (2.381)	0.598** (2.537)	0.513** (2.179)

续表

变量	捐赠者决策（Donation）					
	模型1_1	模型1_2	模型1_3	模型1_4	模型1_5	模型1_6
Charge	0.400* (1.760)	0.394* (1.735)	0.439* (1.939)	0.459** (2.034)	0.444** (1.972)	0.494** (2.197)
Area	0.024 (0.113)	0.033 (0.153)	0.068 (0.317)	0.008 (0.037)	0.001 (0.003)	0.067 (0.313)
lnGover	0.037** (2.491)	0.038** (2.495)	0.038** (2.553)	0.036** (2.398)	0.035** (2.314)	0.035** (2.326)
Size	-0.209*** (-2.999)	-0.211*** (-3.029)	-0.213*** (-3.036)	-0.242*** (-3.454)	-0.256*** (-3.649)	-0.261*** (-3.660)
Age	-0.037*** (-2.959)	-0.038*** (-3.016)	-0.037*** (-2.919)	-0.038*** (-2.990)	-0.039*** (-3.131)	-0.036*** (-2.852)
Edu	0.960*** (5.091)	0.947*** (5.030)	0.924*** (4.894)	0.977*** (5.208)	0.956*** (5.096)	0.941*** (5.010)
Year	Yes	Yes	Yes	Yes	Yes	Yes
C	14.502*** (13.490)	14.515*** (13.506)	14.197*** (12.876)	14.971*** (13.919)	15.208*** (14.145)	14.927*** (13.480)
R^2	0.169	0.170	0.171	0.174	0.177	0.178
adj. R^2	0.165	0.165	0.166	0.170	0.172	0.173
F	30.883	31.469	31.103	33.167	34.391	33.897
N	2691	2691	2691	2691	2691	2691

注：括号内为t值，***、**和*分别表示在1%、5%和10%的水平上显著相关。

表6-15　监督机制调节公益项目特征和捐赠者决策的回归结果

变量	捐赠者决策（Donation）					
	模型2_1	模型2_2	模型2_3	模型2_4	模型2_5	模型2_6
G_index	0.678*** (2.794)	0.649*** (2.613)	0.706** (2.539)	0.422 (1.485)	0.321 (1.090)	0.406 (1.169)
Number_1	0.518*** (7.275)					

续表

变量	捐赠者决策（Donation）					
	模型 2_1	模型 2_2	模型 2_3	模型 2_4	模型 2_5	模型 2_6
Number_1_1		0. 548 *** (7. 651)				
Number_1_2			0. 607 *** (8. 164)			
Expense_3				0. 221 *** (8. 374)		
Expense_3_1					0. 241 *** (8. 968)	
Expense_3_2						0. 261 *** (8. 900)
Number_1 × G_index	0. 131 (1. 425)					
Number_1_1 × G_index		0. 145 (1. 551)				
Number_1_2 × G_index			0. 089 (0. 866)			
Expense_3 × G_index				0. 088 ** (2. 204)		
Expense_3_1 × G_index					0. 105 ** (2. 576)	
Expense_3_2 × G_index						0. 083 * (1. 739)
Size	−0. 140 ** (−1. 970)	−0. 148 ** (−2. 084)	−0. 152 ** (−2. 123)	−0. 173 ** (−2. 400)	−0. 197 *** (−2. 725)	−0. 203 *** (−2. 774)
Age	−0. 028 ** (−2. 118)	−0. 029 ** (−2. 230)	−0. 027 ** (−2. 061)	−0. 026 ** (−2. 046)	−0. 029 ** (−2. 238)	−0. 024 * (−1. 868)

续表

变量	捐赠者决策（Donation）					
	模型2_1	模型2_2	模型2_3	模型2_4	模型2_5	模型2_6
Offering	0.447* (1.809)	0.483* (1.957)	0.388 (1.569)	0.423* (1.721)	0.477* (1.954)	0.359 (1.454)
lnGover	0.039** (2.398)	0.039** (2.378)	0.038** (2.349)	0.036** (2.212)	0.034** (2.086)	0.033** (2.046)
Area	-0.108 (-0.475)	-0.105 (-0.462)	-0.046 (-0.204)	-0.130 (-0.571)	-0.152 (-0.669)	-0.033 (-0.148)
Edu	1.474*** (7.222)	1.444*** (7.078)	1.426*** (7.014)	1.466*** (7.222)	1.420*** (6.988)	1.418*** (6.989)
Year	Yes	Yes	Yes	Yes	Yes	Yes
_cons	16.322*** (14.473)	16.399*** (14.533)	16.302*** (14.376)	16.689*** (14.734)	17.016*** (14.981)	16.856*** (14.715)
R^2	0.065	0.067	0.069	0.072	0.077	0.077
adj. R^2	0.061	0.063	0.065	0.068	0.073	0.073
F	18.740	19.363	19.237	19.911	21.162	19.505
N	2692	2692	2692	2692	2692	2692

注：括号内为t值，***、**和*分别表示在1%、5%和10%的水平上显著相关。

表6-16　理事会规模调节公益项目特征和捐赠者决策的回归结果

变量	捐赠者决策（Donation）					
	模型2_7	模型2_8	模型2_9	模型2_10	模型2_11	模型2_12
Number_1	0.355** (2.325)					
Number_1_1		0.369** (2.369)				
Number_1_2			0.426*** (2.643)			

续表

变量	捐赠者决策（Donation）					
	模型 2_7	模型 2_8	模型 2_9	模型 2_10	模型 2_11	模型 2_12
Expense_3				0.133** (2.337)		
Expense_3_1					0.143** (2.492)	
Expense_3_2						0.147** (2.369)
Number_1 × Board	0.019** (2.258)					
Number_1_1 × Board		0.019** (2.298)				
Number_1_2 × Board			0.018** (2.046)			
Expense_3 × Board				0.008*** (2.700)		
Expense_3_1 × Board					0.009*** (2.788)	
Expense_3_2 × Board						0.009*** (2.658)
Board	0.039** (2.375)	0.036** (2.079)	0.031 (1.615)	0.035** (1.962)	0.031 (1.625)	0.018 (0.823)
Meeting	0.384*** (3.977)	0.393*** (4.069)	0.369*** (3.812)	0.357*** (3.712)	0.363*** (3.789)	0.338*** (3.512)
Size	-0.137* (-1.852)	-0.143* (-1.938)	-0.145* (-1.951)	-0.180** (-2.403)	-0.200*** (-2.670)	-0.199*** (-2.643)
Age	-0.030** (-2.212)	-0.031** (-2.335)	-0.028** (-2.069)	-0.029** (-2.179)	-0.032** (-2.391)	-0.025* (-1.900)

续表

变量	捐赠者决策（Donation）					
	模型2_7	模型2_8	模型2_9	模型2_10	模型2_11	模型2_12
Offering	0.543** (2.180)	0.587** (2.359)	0.482* (1.937)	0.496** (1.997)	0.556** (2.255)	0.448* (1.799)
Charge	0.022 (0.090)	0.007 (0.028)	0.088 (0.359)	0.109 (0.449)	0.084 (0.348)	0.165 (0.679)
lnGover	0.043*** (2.675)	0.043*** (2.663)	0.041*** (2.596)	0.039** (2.417)	0.037** (2.281)	0.036** (2.230)
Area	-0.008 (-0.037)	-0.008 (-0.035)	0.055 (0.244)	-0.042 (-0.185)	-0.068 (-0.298)	0.064 (0.286)
Edu	1.424*** (7.010)	1.384*** (6.814)	1.371*** (6.743)	1.410*** (6.980)	1.353*** (6.686)	1.365*** (6.726)
Year	Yes	Yes	Yes	Yes	Yes	Yes
C	14.856*** (12.587)	14.951*** (12.713)	14.839*** (12.524)	15.494*** (12.898)	15.847*** (13.214)	15.684*** (12.836)
R^2	0.067	0.069	0.070	0.075	0.079	0.078
adj. R^2	0.062	0.064	0.065	0.071	0.075	0.074
chi2	15.830	16.092	14.822	17.041	17.359	15.352
F	2692	2692	2692	2692	2692	2692
N	2692	2692	2692	2692	2692	2692

注：括号内为t值，***、**和*分别表示在1%、5%和10%的水平上显著相关。

表6-17　理事会激励调节公益项目特征和捐赠者决策的回归结果

变量	捐赠者决策（Donation）					
	模型2_13	模型2_14	模型2_15	模型2_16	模型2_17	模型2_18
Number_1	0.528*** (6.254)					
Number_1_1		0.546*** (6.392)				

续表

变量	捐赠者决策（Donation）					
	模型 2_13	模型 2_14	模型 2_15	模型 2_16	模型 2_17	模型 2_18
Number_1_2			0. 599 *** (6. 819)			
Expense_3				0. 211 *** (6. 785)		
Expense_3_1					0. 222 *** (6. 986)	
Expense_3_2						0. 237 *** (7. 147)
Number_1 × Com	0. 253 * (1. 899)					
Number_1_1 × Com		0. 272 ** (2. 012)				
Number_1_2 × Com			0. 247 * (1. 697)			
Expense_3 × Com				0. 137 ** (2. 541)		
Expense_3_1 × Com					0. 155 *** (2. 819)	
Expense_3_2 × Com						0. 160 ** (2. 497)
Com	-0. 102 (-0. 350)	-0. 136 (-0. 452)	-0. 209 (-0. 599)	-0. 374 (-1. 149)	-0. 470 (-1. 381)	-0. 621 (-1. 480)
Board	0. 058 *** (4. 383)	0. 058 *** (4. 333)	0. 055 *** (4. 148)	0. 062 *** (4. 716)	0. 062 *** (4. 692)	0. 059 *** (4. 433)
Meeting	0. 387 *** (3. 967)	0. 396 *** (4. 061)	0. 372 *** (3. 835)	0. 363 *** (3. 759)	0. 371 *** (3. 852)	0. 346 *** (3. 591)
Size	-0. 134 * (-1. 815)	-0. 141 * (-1. 916)	-0. 144 * (-1. 945)	-0. 173 ** (-2. 333)	-0. 194 *** (-2. 611)	-0. 198 *** (-2. 643)

续表

变量	捐赠者决策（Donation）					
	模型2_13	模型2_14	模型2_15	模型2_16	模型2_17	模型2_18
Age	-0.030** (-2.212)	-0.031** (-2.320)	-0.028** (-2.054)	-0.028** (-2.098)	-0.030** (-2.287)	-0.024* (-1.812)
Offering	0.493* (1.938)	0.536** (2.108)	0.441* (1.730)	0.447* (1.753)	0.502** (1.985)	0.389 (1.516)
Charge	-0.037 (-0.150)	-0.050 (-0.204)	0.038 (0.156)	0.035 (0.141)	0.011 (0.044)	0.100 (0.409)
lnGover	0.042*** (2.628)	0.042*** (2.608)	0.041** (2.567)	0.039** (2.372)	0.037** (2.241)	0.035** (2.178)
Area	0.008 (0.035)	0.014 (0.063)	0.061 (0.267)	-0.009 (-0.041)	-0.029 (-0.128)	0.081 (0.361)
Edu	1.440*** (7.040)	1.407*** (6.877)	1.376*** (6.735)	1.418*** (6.965)	1.365*** (6.697)	1.348*** (6.602)
Year	Yes	Yes	Yes	Yes	Yes	Yes
C	14.591*** (12.922)	14.669*** (13.022)	14.583*** (12.885)	15.082*** (13.221)	15.412*** (13.525)	15.266*** (13.236)
R^2	0.067	0.069	0.070	0.076	0.080	0.079
adj. R^2	0.062	0.064	0.065	0.070	0.075	0.074
chi2	13.676	13.927	13.357	14.883	15.405	13.853
F	2692	2692	2692	2692	2692	2692
N	2692	2692	2692	2692	2692	2692

注：括号内为t值，***、**和*分别表示在1%、5%和10%的水平上显著相关。

表6-18　理事会会议调节公益项目特征和捐赠者决策的回归结果

变量	捐赠者决策（Donation）					
	模型2_19	模型2_20	模型2_21	模型2_22	模型2_23	模型2_24
Number_1	0.772*** (5.878)					

续表

变量	捐赠者决策（Donation）					
	模型 2_19	模型 2_20	模型 2_21	模型 2_22	模型 2_23	模型 2_24
Number_1_1		0.735*** (5.525)				
Number_1_2			0.977*** (7.126)			
Expense_3				0.319*** (5.748)		
Expense_3_1					0.323*** (5.826)	
Expense_3_2						0.397*** (6.674)
Number_1 × Meeting	-0.076 (-1.157)					
Number_1_1 × Meeting		-0.040 (-0.601)				
Number_1_2 × Meeting			-0.166** (-2.387)			
Expense_3 × Meeting				-0.033 (-1.198)		
Expense_3_1 × Meeting					-0.025 (-0.930)	
Expense_3_2 × Meeting						-0.065** (-2.200)
Board	0.059*** (4.452)	0.058*** (4.395)	0.056*** (4.194)	0.063*** (4.796)	0.063*** (4.790)	0.058*** (4.425)
Meeting	0.470*** (3.385)	0.439*** (3.080)	0.614*** (3.794)	0.468*** (3.204)	0.453*** (3.014)	0.626*** (3.593)
Offering	0.547** (2.195)	0.596** (2.395)	0.490** (1.971)	0.491** (1.965)	0.550** (2.220)	0.455* (1.827)

续表

变量	捐赠者决策（Donation）					
	模型2_19	模型2_20	模型2_21	模型2_22	模型2_23	模型2_24
Charge	0.023 (0.095)	0.011 (0.046)	0.081 (0.332)	0.109 (0.449)	0.088 (0.367)	0.157 (0.648)
Area	0.021 (0.092)	0.027 (0.117)	0.071 (0.315)	0.002 (0.010)	-0.021 (-0.092)	0.099 (0.441)
lnGover	0.044*** (2.747)	0.044*** (2.696)	0.044*** (2.752)	0.041** (2.544)	0.039** (2.378)	0.039** (2.449)
Size	-0.131* (-1.772)	-0.137* (-1.856)	-0.138* (-1.862)	-0.167** (-2.248)	-0.186** (-2.491)	-0.182** (-2.434)
Age	-0.029** (-2.153)	-0.030** (-2.260)	-0.028** (-2.064)	-0.028** (-2.096)	-0.030** (-2.282)	-0.026* (-1.930)
Edu	1.432*** (7.024)	1.396*** (6.840)	1.371*** (6.745)	1.419*** (6.997)	1.365*** (6.719)	1.361*** (6.708)
Year	Yes	Yes	Yes	Yes	Yes	Yes
C	14.261*** (12.401)	14.377*** (12.430)	13.948*** (12.122)	14.591*** (12.739)	14.885*** (12.917)	14.295*** (12.365)
R^2	0.066	0.068	0.071	0.074	0.077	0.078
adj. R^2	0.061	0.063	0.066	0.069	0.073	0.073
F	14.350	14.709	13.539	15.448	15.802	14.133
N	2692	2692	2692	2692	2692	2692

注：括号内为t值，***、**和*分别表示在1%、5%和10%的水平上显著相关。

表6-19　媒体关注调节公益项目特征和捐赠者决策的回归结果

变量	捐赠者决策（Donation）					
	模型2_25	模型2_26	模型2_27	模型2_28	模型2_29	模型2_30
Number_1	0.406*** (4.915)					
Number_1_1		0.443*** (5.332)				

续表

变量	捐赠者决策（Donation）					
	模型 2_25	模型 2_26	模型 2_27	模型 2_28	模型 2_29	模型 2_30
Number_1_2			0.506*** (5.844)			
Expense_3				0.177*** (6.013)		
Expense_3_1					0.193*** (6.447)	
Expense_3_2						0.216*** (6.604)
Number_1 × Media	0.090* (1.951)					
Number_1_1 × Media		0.088* (1.879)				
Number_1_2 × Media			0.070 (1.434)			
Expense_3 × Media				0.053** (2.450)		
Expense_3_1 × Media					0.063*** (2.800)	
Expense_3_2 × Media						0.047** (2.039)
Media	0.387*** (2.807)	0.382*** (2.700)	0.417*** (2.824)	0.212 (1.216)	0.141 (0.772)	0.252 (1.330)
Board	0.056*** (4.221)	0.055*** (4.172)	0.053*** (4.006)	0.059*** (4.495)	0.059*** (4.476)	0.055*** (4.189)
Meeting	0.384*** (3.973)	0.389*** (4.028)	0.371*** (3.845)	0.353*** (3.657)	0.356*** (3.703)	0.339*** (3.515)
Offering	0.475* (1.913)	0.515** (2.074)	0.434* (1.752)	0.449* (1.812)	0.504** (2.047)	0.411* (1.658)

续表

变量	捐赠者决策（Donation）					
	模型2_25	模型2_26	模型2_27	模型2_28	模型2_29	模型2_30
Charge	0.078 (0.326)	0.076 (0.317)	0.130 (0.541)	0.160 (0.668)	0.152 (0.640)	0.209 (0.875)
Area	-0.118 (-0.522)	-0.107 (-0.472)	-0.070 (-0.309)	-0.143 (-0.631)	-0.158 (-0.698)	-0.062 (-0.277)
lnGover	0.031** (1.978)	0.031** (1.963)	0.030* (1.911)	0.029* (1.805)	0.027* (1.666)	0.026 (1.633)
Size	-0.233*** (-3.126)	-0.238*** (-3.187)	-0.243*** (-3.249)	-0.266*** (-3.543)	-0.288*** (-3.811)	-0.293*** (-3.849)
Age	-0.035*** (-2.609)	-0.037*** (-2.709)	-0.035** (-2.551)	-0.034** (-2.505)	-0.036*** (-2.681)	-0.032** (-2.389)
Edu	1.521*** (7.437)	1.495*** (7.304)	1.480*** (7.263)	1.497*** (7.329)	1.454*** (7.112)	1.462*** (7.180)
Year	Yes	Yes	Yes	Yes	Yes	Yes
C	16.155*** (14.093)	16.173*** (14.103)	16.126*** (14.033)	16.585*** (14.284)	16.916*** (14.507)	16.728*** (14.358)
R^2	0.078	0.080	0.082	0.085	0.090	0.089
adj. R^2	0.073	0.075	0.077	0.080	0.085	0.084
F	19.989	20.282	19.723	20.792	21.811	19.915
N	2692	2692	2692	2692	2692	2692

注：括号内为t值，***、**和*分别表示在1%、5%和10%的水平上显著相关。

表6-20　政府监督调节公益项目特征和捐赠者决策的回归结果

变量	捐赠者决策（Donation）					
	模型2_31	模型2_32	模型2_33	模型2_34	模型2_35	模型2_36
Number_1	1.177*** (7.935)					
Number_1_1		1.181*** (7.922)				

续表

变量	捐赠者决策（Donation）					
	模型 2_31	模型 2_32	模型 2_33	模型 2_34	模型 2_35	模型 2_36
Number_1_2			1.160*** (7.025)			
Expense_3				0.481*** (8.649)		
Expense_3_1					0.506*** (8.813)	
Expense_3_2						0.523*** (7.503)
Number_1 × Charge	-0.658*** (-4.114)					
Number_1_1 × Charge		-0.639*** (-3.965)				
Number_1_2 × Charge			-0.557*** (-3.142)			
Expense_3 × Charge				-0.272*** (-4.508)		
Expense_3_1 × Charge					-0.283*** (-4.559)	
Expense_3_2 × Charge						-0.283*** (-3.811)
Board	0.059*** (4.471)	0.059*** (4.429)	0.055*** (4.118)	0.064*** (4.854)	0.064*** (4.876)	0.058*** (4.371)
Meeting	0.388*** (4.014)	0.396*** (4.101)	0.367*** (3.785)	0.364*** (3.785)	0.371*** (3.868)	0.342*** (3.548)
Offering	0.497** (1.999)	0.551** (2.221)	0.446* (1.796)	0.442* (1.784)	0.497** (2.022)	0.397 (1.602)
Charge	0.805** (2.186)	0.818** (2.148)	0.933** (2.161)	1.158*** (2.824)	1.236*** (2.889)	1.538*** (2.979)

续表

变量	捐赠者决策（Donation）					
	模型2_31	模型2_32	模型2_33	模型2_34	模型2_35	模型2_36
Area	-0.023 (-0.099)	-0.002 (-0.008)	0.033 (0.145)	-0.041 (-0.180)	-0.056 (-0.248)	0.048 (0.213)
lnGover	0.045*** (2.755)	0.043*** (2.676)	0.042*** (2.652)	0.042** (2.550)	0.038** (2.350)	0.037** (2.324)
Size	-0.143* (-1.938)	-0.145** (-1.967)	-0.142* (-1.923)	-0.182** (-2.455)	-0.196*** (-2.643)	-0.194*** (-2.599)
Age	-0.027** (-1.984)	-0.028** (-2.082)	-0.025* (-1.892)	-0.027** (-2.041)	-0.029** (-2.209)	-0.024* (-1.827)
Edu	1.374*** (6.696)	1.341*** (6.541)	1.335*** (6.554)	1.343*** (6.589)	1.295*** (6.359)	1.301*** (6.409)
Year	Yes	Yes	Yes	Yes	Yes	Yes
C	14.050*** (12.509)	13.987*** (12.434)	13.791*** (11.923)	14.269*** (12.613)	14.359*** (12.639)	13.918*** (11.797)
R^2	0.070	0.072	0.072	0.080	0.084	0.082
adj. R^2	0.065	0.067	0.067	0.075	0.079	0.077
F	15.856	15.951	13.727	18.224	18.714	14.731
N	2692	2692	2692	2692	2692	2692

注：括号内为t值，***、**和*分别表示在1%、5%和10%的水平上显著相关。

表6-21　审计机构调节公益项目特征和捐赠者决策的回归结果

变量	捐赠者决策（Donation）					
	模型2_37	模型2_38	模型2_39	模型2_40	模型2_41	模型2_42
Number_1	0.550*** (7.805)					
Number_1_1		0.580*** (8.115)				

续表

变量	捐赠者决策（Donation）					
	模型 2_37	模型 2_38	模型 2_39	模型 2_40	模型 2_41	模型 2_42
Number_1_2			0.644 *** (8.622)			
Expense_3				0.222 *** (8.332)		
Expense_3_1					0.241 *** (8.843)	
Expense_3_2						0.261 *** (8.768)
Number_1 × Audit	0.305 (1.424)					
Number_1_1 × Audit		0.282 (1.296)				
Number_1_2 × Audit			0.122 (0.623)			
Expense_3 × Audit				0.303 *** (2.623)		
Expense_3_1 × Audit					0.304 ** (2.549)	
Expense_3_2 × Audit						0.205 * (1.868)
Audit	0.525 (0.854)	0.582 (0.925)	0.962 (1.632)	−0.696 (−0.815)	−0.701 (−0.789)	−0.036 (−0.043)
Board	0.057 *** (4.293)	0.056 *** (4.244)	0.054 *** (4.072)	0.060 *** (4.551)	0.060 *** (4.542)	0.056 *** (4.263)
Meeting	0.388 *** (4.004)	0.395 *** (4.081)	0.374 *** (3.849)	0.357 *** (3.692)	0.362 *** (3.766)	0.340 *** (3.517)
Offering	0.539 ** (2.169)	0.581 ** (2.344)	0.496 ** (1.999)	0.487 ** (1.963)	0.538 ** (2.185)	0.457 * (1.841)

续表

变量	捐赠者决策（Donation）					
	模型2_37	模型2_38	模型2_39	模型2_40	模型2_41	模型2_42
Charge	0. 030 (0. 125)	0. 022 (0. 093)	0. 092 (0. 378)	0. 116 (0. 481)	0. 101 (0. 420)	0. 162 (0. 674)
Area	-0. 058 (-0. 254)	-0. 050 (-0. 220)	-0. 010 (-0. 043)	-0. 076 (-0. 335)	-0. 091 (-0. 400)	0. 004 (0. 017)
lnGover	0. 042 *** (2. 605)	0. 041 ** (2. 577)	0. 041 ** (2. 562)	0. 039 ** (2. 432)	0. 037 ** (2. 288)	0. 037 ** (2. 307)
Size	-0. 164 ** (-2. 189)	-0. 169 ** (-2. 263)	-0. 173 ** (-2. 306)	-0. 214 *** (-2. 831)	-0. 232 *** (-3. 061)	-0. 233 *** (-3. 060)
Age	-0. 026 ** (-1. 970)	-0. 028 ** (-2. 074)	-0. 025 * (-1. 883)	-0. 026 * (-1. 942)	-0. 028 ** (-2. 113)	-0. 023 * (-1. 728)
Edu	1. 417 *** (7. 000)	1. 385 *** (6. 838)	1. 357 *** (6. 723)	1. 425 *** (7. 081)	1. 376 *** (6. 827)	1. 360 *** (6. 755)
Year	Yes	Yes	Yes	Yes	Yes	Yes
C	15. 078 *** (13. 083)	15. 110 *** (13. 127)	15. 018 *** (13. 041)	15. 749 *** (13. 559)	15. 988 *** (13. 784)	15. 765 *** (13. 583)
R^2	0. 070	0. 073	0. 074	0. 081	0. 085	0. 083
adj. R^2	0. 065	0. 068	0. 069	0. 075	0. 080	0. 078
F	16. 704	17. 107	15. 627	18. 774	19. 335	15. 850
N	2692	2692	2692	2692	2692	2692

注：括号内为t值，***、**和*分别表示在1%、5%和10%的水平上显著相关。

表6-22　声誉机制调节公益项目特征和捐赠者决策的回归结果

变量	捐赠者决策（Donation）					
	模型3_1	模型3_2	模型3_3	模型3_4	模型3_5	模型3_6
Number_1	0. 509 *** (3. 715)					
Number_1_1		0. 531 *** (3. 923)				

续表

变量	捐赠者决策（Donation）					
	模型 3_1	模型 3_2	模型 3_3	模型 3_4	模型 3_5	模型 3_6
Number_1_2			0.659*** (4.741)			
Expense_3				0.222*** (4.896)		
Expense_3_1					0.235*** (5.181)	
Expense_3_2						0.255*** (5.386)
Number_1 × Reputation	-0.009 (-0.063)					
Number_1_1 × Reputation		-0.014 (-0.095)				
Number_1_2 × Reputation			-0.144 (-0.963)			
Expense_3 × Reputation				-0.011 (-0.209)		
Expense_3_1 × Reputation					-0.006 (-0.123)	
Expense_3_2 × Reputation						-0.011 (-0.209)
Reputation	1.842*** (7.483)	1.829*** (7.170)	2.020*** (6.900)	1.841*** (7.132)	1.803*** (6.669)	1.888*** (5.899)
Board	0.043*** (3.306)	0.043*** (3.267)	0.041*** (3.098)	0.047*** (3.617)	0.047*** (3.619)	0.043*** (3.276)
Meeting	0.360*** (3.760)	0.367*** (3.833)	0.342*** (3.565)	0.336*** (3.528)	0.341*** (3.589)	0.318*** (3.347)
Offering	0.648*** (2.641)	0.683*** (2.786)	0.610** (2.486)	0.605** (2.461)	0.648*** (2.656)	0.569** (2.317)

续表

变量	捐赠者决策（Donation）					
	模型 3_1	模型 3_2	模型 3_3	模型 3_4	模型 3_5	模型 3_6
Charge	0.062 (0.262)	0.054 (0.227)	0.115 (0.488)	0.131 (0.560)	0.116 (0.498)	0.173 (0.739)
Area	0.083 (0.367)	0.089 (0.393)	0.128 (0.567)	0.064 (0.284)	0.045 (0.202)	0.148 (0.660)
lnGover	0.030* (1.921)	0.030* (1.905)	0.029* (1.866)	0.028* (1.786)	0.027* (1.671)	0.026 (1.630)
Size	-0.225*** (-2.964)	-0.228*** (-3.010)	-0.234*** (-3.078)	-0.256*** (-3.348)	-0.270*** (-3.534)	-0.279*** (-3.619)
Age	-0.046*** (-3.472)	-0.047*** (-3.550)	-0.044*** (-3.371)	-0.045*** (-3.423)	-0.046*** (-3.571)	-0.043*** (-3.261)
Edu	1.402*** (7.035)	1.374*** (6.889)	1.356*** (6.810)	1.396*** (7.036)	1.351*** (6.783)	1.343*** (6.769)
Year	Yes	Yes	Yes	Yes	Yes	Yes
C	15.466*** (13.385)	15.479*** (13.405)	15.360*** (13.313)	15.771*** (13.513)	15.979*** (13.687)	15.879*** (13.552)
R^2	0.100	0.102	0.104	0.107	0.110	0.112
adj. R^2	0.095	0.097	0.099	0.102	0.105	0.107
F	22.097	22.628	21.794	21.664	22.390	21.763
N	2692	2692	2692	2692	2692	2692

注：括号内为t值，***、**和*分别表示在1%、5%和10%的水平上显著相关。

6.4 小 结

本章提供考察在不同程度的治理机制情景下，与高管祖籍异地的公益项目特征和捐赠者决策之间的关系效用，结果指出：（1）信息披露机制发挥了正向影响作用，即在信息披露机制较好的基金会中，与高管祖籍异地的项目支出越多，获得捐赠收入也就越多，并且将高管分为理事长和秘书长之后，指出信息披露机制显著正向调节与理事长祖籍异地的项目特征和捐赠收入之间的关系，这说明捐赠者比较偏好于信息披露机制好的基金会中与高管祖籍异地的项目特征，尤其是对理事长祖籍异地的项目。(2) 监督与激励发挥了正向影响作用，即在监督与激励较好的基金会中，与高管(包括理事长和秘书长) 祖籍异地的项目支出越多，获得的捐赠收入也就越高，这说明捐赠者更倾向于与高管异地的项目支出越多的公益项目。(3) 进一步考察每一个监督指标的调节效应，结果发现，理事会规模、理事会激励、媒体关注程度、审计机构正向调节与高管祖籍异地的公益项目特征和捐赠收入之间的关系，而理事会会议和政府监督负向调节与高管祖籍异地的公益项目特征和捐赠收入之间的关系，这意味着捐赠者更倾向于理事会规模较高、激励程度越大、媒体关注程度越高、存在审计机构的基金会中与高管祖籍异地的公益项目，而非理事会会议次数越多，政府监督程度越高的基金会中与高管祖籍异地的公益项目。(4) 声誉机制并未发生作用，这可能说明捐赠者还未意识到基金会声誉机制的重要性。

第 7 章

研究结论与讨论

7.1 主要研究结论

在慈善市场中，捐赠者行为属于一种典型的利他行为，即主要是以个人物质为代价来提升他人利益，借此通过增加他人的福祉实现利他效用的行为，研究指出该利他效用不仅包括改善他人的福祉或者增加社会福利的纯粹利他效果（Becker，1974），还包括从慈善捐赠中获得他人的尊重、提升自身的声誉等社会价值的自我利他效果（Bereczkei et al.，2007）。可见慈善捐赠者属于追求自我和他人利益最大化的双重利益追求者。那么如何实施捐赠才能够实现这两种利益最大化？从捐赠者制定捐赠决策来讲，他们的捐赠并非盲目的，而是有自己的行为意向和偏好，这种行为意向和偏好的多样性导致捐赠者捐赠策略的多样性，例如倾向于寻求实现自我满足感的捐赠者更在乎的是个人捐赠行为是否受到关注或者是否被更多人观察到（Becker，1974；Ribar and Wilhelm，1996；Bénabou and Tirole，2006；Soetevent，2015）。这就需要捐赠者在捐赠过程中通过理性思维对慈善组织进行理性判断，所以作为理性人，捐赠者可能通过搜集、整合和加工慈善组织信息，预测捐赠行为产生的结果，以及对其进行价值判断（Davis，2003），从而产生一系列价值等级排序，即偏好排序，而后捐赠者完成捐赠的理性选择行为。由于公益项目是慈善捐赠资源的最终体现形式，并且绝大部分的捐赠资源需要用于慈善公益事业。那么捐赠者是否会依据慈善组织的公益项目来制定捐赠决策？

基于此，本书从慈善组织公益项目视角出发，根据理性选择理论，考察捐赠者是否会根据公益项目特征来制定捐赠决策，以 2011 ~2014 年基金会中心网公布的基金会数据为考察样本，将公益项目特征分为公益项目自身特征、高管关联—公益项目特征和治理机制—公益项目特征三个层面，采用多元回归分析方法，使用 Stata 和 SPSS 计量分析软件进行实证检验。

(1) 捐赠者比较关注慈善组织公益项目自身特征。在使用慈善组织基金会为样本数据，将公益项目特征测量为济贫程度、社会福利程度和捐赠者自身社会价值，将捐赠者决策测量为慈善捐赠，结果发现捐赠者的慈善捐赠主要是出于增大济贫程度、社会福利程度和提升自身社会价值，而且在这三个影响指标中，捐赠者对慈善组织济贫程度的关注程度更强。具体来说，济贫程度越高的基金会越可能得到较高的总捐赠收入；而且带来较多社会福利与实现捐赠者自身社会价值较高的基金会，得到的总捐赠收入也越高，但其影响效应均显著小于济贫程度的影响效应。

将捐赠者分为个人捐赠者和机构捐赠者之后，研究发现，个人和机构捐赠者均较为注重济贫程度，但在一定程度上，个人捐赠者更注重社会福利程度，机构捐赠者更注重自身社会价值的提升。具体来说，在公益项目的济贫程度较高、带来的社会福利较多和捐赠者自身社会价值较高的基金会中，个人捐赠收入和机构捐赠收入均较高，但影响效应存在一定差异，对于个人捐赠收入来说，济贫程度的正向影响程度最大，而社会福利程度强于捐赠者自身社会价值；对于机构捐赠收入来说，济贫程度的正向影响程度最大，而捐赠者自身社会价值的正向影响程度大于社会福利程度。这可能是因为机构捐赠者在实施捐赠的过程中需要通过较为复杂的审批和决策程序，并且他们还更希望通过慈善捐赠的广告效用达到履行社会责任、提高组织形象、增加声誉等社会价值以便影响消费者购买意愿等实现组织价值的效果（张立民等，2012），因此他们更多地关注于济贫程度和自身社会价值的提高。而对于个人捐赠者来说，他们的捐赠数量相对较少，对于个人利益的影响程度并不大，所以他们更多地关注于慈善捐赠的济贫和社会福利程度。

由于在法律制度上，全国性公募基金会原始基金最多，地方性公募基金会原始基金次之，非公募基金会原始基金最少，这说明在未来的公益项目中，不同性质的基金会对于捐赠资源的使用会出现很大的差异。另外，不同性质的基金会在会计信息披露质量（陈丽红等，2015b）和募捐活动范围内都存在较大的差异，因此进一步考察不同的基金会性质的影响效应，根据基金会性质将其分为全国性基金会和地方性基金会之后，研究发现在全国性基金会中个人捐赠者倾向于注重提升自我社会价值，而机构捐赠者倾向于注重社会福利程度；在地方性基金会中，无论是个人或是机构捐赠者都比较注重济贫程度，但是，个人捐赠者更倾向于基金会带来更多社会福利，而机构捐赠者更倾向于提升自身社会价值。具体来说，在全国性基金会中，对于总捐赠收入来说，社会福利程度和捐赠者自身社会价值的影响效果最大，对于个人捐赠收入来说，捐赠者自身社会价值的正向作用最大，对于机构捐赠收入来说，提升自身社会价值的正向作用最大；在地方性基金会中，对于总捐赠收入来说，济贫程度的正向作用更大，对于个人捐赠收入来说，济贫程度的正向作用最大，社会福利程度的正向效应强于捐赠者自身社会价值，而对于机构捐赠收入来说，同样是济贫程度的正向作用最大，但捐赠者自身社会价值强于社会福利程度。二者之所以产生不同，是因为全国性基金会更容易选取百强的事务所，并且具有较好的信息披露质量，更能够得到捐赠者的信任，扩散面和影响力更广，所以他们更多关注于项目的社会价值，这对于注重声誉价值的个体捐赠者和机构捐赠者来说，更能够实现声誉价值，获取自我价值最大化；而地方性基金会仅能够在注册地区实施募捐活动，影响范围比较小，并且筹资对象比较单一，无法得到更多的捐赠者的关注，所以对于这样的基金会来讲，捐赠者更多地注重纯粹利他主义的实现，所以他们更多地关注于项目济贫程度，这样更能够实现社会福利最大化。

（2）捐赠者比较关注高管关联特征的公益项目。将高管关联的公益项目特征测量为公益项目所在地是否与高管祖籍异地，捐赠者决策测量为慈善捐赠，结果指出捐赠者重视与高管（包括理事长和秘书长）祖籍异地项目的数量和支出程度，这主要是因为与高管祖籍同地的项目使得高管存在“报效桑梓”行为，而这一行为不仅为高管获得了声誉价值，还在一定程度上增加了高管机会主义行为的可能性，提高了他们获取私利的可能性，增加了高管与组织和捐赠者之间的代理成本。

具体来讲，慈善组织中高管存在“报效桑梓”行为，即与高管祖籍同地的公益项目获得支出越多，并且还发现与秘书长对慈善公益项目的影响程度相比，理事长对慈善公益项目的影响程度更大；还考察了高管的这种“报效桑梓”行为是否会产生代理成本，结果指出与高管祖籍异地的项目支出越多，管理费用率越低，这说明与高管祖籍异地的公益项目能够有效降低高管的管理费用率，降低了代理成本，这也说明高管的“报效桑梓”

行为可能会产生代理成本；最后研究指出捐赠者并不认同高管的“报效桑梓”行为，即高管实施“报效桑梓”行为程度越低，捐赠者捐赠就会越高，并且研究证实与理事长相比，秘书长对捐赠者决策的影响程度更大，这可能是由于秘书长作为管理层在慈善组织筹资行为过程中更可能接触捐赠者的缘故，使得捐赠者更可能看重秘书长的特征。另外还发现，与高管祖籍异地的项目特征能够通过提高捐赠者声誉价值和降低高管管理费用率的方式获得捐赠者的认同，从而提高捐赠收入，也就是说，捐赠者倾向于偏好能够提高捐赠者声誉价值和降低高管管理费用率的与高管祖籍异地的项目。

（3）捐赠者比较关注于公益项目所在的慈善组织治理机制的好坏。将慈善组织治理机制测量为信息披露机制、监督和激励机制、声誉机制，结果发现捐赠者更看重治理机制较好的基金会中的与高管祖籍异地的公益项目，他们认为在治理机制较好的基金会中，信息披露比较真实可靠、对高管的监督程度也比较大，抑制了高管的机会主义行为，一旦出现违反组织公益宗旨和捐赠者意愿的行为，将可能会受到较为严重的声誉处罚，这样的情景下，捐赠者更会认可基金会实施的与高管祖籍异地的公益项目，从而制定相应的捐赠决策。具体来讲，将治理机制分为信息披露机制、监督与激励和声誉机制，实证检验发现：

首先，在信息披露机制较好的基金会中，与高管祖籍异地的项目支出越多，获得捐赠收入也就越多，并且将高管分为理事长和秘书长之后，指出信息披露机制显著正向调节与理事长祖籍异地的项目特征和捐赠收入之间的关系，信息披露机制并未在调节与理事长祖籍异地的项目特征和捐赠收入之间起作用。

其次，在监督与激励较好的基金会中，与高管（包括理事长和秘书长）祖籍异地的项目支出越多，获得的捐赠收入也就越多，这说明捐赠者更倾向于与高管祖籍异地的项目支出越多的公益项目。

再次，进一步考察每一个监督指标的调节效应，结果发现，理事会规模、理事会激励、媒体关注程度、审计机构正向调节与高管祖籍异地的公益项目特征和捐赠收入之间的关系，而理事会会议和政府监督负向调节与高管祖籍异地的公益项目特征和捐赠收入之间的关系，这意味着捐赠者更倾向于理事会规模较高、激励程度越大、媒体关注程度越高、存在审计机构的基金会中与高管祖籍异地的公益项目，而非理事会会议次数越多、政府监督程度越高的基金会中与高管祖籍异地的公益项目。

最后，声誉机制并未发生作用，这可能说明捐赠者还未意识到基金会声誉机制的重要性。

7.2　研究启示与政策建议

7.2.1　研究启示

本书研究将慈善组织公益项目特征引入捐赠者决策的研究模型，以捐赠者决策作为待考察变量，探讨捐赠者根据慈善组织公益项目特征制定捐赠决策的内在机理，完善了以往关于捐赠者决策的研究。从理性选择理论视角考察捐赠者决策形成机制的理论模型，并得出研究结论，具有一定的研究启示。

（1）本书指出慈善组织的公益项目自身特征、高管关联特征和治理机制情景下的公益项目特征对捐赠者行为都具有重要的影响作用，丰富了基金会特征对捐赠者行为的相关研究，第一次清晰地解释了捐赠者如何根据公益项目特征制定捐赠者决策，验证了理性选择理论在慈善市场中研究捐赠者行为的适应性，这也为捐赠者行为研究开拓了一项新的理论视角。

（2）本书发现由于慈善组织的公益性特征使得作为“理性人”的高管无法获得较高的激励，使得他们在实施公益项目决策的过程中出现为自己谋取私利的理性选择行为，这也验证了理性选择理论对于高管决策行为具有一定的解释作用，也为高管行为研究开拓了一项新的理论视角。

（3）本书发现不同类型的捐赠者在面对同一公益项目自身特征时表现出不同的捐赠偏好，个人捐赠者比较注重济贫程度和社会福利程度，机构捐赠者则比较注重济贫程度和自身社会价值的提升，这说明个人和机构捐赠者在实施捐赠决策时可能会出于不同的捐赠动机或者捐赠目的，这为探究不同类型捐赠者的捐赠决策差异提供了新的方向。

（4）本书指出捐赠者面临不同性质的慈善组织也会具有不同的捐赠偏好，捐赠者比较注重全国性慈善组织公益项目的社会福利程度和捐赠者自身社会价值，注重地方性慈善组织公益项目的济贫程度，并且不同类型的捐赠者的影响差异也很大，这说明捐赠者对于不同性质的慈善组织公益项目的偏好也存在差异，这为研究捐赠者对于不同性质慈善组织的捐赠决策差异提供了一个新的研究视角。

(5) 本书指出虽然慈善组织理事长和秘书长都会在制定公益项目决策过程中存在“报效桑梓”行为，但是与秘书长相比，理事长的影响程度较高；而捐赠者根据高管的“报效桑梓”行为制定捐赠决策时，捐赠者由于更可能接近于秘书长，所以捐赠者更注重秘书长是否具有“报效桑梓”行为，这为考察不同高管的行为研究提供了基础。

(6) 在研究捐赠者决策模型中，本书发现理事会规模、会议次数、公募型组织、全国性组织、政府补助和教育行业均正向影响了捐赠者的捐赠决策，而组织规模和年龄则负向影响了捐赠者决策，这意味着捐赠者在制定捐赠决策过程中还会注重组织的理事会特征、募集性质和范围、组织发展状况和政府的补助情况。另外，在考察治理机制对捐赠者决策的影响效应时发现，捐赠者偏好于信息披露机制、监督和激励机制较好的慈善组织的公益项目，并且在监督和激励机制的分指标中，指出捐赠者也会关注理事会规模较大和激励较高、媒体关注程度较强、存在审计机构、政府监督较低的慈善组织的公益项目，而对于声誉机制慈善组织的公益项目却关注度较低，但是信息披露机制、监督和激励机制以及声誉机制较好的慈善组织均能够有效影响捐赠者决策，这为后来探讨捐赠者决策提供了一定的研究基础。

(7) 本书认为与高管祖籍异地的公益项目能够有效降低慈善组织的代理成本，提高捐赠者的自身社会价值，从而获得捐赠者的认可，并且理事会会议次数和教育行业能够有效降低慈善组织代理成本，在规模较大和教育行业的组织中能够提高捐赠者自身社会价值，而组织年龄和处于发达地区却降低了捐赠者自身社会价值，说明慈善组织代理成本和捐赠者自身社会价值不仅受到公益项目的影响，同样也会受到组织特征（如规模、行业、年龄、所在地经济水平等）和理事会特征（会议次数等）的影响，这为研究组织代理成本和捐赠者社会价值实现提供了基础。

7.2.2 政策建议

结合上述研究结论和研究启示，本书研究也为捐赠者、慈善组织和政策制定者提供相应的政策建议。

(1) 对于捐赠者来说，要想制定更为有效的捐赠决策实现捐赠目的最大化，需要从以下几个方面入手：

首先，从慈善资源的使用情况入手。由于公益项目是慈善资源的最终体现形式，那么了解公益项目的实施情况有助于捐赠者制定有效的捐赠决策。在了解公益项目实施情况时，捐赠者需要更多地关注于公益项目实施过程中的济贫程度较大、社会福利程度较高、捐赠者自身社会价值较多、所在地与高管的祖籍无关联、信息披露机制、监督和激励机制、声誉机制均较好的慈善组织的公益项目，因为这些特征有助于捐赠者更好地实现捐赠目的达到利他最大化。

其次，从慈善组织特征入手。除了关注慈善组织的公益项目之外，捐赠者还需要了解慈善组织的特征，因为慈善组织的特征可能会对公益项目的决策产生一定的影响。所以，捐赠者要想保证自己的慈善捐赠得到更合理有效的利用，还需要注重慈善组织的基本特征，例如将慈善资源捐赠给理事会规模较高、经常召开理事会会议、更多用于教育事业、所在地处于经济不发达地区、成立年限较短、信息披露机制、监督和激励机制、声誉机制均较好等特征的慈善组织，这为慈善资源得到有效利用提供了保证。

（2）对于慈善组织来说，要想得到捐赠者的认可获取更多的慈善捐赠，需要做到以下几点：

首先，制定合乎捐赠者偏好的公益项目决策。一方面，捐赠者特别重视项目自身特征，尤其是济贫程度，因此，慈善组织首先要将“济贫”放在首位，通过扩大“济贫”的范围获得更多的外部捐赠；在个人捐赠收入处于下降趋势的今天，要想更快地提高个人捐赠收入，慈善组织应该制定更多能够增加社会福利的项目决策；机构捐赠者为捐赠收入的主要来源，因此要想更快地增加机构捐赠收入，慈善组织应该制定更多提升捐赠者自身社会价值的项目决策；并且不同性质的慈善组织在制定项目决策方面也应有所不同，全国性组织的公益项目应突出社会福利程度和捐赠者自身社会价值，地方性组织的公益项目应突出济贫程度。另一方面，捐赠者并不认同高管的“报效桑梓”行为，因此，慈善组织尽可能地将公益项目的投放地远离组织高管家乡等地，尤其是远离理事长和秘书长的家乡，因此要想更快地提高捐赠收入，慈善组织应该制定更多与慈善组织内部高管家乡异地的项目，或者更多范围的项目决策。

其次，根据捐赠者的偏好合理发展。一方面，捐赠者比较注重信息披露机制、监督与激励和声誉机制的作用，因此，慈善组织需要提高信息披露机制、监督与激励和声誉机制的有效性，例如提高组织的信息披露程度，争取做到准确及时，增加理事会成员人数和相对激励程度，尽量聘请百强的审计机构，提升组织在慈善市场中的声誉；另一方面，慈善组织除了提高治理机制的有效性之外，还需要保证自身发展，例如将慈善资源多用于教育事业，扩大募集范围，或者将慈善组织迁移至经济不发达的地区，等等。

（3）对于政策制定者来说，若要保证整个慈善市场的长期有效发展，应在制定的政策中含有以下因素：

其一，关于公益项目政策，应积极推进慈善组织中具有济贫程度高、社会福利程度大和提升捐赠者自身社会价值项目等特征、尽量减少与高管相关联特别是与他们祖籍地相关联特征、提高治理机制好的特征的公益项目有效实施，在制定政策时应将这些因素考虑在内，因为这不仅能够使捐赠者感到自己的慈善捐赠得到合理有效利用，还能够帮助慈善组织获取更多的外部捐赠，使得慈善市场资源得到良性循环，优化资源配置。

其二，关于会计信息披露政策，应加大对慈善组织信息披露的监管和激励力度，保证慈善组织尽可能披露更为详细公益项目信息，使得捐赠者得到准确及时的财务会计信息，促进慈善市场的健康发展。

7.3 研究局限与未来研究方向

（1）慈善组织主要包括基金会、社会团体、社会服务机构，由于数据的限制，本书仅探讨了基金会的公益项目特征和捐赠者决策的关系效用，而未考察社会团体、社会服务机构的关系效用，在未来的研究中，可以以这两个慈善组织形式来作为考察样本；

（2）关于慈善组织公益项目特征的研究还几乎是空白，本书也只是从这个视角作了基础性的理论探索，限于数据收集等方面的原因，还可能存在许多不甚成熟的地方，例如捐赠者的个人特征对于公益项目选择偏好的影响等问题还难以解决，还需要在未来的研究中进一步探讨。

（3）巴纳德认为，决策分为机会主义决策和道德决策，机会主义决策注重理性决策，强调决定手段，具有工具属性特点，道德决策强调决定行为的目的本身，具有终极价值属性特点。慈善捐赠决策同样也具有这两种属性，而本书仅关注了工具属性的特点，还没有研究慈善捐赠决策的终极价值属性，在未来的研究中还需进一步探讨。

参考文献

[1] 庇古．福利经济学：珍藏本（上卷）[M]．北京：商务印书馆，2009.

[2] 曹飞廉，陈健民．当代中国的基督教社会服务组织与公民社会——以爱德基金会和上海基督教青年会为个案 [J]．开放时代，2010（9）：119－135.

[3] 曾维和．非营利组织治理中的综合监督机制探讨 [J]．兰州学刊，2004（3）：198－200.

[4] 陈丽红，张龙平，李青原等．会计信息会影响捐赠者的决策吗？——来自中国慈善基金会的经验证据 [J]．会计研究，2015a（2）：28－35.

[5] 陈丽红，张龙平，杨平．慈善组织特征、信息披露与捐赠收入 [J]．当代财经，2015b（11）：107－117.

[6] 陈丽红，张龙平等．慈善基金会特征、审计师选择与捐赠决策 [J]．审计研究，2014（5）：68－76.

[7] 陈小林，魏学强．企业捐赠的动机、影响因素与经济后果 [J]．会计之友，2011（12）：7－10.

[8] 陈叶烽，叶航，汪丁丁．超越经济人的社会偏好理论：一个基于实验经济学的综述 [J]．南开经济研究，2012（1）：63－100.

[9] 程昔武，纪纲等．非营利组织信息披露机制：一个理论框架 [J]．财贸研究，2008，19（4）：111－117.

[10] 道格拉斯·C. 诺思．制度、制度变迁和经济绩效（英文1版）[M]．上海：上海三联书店，1994.

[11] 邓莉雅，王金红．中国NGO生存与发展的制约因素——以广东番禺打工族文书处理服务部为例 [J]．社会学研究，2004（2）：89－97.

[12] 杜兰英，赵芬芬，侯俊东．基于感知视角的非营利组织服务

质量、捐赠效用对个人捐赠意愿影响研究 [J]. 管理学报，2012 (9)：89 -96.

[13] 高功敬，高鉴国. 中国慈善捐赠机制的发展趋势分析 [J]. 社会科学，2009 (12)：52 -61.

[14] 官有恒. 非营利组织的董事会角色与功能剖析：以台湾地区地方性社会福利基金会为例 [C].//两岸非营利组织公共事务学术研讨会论文集，2002：78 -92.

[15] 官有垣. 台湾地区企业捐资型社会福利与慈善基金会之治理功能研究 [M].//范丽珠主编. 全球化下的社会变迁与非政府组织. 上海：上海人民出版社，2003.

[16] 何大安. 个体选择理论的行为和实验分析 [J]. 浙江学刊，2008 (4)：19 -26.

[17] 何大安. 行为经济人有限理性的实现程度 [J]. 中国社会科学，2004 (4)：91 -101.

[18] 何大安. 行为理性主体及其决策的理论分析 [J]. 中国工业经济，2013 (7)：5 -17.

[19] 何大安. 交易过程中的行为最大化——对行为理性特征一种新的理论解说 [J]. 中国社会科学，2009 (5)：116 -127.

[20] 何大安. 选择偏好、认知过程与效用期望 [J]. 学术月刊，2014 (6)：49 -59.

[21] 胡石清，乌家培. 关于信任的博弈分析——基于个体的自利理性和社会理性 [J]. 当代财经，2009 (3)：13 -18.

[22] 康晓光，卢宪英，韩恒. 改革时代的国家与社会关系——行政吸纳社会 [M]. 载王名. 中国民间组织 30 年——走向公民社会. 北京：中国社会科学出版社，2008.

[23] 李国武，李璐. 社会需求、资源供给、制度变迁与民间组织发展——基于中国省级经验的实证研究 [J]. 社会，2011，31 (6)：74 -102.

[24] 李晗，张立民，汤胜等. 媒体监督能影响基金会绩效吗？——来自我国的初步经验证据 [J]. 审计研究，2015 (2)：72 -80.

[25] 李纾，房永青. 再探框架对风险决策行为的影响 [J]. 心理学报，2000 (2)：229 -234.

[26] 李维安. 非营利组织管理学 [M]. 北京：高等教育出版社，2005.

［27］里贾纳·E. 赫茨琳杰. 非营利组织管理［M］. 北京：中国人民大学出版社，2000.

［28］刘宏鹏. 非营利组织理事会角色与责任研究——基于中美比较分析的视角［J］. 南开管理评论，2006，9（1）：103－112.

［29］刘丽珑. 我国非营利组织内部治理有效吗——来自基金会的经验证据［J］. 中国经济问题，2015（2）：98－108.

［30］刘树林，席酉民. 群体大小与群体创建决策方案数量的实验研究［J］. 控制与决策，2002，17（5）：583－586.

［31］中共中央马克思恩格斯列宁斯大林著作编译局. 马克思恩格斯选集：第4卷［M］. 北京：人民出版社，1995.

［32］庞树奇，王波. 中国慈善事业的纵横比较，上海市慈善基金会、上海慈善事业发展研究中心编，慈善：关爱与和谐［M］. 上海：上海社会科学院出版社，2004.

［33］戚艳霞，赵建勇，王鑫. 财务受托责任、信息质量要求和非营利组织会计的改进［J］. 财政研究，2009（2）：71－73.

［34］乔尔·J. 奥罗兹. 基金会工作权威指南：基金会如何发掘、资助和管理重点项目［M］. 孙韵译. 北京：机械工业出版社，2002.

［35］苏力，葛云松，张守文，高丙中. 规制与发展：第三部门的法律环境［M］. 浙江：浙江人民出版社，1999.

［36］田凯. 非协调约束与组织运作——一个研究中国慈善组织与政府关系的理论框架［J］. 中国行政管理，2004（5）：88－95.

［37］王名. 非营利组织及其对中国事业单位改革的意义［J］. 学会，2005（2）：30－34.

［38］王名. 中国NGO与公民社会的形成［J］. 财经，2002（13）：34－34.

［39］王雄元. 自愿性信息披露：信息租金与管制［J］. 会计研究，2005（4）：27－31＋96.

［40］温忠麟，叶宝娟. 中介效应分析：方法和模型发展［J］. 心理科学进展，2014，22（5）：731－745.

［41］吴元元. 信息基础、声誉机制与执法优化——食品安全治理的新视野［J］. 中国社会科学，2012（6）：115－133.

［42］休·史卓顿，莱昂内尔·奥查德. 公共物品、公共企业和公共选择：对政府功能的批评与反批评的理论纷争［M］. 北京：经济科学出版社，

2000.

[43] 徐麟. 中国慈善事业发展研究 [M]. 北京：中国社会出版社，2005.

[44] 徐宇珊. 非对称性依赖：中国基金会与政府关系研究 [J]. 公共管理学报，2008，5 (1)：33-40.

[45] 亚当·斯密. 道德情感论 [M]. 蒋自强等译. 北京：商务印书馆，1997.

[46] 亚当·斯密. 国民财富的性质和原因的研究 [M]. 北京：商务印书馆，1972.

[47] 颜克高，陈晓春. 非营利组织信息披露机制的理论构建 [J]. 华东经济管理，2010，24 (12)：122-125.

[48] 颜克高. 公益基金会的理事会特征与组织财务绩效研究 [J]. 中国经济问题，2012 (1)：84-91.

[49] 颜克高. 组织特征、资源环境与理事会规模：来自我国基金会的经验证据 [J]. 湖南大学学报：社会科学版，2014，28 (2)：64-69.

[50] 杨春学. 利他主义经济学的追求 [J]. 经济研究，2001 (4)：82-90.

[51] 伊恩·斯迈利，约翰·黑利，陈玉华. NGO 领导、策略与管理：理论与操作 [M]. 北京：社会科学文献出版社，2005.

[52] 尤里·格尼茨，约翰·李斯特著. 隐性动机：日常生活中的经济学和人类行为背后的动机 [M]. 北京：中信出版社，2015.

[53] 于国旺. 受托责任与非营利组织会计信息披露分析 [J]. 财会通讯，2010 (22)：53-54.

[54] [美] 约瑟夫·E. 斯蒂格利茨. 经济学[M]. 北京：中国人民大学出版社，2006.

[55] 张彪. 非政府组织绩效的财务评价指标体系的设计 [J]. 统计与决策，2009 (9)：174-176.

[56] 张立民，曹丽梅，李晗. 审计在基金会治理中能够有效发挥作用吗 [J]. 南开管理评论，2012 (2)：72-80.

[57] 张维迎. 信息、信任与法律 [M]. 生活·读书·新知三联书店，2003.

[58] 赵晓琴，万迪昉. 影响中国企业慈善捐赠行为的因素：省域空间相关的角度——基于“5·12”地震内地企业捐款的空间计量分析 [J]. 软

科学，2011，25（5）：120－123.

［59］郑筱婷，钱艳萍．理性人为何捐赠？——关于慈善理论和实验研究的一个综述［J］．世界经济文汇，2014（1）：70－94.

［60］周延风，罗文恩，黄光．非营利组织多重参与者导向：前因变量与绩效影响——基于中国6省份采供血机构的实证研究［J］．管理世界，2008（8）：59－68.

［61］周长城．理性选择理论：社会学研究的新视野［J］．社会科学战线，1997（4）：224－229.

［62］周正，周方召，周旭亮．非营利组织“三次分配”的社会福利效应——兼论政府对非营利组织的财政激励规制［J］．经济管理，2010（11）：156－163.

［63］Aggarwal，R. K.，M. E. Evans and D. Nanda，2012，Nonprofit Boards：Size，Performance and Managerial Incentives［J］. Social Science Electronic Publishing，Vol. 53（1－2）：466－487.

［64］Alexander，J. A and S. Y. D. Lee，2006，Does Governance Matter? Board Configuration and Performance in Not-for-profit Hospitals［J］. Milbank Quarterly，Vol. 84（4）：733－758.

［65］Alexander，F.，2006，Choice Determinants of Donors Giving［M］. Auckland：Auckland University of Technology.

［66］Andreoni，J. and R. Petrie，2004，Public Goods Experiments without Confidentiality：a Glimpse into Fund-raising［J］. Journal of Public Economics，Vol. 88（7－8）：1605－1623.

［67］Andreoni，J.，1989，Giving with Impure Altruism：Applications to Charity and Ricardian Equivalence［J］. Journal of Political Economy，Vol. 97（6）：1447－1458.

［68］Andres－Alonso，P. D.，N. M. Cruz and M. E. Romero－Merino，2006，The Governance of Nonprofit Organizations：Empirical Evidence from Nongovernmental Development Organizations in Spain［J］. Nonprofit and Voluntary Sector Quarterly，Vol. 35（4）：588－604.

［69］Anheier，H. K. and S. Toepler，1999，Private Funds，Public Purpose：Philanthropic Foundations in International Perspective［J］. Administrative Science Quarterly，Vol. 46（2）：356－358.

［70］Ariely，D.，B. Anat and M. Stephan，2009，Doing Good or Doing

Well? Image Motivation and Monetary Incentives in Behaving Prosocially [J]. The American Economic Review, Vol. 99 (1): 544 - 555.

[71] Baber, W. R., A. A. Roberts and G. Visvanathan, 2001, Charitable Organizations' Strategies and Program - Spending Ratios [J]. Accounting Horizons: December, Vol. 15 (4): 329 - 343.

[72] Baber, W. R., P. L. Daniel and A. A. Roberts, 2002, Compensation to Managers of Charitable Organizations: An Empirical Study of the Role of Accounting Measures of Program Activities [J]. The Accounting Review, Vol. 77 (3): 679 - 693.

[73] Balsam, S., Harris E. E., 2014, The Impact of CEO Compensation on Nonprofit Donations [J]. Accounting Review, Vol. 89 (2): 425 - 450.

[74] Baron, R. M. and D. A. Kenny, 1987, The Moderator - Mediator Variable Distinction in Social Psychological Research: Conceptual, Strategic, and Statistical Considerations [J]. Journal of Personality & Social Psychology, Vol. 51 (6): 1173 - 1182.

[75] Batson, C. D., 1987, Self-report Ratings of Empathic Emotion [M]. In N. Eisenberg, & J. Strayer (Eds.), Empathy and its Development, New York: Cambridge Univ. Press, pp. 356 - 360.

[76] Beatty, S. E., L. R. Kahle and P. Homer, 1991, Personal Values and Gift-giving Behaviors: A Study across Cultures [J]. Journal of Business Research, Vol. 22 (2): 149 - 157.

[77] Becker, H. S., 1974, Art as Collective Action [J]. American Sociological Review, Vol. 39 (6): 767 - 776.

[78] Behn, B. K., D. D. Devries and J. Lin, 2010, The Determinants of Transparency in Nonprofit Organization: An Exploratory Study [J]. Advances in Accounting, Vol. 26: 6 - 12.

[79] Bénabou, R. and J. Tirole, 2006, Belief in a Just World and Redistributive Politics [J]. SSRN Electronic Journal, Vol. 121 (15): 699 - 746.

[80] Bendapudi, Singh, Surendra N, et al., 1996, Enhancing Helping Behavior: An Integrative Framework for Promotion Planning [J]. Journal of Marketing, Vol. 60 (3): 33 - 49.

[81] Bereczkei, T., B. Birkas and Z. Kerekes, 2007, Public Charity

Offer as a Proximate Factor of Evolved Reputation-building Strategy: an Experimental Analysis of a Real-life Situation [J]. Evolution and Human Behavior, Vol. 28 (4): 277-284.

[82] Berle, A. A. and G. C. Means, 1933, the Modern Corporation and Private Property [M]. Macmillan.

[83] Bowman, W., 2006, Should Donors Care about Overhead Costs? Do They Care? [J]. Nonprofit and Voluntary Sector Quarterly, Vol. 35 (2): 288-310.

[84] Bradley, B., P. Jansen and L. Silverman, 2003, The Nonprofit Sector's $100 Billion Opportunity [J]. Harvard Business Review, Vol. 81 (5): 94-103.

[85] Bradshaw, P., V. Murray and J. Wolpin, 1992, Do Nonprofit Boards Make a Difference? An Exploration of the Relationships among Board Structure, Process, and Effectives [J]. Nonprofit & Voluntary Sector Quarterly, Vol. 21 (3): 227-249.

[86] Brinkerhoff, J. M. and D. W. Brinkerhoff, 2002, Government - Nonprofit Relations in Comparative Perspective: Evolution, Themes and New Directions [J]. Public Administration and Development, Vol. 22 (1): 3-18.

[87] Brody, E., 2006, Agents without Principals: The Economic Convergence of the NonProfit and For - Profit Organizational Forms [J]. New York Law School Law Review, Vol. 40 (3): 457-536.

[88] Brooks, A. C., 2000, Public Subsidies and Charitable Giving: Crowding Out, Crowding In, or Both? [J]. Journal of Policy Analysis & Management, Vol. 19 (3): 451-464.

[89] Brown, W. A., 2005, Exploring the Association Between Board and Organizational Performance in Nonprofit Organizations [J]. Nonprofit Management and Leadership, Vol. 15 (3): 317-339.

[90] Bushman, R. M., J. D. Piotroski and A. J. Smith, 2004, What Determines Corporate Transparency? [J]. Journal of Accounting Research, Vol. 42 (2): 207-252.

[91] Callen, J. L. and H. Falk., 1993, Agency and Efficiency in Nonprofit Organizations: The Case of Specific Health Focus' Charities [J]. Accounting Review a Quarterly Journal of the American Accounting Association,

Vol. 68 (1): 48 -65.

[92] Callen, J. L., A. Klein and D. Tinkelman, 2003, Board Composition, Committees, and Organizational Efficiency: The Case of Nonprofits [J]. Social Science Electronic Publishing, Vol. 32 (4): 493 -520.

[93] Callen, J. L., A. Klein and D. Tinkelman, 2009, The Contextual Impact of Nonprofit Board Composition and Structure on Organizational Performance: Agency and Resource Dependence Perspectives [J]. Voluntas, Vol. 21 (1): 101 -125.

[94] Carver, J. and M. M. Carver, 1996, Carver Guide 1: Basic Principles of Policy Governance [M]. San Francisco: Jossey - Bass.

[95] Chang, C. F. and H. P. Tuckman, 1991, Financial Vulnerability and Attrition as Measures of Nonprofit Performance [J]. Annals of Public and Cooperative Economics, 62 (4): 655 -672.

[96] Chase, B. W. and E. N. Coffman, 1994, Choice of Accounting Method by Not-for - Profit Institutions Accounting for Investments by Colleges and Universities [J]. Journal of Accounting and Economics, Vol. 18 (2): 233 -243.

[97] Christensen, A. L. and Mohr, R. M., 1995, Testing a Positive Theory Model of Museum Accounting Practices [J]. Financial Accountability & Management, Vol. 11 (4): 317 -335.

[98] Coleman, J. S., 1990, Foundations of Social Theory, Cambridge [M]. MA: Harvard University Press.

[99] Conte, M. N., 2014, Social Information, Solicitor Pressure, and Charitable Giving: Evidence from a Field Experiment [J]. Working Paper, Fordham University.

[100] Coombes, S. M. T., M. H. Morris, J. A. Allen, et al., 2011, Behavioural Orientations of Non - Profit Boards as a Factor in Entrepreneurial Performance: Does Governance Matter? [J]. Journal of Management Studies, Vol. 48 (4): 829 -856.

[101] Cornforth, C., 2003, the Changing Context of Governance: Emerging Issues and Paradoxes, In Chris Cornforth, ed., the Governance of Public and Non-profit Organizations [M]. London: Routledge.

[102] Croscm, S. and J. Shang, 2013. Limits Of The Effect Of Social In-

formation On The Voluntary Provision Of Public Goods: Evidence from Field Experiments [J]. Economic Inquiry, Western Economic Association International, Vol. 51 (1): 473 -477.

[103] Davis, J. B. , 2003, the Theory of the Individual in Economics: Identity and Value [M]. London: Routledge.

[104] Dawes, R. M. and R. H. Thaler, 1988, Anomalies: Cooperation [J]. Journal of Economic Perspectives, Vol. 2 (3): 187 -197.

[105] Dellavigna S, J. A. List and U. Malmendier, 2012, Testing for Altruism and Social Pressure in Charitable Giving [J]. Quarterly Journal of Economics, Vol. 127 (1): 1 -56.

[106] DiMaggio, P. J. and W. W. Powell, 1983, The Iron Cage Revisited: Institutional Isomorphism and Collective Rationality in Organizational Fields [J]. American Sociological Review, Vol. 48: 147 -160.

[107] Duca, D. J. , 1996, Nonprofit Boards: Roles, Responsibilities, and Performance [M]. New York: Wiley.

[108] Duffy, J. and T. Kornienko, 2010, Does Competition Affect Giving? [J]. Journal of Economic Behavior & Organization, Vol. 74 (1 -2): 82 -103.

[109] Dyl, E. A. , H. L. Frant and C. A. Stephenson, 2000, Governance and Funds Allocation in United States Medical Research Charities [J]. Financial Accountability & Management, Vol. 16 (4): 335 -352.

[110] Eldenburg, L. and C. C. Vines, 2004, Nonprofit Classification Decisions in Response to a Change in Accounting Rules [J]. Journal of Accounting & Public Policy, Vol. 23 (1): 1 -22.

[111] Emerson, G. , 2010, 15 Highest - Paid Charity CEOs [N]. Smart Spending. http: //www. mainstreet. com/print/19173.

[112] Fama, E. F and M. C. Jensen, 1983, Separation of Ownership and Control [J]. Journal of Law & Economics, Vol. 26: 327 -349.

[113] Fligstein, N. and R. Freeland, 1995, Theoretical and Comparative Perspectives on Corporate Organization [J]. Annual Review of Sociology, Vol. 21 (21): 21 -43.

[114] Fong, C. M. and E. F. P. Luttmer, 2011, Do Fairness and Race Matter in Generosity? Evidence from a Nationally Representative Charity Experi-

ment [J]. Journal of Public Economics, Vol. 95 (5 - 6): 372 - 394.

[115] Fong, C. M. and F. Oberholzer - Gee, 2011, Truth in Giving: Experimental Evidence on the Welfare Effects of Informed Giving to the Poor [J]. Journal of Public Economics, Vol. 95 (5 - 6): 436 - 444.

[116] Fong, C. M., 2007, Evidence from an Experiment on Charity to Welfare Recipients: Reciprocity, Altruism and the Empathic Responsiveness Hypothesis [J]. Economic Journal, Vol. 117 (522): 1008 - 1024.

[117] Frey, B. S. and S. Meier, 2004, Social Comparison and Pro - Social Behavior: Testing Conditional Cooperation in a Field Experiment [J]. IEW - Working Papers, Vol. 94 (5): 1717 - 1722.

[118] Frumkin, P, 2001, Are Nonprofit CEOs Overpaid? [J]. Public Interest, Vol. (142): 83.

[119] Gibelman, M., S. R. Gelman and D. Pollack, 1997, The Credibility of Nonprofit Boards: a View from the 1990s and beyond [J]. Administration in Social Work, Vol. 21 (2): 21 - 40.

[120] Gidron B., R. M. Kramer and L. M. Salamon, 1992, Voluntary Agencies and the Personal Social Services [J]. San Francisco: Jossey - Bass, pp. 240 - 257.

[121] Giovanna, D., 2011, Social Status and Influence: Evidence from an Artefactual Field Experiment on Local Public Good Provision [J]. Proceedings of the German Development Economics Conference, Berlin. Verein für Socialpolitik, Research Committee Development Economics.

[122] Glazer, A. and A. K. Konrad, 1996, A Signaling Explanation for Charity [J]. American Economic Review, Vol. 86 (4): 1019 - 1028.

[123] Goode, W. J., 1997, Rational Choice Theory [M]. In the American Sociologist (summer).

[124] Gordon, T. P., C. L. Knock and D. G. Neely, 2009, The Role of Rating Agencies in the Market for Charitable Contributions: An Empirical Test [J]. Journal of Accounting & Public Policy, Vol. 28 (6): 469 - 484.

[125] Gordon, T. P. and Khumawala S. B. 1999, The Demand for Not-for-profit Financial Statements: A Model for Individual Giving [J]. Journal of Accounting Literature, Vol. 18: 31 - 56.

[126] Green, J. C. and D. W. Griesinger, 1996, Board Performance and

Organizational Effectiveness in Nonprofit Social Services Organizations [J]. Nonprofit Management & Leadership, Vol. 6 (4): 381 –402.

[127] Greenlee, J. S. and K. L. Brown, 1999, The Impact of Accounting Information on Contributions to Charitable Organizations [J]. Research in Accounting Regulation, Vol. 13: 111 –125.

[128] Guzmán, A., C. Villegaspalacio and C. Wollbrant, 2013, Social Information and Charitable Giving: An artefactual field experiment with young children and adolescents [C]. University of Gothenburg, Department of Economics, Working Papers in Economics.

[129] Hallock, K., 2002, The Gender Pay and Employment Gaps for Top Managers in U. S. Nonprofits [C]. Working Paper, pp. 1 –21.

[130] Hambrick, D. C. and P. A. Mason, 1984, Upper Echelons: The Organization as a Reflection of its Top Managers [J]. Academy of Management Annual Meeting Proceedings, Vol. 9 (2): 193 –206.

[131] Hansmann, H. B., 1980, The Role of Non – Profit Enterprise [J]. Yale Law Journal, Vol. 89 (5): 835 –901.

[132] Hansmann, H., 1996, the Ownership of Enterprise [M]. Londra: the Belknap Press of Harvard University Press.

[133] Harbaugh, W. T., 1998, The Prestige Motive for Making Charitable Transfers [J]. American Economic Review, Vol. 88 (2): 277 –282.

[134] Harris, E., C. Petrovits and M. Yetman, 2014, The Effect of Nonprofit Governance on Donations: Evidence from the Revised Form 990 [J]. Accounting Review, Vol. 90 (2): 579 –610.

[135] Heflin, F. L., K. W. Shaw and J. J. Wild, 2005, Disclosure Policy and Market Liquidity: Impact of Depth Quotes and Order Sizes [J]. Contemporary Accounting Research, Vol. 22 (4): 829 –865.

[136] Heimovics, R. D. and C. L. J. Coughlin, 1993, Executive Leadership and Resource Dependence in Nonprofit Organizations: A Frame Analysis [J]. Public Administration Review, Vol. 53 (5): 419.

[137] Herman, R. D. and D. O. Renz, 2004, Doing Things Right: Effectiveness in Local Nonprofit Organizations, A Panel Study [J]. Public Administration Review, Vol. 64 (6): 694 –704.

[138] Hoffman, M. L., 1984, Interaction of Affect and Cognition on

Empathy [M]. In C. E. Izard, J. Kagan and R. B. Zajonc (Eds.), Emotions, Cognition, and Behavior, Cambridge, UK: Cambridge University Press.

[139] Hofmann, M. A. and D. McSwain, 2013, Financial Disclosure Management in the Nonprofit Sector: A Framework for Past and Future Research [J]. Journal of Accounting Literature, Vol. 32: 61 –87.

[140] Hyndman, N. and D. Mcmahon, 2010, The Evolution of the UK Charity Statement of Recommended Practice: The Influence of Key Stakeholders [J]. European Management Journal, Vol. 28 (6): 455 –466.

[141] Hyndman, N., 1991, Contributions to Charities: A Comparison of Their Information Needs and the Perceptions of Such by the Providers of Information [J]. Financial Accountability & Management, Vol. (7): 69 –82.

[142] Jaskyte, K., 2012, Boards of Directors and Innovation in Nonprofit Organizations [J]. Nonprofit Management and Leadership, Vol. 22 (4): 439 –459.

[143] Jensen, M. C., 1993, The Modern Industrial Revolution, Exit, and the Failure of Internal Control Systems [J]. The Journal of Finance, Vol. 48 (3): 831 –880.

[144] Jensen, M. and W. Meckling, 1976, Theory of the Firm: Managerial Behavior, Agency Costs and Ownership Structure [J]. Journal of Financial Economics, Vol. (3): 305 –360.

[145] Jobome, G. O., 2006, Public Funding, Governance and Pass-through Efficiency in Large UK Charities [J]. Corporate Governance an International Review, Vol. 14 (1): 43 –59.

[146] Kahneman, D. and A. Tversky, 1979, Prospect Theory: An Analysis of Choice Under Risk [J]. Econometrica, Vol. 47 (2): 263 –291.

[147] Karlan, D. and M. A. McConnell, 2014, Hey Look at Me: The Effect of Giving Circles on Giving [J]. Journal of Economic Behavior & Organization, Vol. 106: 402 –412.

[148] Kitching, K., 2009, Audit Value and Charitable Organizations [J]. Account Public Policy, Vol. 28 (6): 510 –524.

[149] Kotler, P. and Clarke, R., 1987, Marketing for Health Care Organization [M]. NJ: Prentice – Hall.

[150] Kreps D. M. and R. Wilson, 1982, Reputation and Imperfect In-

formation [J]. Journal of Economic Theory, Vol. 27 (2): 253 - 279.

[151] Krishnan, R., Yetman M. and Yetman R. J., 2002, Financial Disclosure Management by Nonprofit Organizations [J]. Ssrn Electronic Journal, pp. 1 - 45.

[152] Krishnan, R., M. H. Yetman and R. J. Yetman., 2006, Expense Misreporting in Nonprofit Organizations [J]. The Accounting Review, Vol. 81 (2): 399 - 420.

[153] Lee, R. L., P. C. Pendharker and M. C. Blouin, 2012, An Exploratory Examination of the Implementation of Online Accountability: A Technological Innovation Perspective [J]. International Journal of Information Technology & Management, Vol. 23 (2): 1 - 11.

[154] Li, S., 2004, Equate-to-differentiate Approach: an Application in Binary Choice under Uncertainty [J]. Central European Journal of Operations Research, Vol. 12 (3): 269 - 294.

[155] Li, S., 2005, Choice Reversals across Certainty, Uncertainty and Risk: The Equate-to-differentiate Interpretation [J]. Acta Psychologica Sinica, Vol. 37 (4): 427 - 433.

[156] List, J. A. and M. K. Price, 2009, The Role of Social Connections in Charitable Fundraising: Evidence from a Natural Field Experiment [J]. Journal of Economic Behavior & Organization, Vol. 69 (2): 160 - 169.

[157] Lu, C. W., T. K. Chen and H. H. Liao, 2010, Information Uncertainty, Information Asymmetry and Corporate Bond Yield Spreads [J]. Ssrn Electronic Journal, Vol. 34 (9): 2265 - 2279.

[158] Manetti, G. and S. Toccafondi, 2014, Defining the Content of Sustainability Reports in Nonprofit Organizations: Do Stakeholders Really Matter? [J]. Journal of Nonprofit & Public Sector Marketing, Vol. 26 (1): 35 - 61.

[159] Mayer, W. J., Wang H. C., Egginton J. F., et al., 2014, The Impact of Revenue Diversification on Expected Revenue and Volatility for Nonprofit Organizations [J]. Nonprofit & Voluntary Sector Quarterly, Vol. 43 (2): 374 - 392.

[160] Merchant, A, J. B. Ford and A. Sargeant, 2010, Charitable Organizations' Storytelling Influence on Donors' Emotions and Intentions [J]. Journal of Business Research, Vol. 63 (7): 754 - 762.

[161] Meyer, J. W. and B. Rowan, 1977, Institutionalized Organizations: Formal Structure as Myth and Ceremony [J]. American Journal of Sociology, Vol. 83: 340 – 363.

[162] Middleton, M., 1987 Nonprofit Boards of Directors: Beyond the Governance Function [M]. In W. W. Powell (ed.), the Nonprofit Sector: A Research Handbook, New Haven, Conn.: Yale University Press.

[163] Miller – Millesen, J. L., 2003, Understanding the Behavior of Nonprofit Boards of Directors: A Theory – Based Approach [J]. Nonprofit and Voluntary Sector Quarterly, Vol. 32 (4): 521 – 547.

[164] Morrison, C., 1998, Understanding Donor Motivation [M]. UK: Newcastle-upon-tyne.

[165] Olson, D. E., 2000, Agency Theory in the Non-for-profit Sector: Its Role at Independent Colleges [J]. Nonprofit and Voluntary Sector Quarterly, Vol. 29 (2): 280 – 296.

[166] Orchard, L. and H. Stretton, 1997, Public Choice [J]. Cambridge Journal of Economics, Vol. 21 (3): 409 – 430.

[167] O'Regan, K. and S. M. Oster, 2005, Does the Structure and Composition of the Board Matter? The Case of Nonprofit Organizations [J]. Journal of Law, Economics and Organization, Vol. 21 (1): 205 – 227.

[168] Ostower, F. and M. M. Stone, 2001, Governance Research: Trends, Gaps and Prospects for the Future [J]. The ARNOVA'01 Conference, Miami, Florida, pp. 09 – 27.

[169] Parsons, L. M., 2003, Is Accounting Information from Nonprofit Organizations Useful to Donors? [J]. A Review of Charitable Giving and Value-relevance, Journal of Accounting Literature, Vol. 22: 104 – 129.

[170] Parsons, L. M., 2007, The Impact of Financial Information and Voluntary Disclosures on Contributions to Not-for-profit Organizations [J]. Behavioral Research in Accounting, Vol. 19: 179 – 196.

[171] Peter, S. and C. Michael, 2001, Nonprofit Boards in Australia: A Distinctive Governance Approach [J]. Corporate Governance an International Review, Vol. 9 (9): 48 – 58.

[172] Pfeffer, J. and G. R. Salancik, 1978, the External Control of Organizations: A Resource Dependence Perspective [M]. New York: Harper &

Row.

[173] Price, J. L. , 1963, The Impact of Governing Boards on Organizational Effectiveness and Morale [J]. Administrative Science Quarterly, Vol. 8: 361 – 378.

[174] Provan, K. G. , 1980, Board Power and Organizational Effectiveness among Human Service Agencies [J]. Academy of Management Journal Academy of Management, Vol. 23 (2): 221 – 236.

[175] Ranganathan, S. K. and W. H. Henley, 2008, Determinants of Charitable Donation Intentions: a Structural Equation Model [J]. International Journal of Nonprofit & Voluntary Sector Marketing, Vol. 13 (1): 1 – 11.

[176] Rege, M. and K. Telle, 2004, The Impact of Social Approval and Framing on Cooperation in Public Good Situations [J]. Journal of public Economics, Vol. 88: 1625 – 1644.

[177] Reinstein, D. and G. Riener, 2012, Reputation and Influence in Charitable Giving: an Experiment [J]. Theory & Decision, Vol. 72 (2): 221 – 243.

[178] Renz, D. O. , 2002, an Overview of Nonprofit Governance Philanthropy in the US: an Encyclopedia [M]. Dwight Burlingame, Ed.

[179] Ribar, D. C. and M. O. Wilhelm, 2002, Altruistic and Joy-of – Giving Motivations in Charitable Behavior [J]. Journal of Political Economy, Vol. 110 (2): 425 – 457.

[180] Ritchie, W. J. , R. W. Kolodinsky and K. Eastwood, 2007, Does Executive Intuition Matter? An Empirical Analysis of Its Relationship with Nonprofit Organization Financial Performance [J]. Nonprofit and Voluntary Sector Quarterly, Vol. 36 (1): 140 – 155.

[181] Rose – Ackerman, S. , 1980, Risk Taking and Reelection: Does Federalism Promote Innovation? [J]. The Journal of Legal Studies, Vol. 9 (3): 593 – 616.

[182] Rose – Ackerman, S. , 1996, Altruism, Nonprofits, and Economic Theory [J]. Journal of Economic Literature, Vol. 34 (2): 701 – 728.

[183] Saidel, J. R. , 1991, Resource Interdependence: The Relationship between State Agencies and Nonprofit Organization [J]. Public Administration Review, Vol. 51 (6): 543 – 553.

[184] Saidel, J. R., 1998, Expanding the Governance Construct: Functions and Contributions of Nonprofit Advisory Groups [J]. Nonprofit & Voluntary Sector Quarterly, Vol. 27 (4): 421 - 436.

[185] Salamon, L. M., 1981, Rethinking Public Management: Third - Party Government and the Changing Forms of Government Action [J]. Public Policy, Vol. 29 (3): 255 - 275.

[186] Salamon, L. M. and A. J. Abramson, 1982, The Federal Budget and the Nonprofit Sector [M]. Urban Institute Press (Washington, DC).

[187] Sargeant, A., 2001, Managing Donor Defection: Why Should Donors Stop Giving? [J]. New Directions for Philanthropic Fundraising, Vol. (32): 59 - 74.

[188] Sargeant, A., J. B. Ford and D. C. West. 2006, Perceptual Determinants of Nonprofit Giving Behavior [J]. Journal of Business Research, Vol. 59 (2): 155 - 165.

[189] Sargeant, A. and T. Hilton, 2005, The Final Gift: Targeting the Potential Charity Legator [J]. International Journal of Nonprofit & Voluntary Sector Marketing, Vol. 10 (1): 3 - 16.

[190] Sargeant, A., J. B. Ford and D. C. West, 2006, Perceptual Determinants of Nonprofit Giving Behavior [J]. Journal of Business Research, Vol. 59 (2): 155 - 165.

[191] Saxton, G. D. and C. Guo, 2011, Accountability Online: Understanding the Web Based Accountability Practices of Nonprofit Organizations [J]. Nonprofit and Voluntary Sector Quarterly, Vol. 40 (2): 270 - 295.

[192] Saxton, G. D., J. S. Kuo and Y. C. Ho, 2012, The Determinants of Voluntary Financial Disclosure by Nonprofit Organizations [J]. Nonprofit and Voluntary Sector Quarterly, Vol. 41 (6): 1051 - 1071.

[193] Saxton, G. D., D. D. Neely and C. Guo, 2014, Web Disclosure and the Market for Charitable Contributions [J]. Journal of Accounting and Public Policy, Vol. 33: 127 - 144.

[194] Schlegelmilch, B. B., A. Diamantopoulos and A. Love, 1992, Determinants of Charity Giving: An Interdisciplinary Review of Literature and Suggestions for Future Research [J]. In Chris T. Allen et al. (eds.), AMA Winter Educators' Conference—Marketing Theory and Applications, Chicago:

American Marketing Association, Vol. 3: 507 –516.

[195] Schmitz, H. P. , P. Raggo and B. V. Tosca, 2012, Accountability of Transnational NGOs: Aspirations vs. Practice [J]. Nonprofit and Voluntary Sector Quarterly, Vol. 41 (6): 1175 –1194.

[196] Scott, J. C. , 1985, Weapons of the Weak [M]. Yale University Press.

[197] Seasholes M. S. and N. Zhu, 2010, Individual Investors and Local Bias [J]. The Journal of Finance, Vol. 65 (5): 1987 –2010.

[198] Sen, A. , 1979, Personal Utilities and Public Judgements: Or What's Wrong with Welfare Economics [J]. Economic Journal, Vol. 89 (355): 537 –558.

[199] Shabbir, H. , D. Palihawadana and D. Thwaites, 2007, Determining the Antecedents and Consequences of Donor-perceived Relationship Quality—A Dimensional Qualitative Research Approach [J]. Psychology & Marketing, Vol. 24 (3): 271 –293.

[200] Shang, J. and R. Croson, 2009, A Field Experiment in Charitable Contribution: The Impact of Social Information on the Voluntary Provision of Public Goods [J]. Economic Journal, Vol. 119 (540): 1422 –1439.

[201] Shang, J. , A. Reed and R. Croson, 2008, Identity Congruency Effects on Donations [J]. Journal of Marketing Research, Vol. 45: 351 –361.

[202] Siciliano J. I. , 1996, The Relationship of Board Member Diversity to Organizational Performance [J]. Journal of Business Ethics, Vol. 15 (12): 1313 –1320.

[203] Slovic, P. , 1995, The Construction of Preference [J]. American Psychologist, Vol. 50: 364 –371.

[204] Smith, A. , 1999, an Inquiry into the Nature and Causes of the Wealth of Nations [M]. China Social Sciences Pub. House.

[205] Soetevent, A. R. , 2003, Anonymity in Giving in a Natural Context—a Field Experiment in 30 Churches [J]. Journal of Public Economics, Vol. 89 (11 –12): 2301 –2323.

[206] Sugden, R, 1984, Reciprocity: The Supply of Public Goods through Voluntary Contributions [J]. Economic Journal, Vol. 94 (376):

772 - 787.

[207] Tate, S. L., 2007, Auditor Change and Auditor Choice in Nonprofit Organizations [J]. Auditing: A Journal of Practice and Theory, Vol. 26: 47 - 70.

[208] Tinkelman, D., 1999, Factors Affecting the Relation between Donations to Not-for-profit Organizations and an Efficiency Ratio [J]. Research in Government and Nonprofit Accounting, Vol. 10: 135 - 161.

[209] Trussel, J. M. and L. M. Parsons, 2007, Financial Reporting Factors Affecting Donations to Charitable Organizations [J]. Advances in Accounting, Vol. 23: 263 - 285.

[210] Vesterlund, L., 2003, The Informational Value of Sequential Fundraising [J]. Journal of Public Economics, Vol. 87 (3 - 4): 627 - 657.

[211] Weisbrod, B. and N. Dominguez, 1986, Demand for Collective Goods in Private Nonprofit Markets: Can Fundraising Expenditures Help Overcome Free - Rider Behavior? [J]. Journal of Public Economics, Vol. 30 (1): 83 - 96.

[212] Wrong, D. H., 1997, Is Rational Choice Humanity's Most Distinctive Trait [J]. The American Sociologist, Vol. 28 (2): 73 - 81.

[213] Wuthnow, R., 1991, Between States and Markets: The Voluntary Sector in Comparative Perspective [M]. Princeton: Princeton University Press.

[214] Yetman, M. and R. J. Yetman, 2013, Do Donors Discount Low Quality Accounting Information? [J]. Accounting Review, Vol. 88 (3): 1041 - 1067.

[215] Zahra, S. A. and J. A. Pearce, 1989, Board of Directors and Corporate Financial Performance: A Review and Integrated Model [J]. Journal of Management, Vol. 15 (2): 291 - 334.

[216] Zald, M. N., 1967, Urban Differentiation, Characteristics of Boards of Directors, and Organization Effectiveness [J]. American Journal of Sociology, Vol. 73 (3): 261 - 272.